문자와 언어학

문자와 언어학

문자에 대한 새로운 시각

초판 1쇄 발행 | 2023년 2월 9일
지은이 | 연규동

펴낸곳 | 도서출판 따비
펴낸이 | 박성경
편   집 | 신수진, 정우진
디자인 | 이수정
출판등록 | 2009년 5월 4일 제2010-000256호
주소 | 서울시 마포구 월드컵로28길 6(성산동, 3층)
전화 | 02-326-3897
팩스 | 02-6919-1277
메일 | tabibooks@hotmail.com
인쇄·제본 | 영신사

ISBN 979-11-92169-23-1 93700

값 25,000원

문자와 언어학

문자에 대한 새로운 시각 연규동 지음

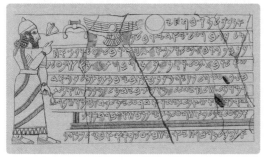

일러두기

1. 이 책은 고 연규동 교수의 유고를 정리한 것으로, 미완성인 부분도 곳곳에 남아 있고 때로는 메모의 형식으로 된 곳도 있습니다. 그렇지만 오탈자나 극히 일부분의 확실한 오류 정도만 고치고 나머지는 원형 그대로 두어, 최대한 연 교수가 남긴 숨결을 느낄 수 있도록 했습니다(미완성의 부분은 앞에 ❖ 기호로 표시하고, 서체를 달리해 구분하였습니다). 그래야만 남겨진 전체 목차를 통해 전체의 이념과 구상을 충분히 알 수 있고, 또 메모나 갈무리 등 작지만 중요한 정보를 통해서도 순간순간 치열하게 고민했던 지점과 문제의식을 함께 공유할 수 있다고 생각했기 때문입니다.

2. 대체로 연 교수가 남긴 원고를 그대로 유지하고자 했으나 독자의 편의를 위해 편집 단계에서 부득이 더하거나 없앤 것들이 있습니다. 초고 단계에서 각 부분에 중복되는 내용은 삭제하였습니다. 또한, 연 교수가 남긴 메모나 내용을 이해하는 데 도움이 될 만한 사항들은 따로 편집자주를 붙여 보충하였습니다.

3. 연 교수가 아주 적절한 실례가 될 만한 그림과 사진을 제시한 것들이 있었으나 저작권 문제 등으로 몇몇 이미지는 싣지 못하였습니다. 인용 부분이나 참고문헌 등도 가능하면 찾아 일일이 밝히려고 했으나 놓친 부분이 있을 수도 있습니다. 이러한 부분에 대해서는 유고 선집의 특수성을 감안하여 너그러이 양해 부탁드립니다.

책을 내며

"언어는 인류의 고귀한 자산입니다. 인류를 최고의 영장으로 만든 언어에 대한 연구가 줄곧 관심거리였고, 고대 언어는 음성이 아닌 문자로 기록되었기에 '문자'에 대한 연구로 그 관심이 집중되었습니다. 그리하여 우리의 한글, 즉 훈민정음에서부터 주변의 문자로, 다시 세계의 문자로 그 대상을 넓혀나갔습니다. 게다가 언어든 문자든 모두 언제나 변하게 마련입니다. 그 규칙과 원인을 과학적으로 논리적으로 찾고자 했습니다."

연규동 교수가 오랜 연구 생활 끝에 우리 연구소로 이직해 온 이듬해, 한 인터뷰에서 말한 당신의 연구 생애에 대한 개요입니다. 연 교수의 말처럼, 그는 평생 언어 연구에, 특히 문자의 일반 이론 연구에 매진해온 학자였습니다. 단순한 정태 분석이 아닌 동태적 입장에서 그 변화 규칙을 찾고, 그것을 추동하는 원인을 분석하고, 세계의 문자들이 갖는 공통성과 차별성, 그리고 그것이 주는 문화적 의미를 찾는 데 온 시간을 바쳤습니다.

추억해보면, 연 교수가 우리 연구소 사업단에 합류하여 새로운 식구가 되었을 때 너무나 기뻤고 한없는 기대를 했던 순간이 생생합니다. 그 전까지 일면식도 없었지만, 연 교수는 이미 이 분야에서 우리나라의 대표적 연구자였기 때문입니다. 더구나 당신은 언제나 온화한 모습에, 그러면서도 논리적이며 엄격한 태도를 가진, 연구과 삶이 오롯이 하나로 연결된 '학자' 자체였습니다. 연 교수가 좋아하고 즐겨 사용했던 학불염이교불권(學不厭而敎不倦)이라는 말처럼, 그는 언제나 '배움에 싫증 내지 않고 가르침에 게으르지 않았던' 공자의 삶을 실천하고자 했습니다. 언제나 새로움에 대한 폭발적인 관심을 가졌고, 어떤 질문에도 조곤조곤 친절한 답변과 온화한 설득을 돌려주며 학문과 인격을 보여주었습니다.

그랬던 그가 자신의 꿈과 학문세계를 다 펴지 못하고, 병마와의 싸움 끝에 우리 곁을 떠나고 말았습니다. 우리 연구소로서도, 한국의 학계로서도 큰 자산을 잃었습니다. 이 안타깝고 아쉬운 마음을 조금이라도 달래고 연 교수와의 짧은 추억을 새기고자 그가 남긴 두 저작 《세계의 문자 사전》과 《문자와 언어학》을 우리 한국한자연구소의 연구총서로 출간하기로 했습니다.

전자는 세계의 문자를 국내에 소개하기 위해 네이버 지식백과에 정기적으로 소개해왔던 오랜 실천이며, 후자는 일반 보편론적 입장에서 문자에 대한 이론을 구축하려 했던 저작입니다. 비록 완성된 원고는 아니지만 이에 관한 연구가 일천한 우리 학계에 관련 연구를 도발하고, 또 진행중인 연구에도 큰 도움이 될 것으로 확신합니다.

연 교수의 출신 대학이자 학문 형성과 활동의 주된 근거지였던 서울대학교 언어학과 동문들도 마침 《연규동 교수의 우리말 어휘 이야기》를 유작으로 출판하여 연 교수와의 추억을 함께할 계획이라, 이번 출판은 더욱 의미가 있을 것입니다. 다만, 연 교수가 인용하거나 참고한 부분을 원고만으로 일일이 찾아 밝히지 못한 것은 매우 아쉬운 점입니다. 불완전한 내용을 보충하는 작업 또한 혹 연 교수의 의도와 달라질까 우려해 최소화할 수밖에 없었습니다. 이러한 아쉬운 점에 대해서는 깊은 양해의 말씀을 드립니다.

이 책의 출판은 유가족의 열성에 우선 큰 은혜를 입었습니다. 부인 윤경희 님과 아들 연한결 님의 의지와 열정이 없었으면 어려웠을 것입니다. 또 연 교수와 우리 연구소에서 동료로 지냈던 조정아 교수께서 선뜻 기획, 편집, 보충, 교열 등을 도맡아주셨습니다. 그리고 열악한 출판환경에서도 우리의 의지에 동참해 미완의 저술을 교열하고 출판을 맡아주신 도서출판 따비와 그 과정에서 여러 노력을 한 우리 연구소 최승은 교수께도 감사를 드립니다.

아무쪼록 한국에서는 처음으로 문자에 대해 조명한《세계의 문자 사전》과《문자와 언어학》이 우리 학계에 좋은 자양분이 되어 연 교수가 완성하지 못했던 관련 연구가 활발해지길 빕니다. 이것이 우리가 연 교수를 기억하는 방법이자 연 교수가 편안히 안식할 길이기도 할 것입니다.

2023년 2월
편집 대표
경성대학교 한국한자연구소 소장 하영삼

머리말

우리나라에서 발간된, 문자의 일반 이론에 관한 연구서는 아주 드물다. 기껏해야 언어학 개론서에서 문자론이라는 이름으로 한 장 (章) 정도가 언급되는 수준이며, 심지어는 문자를 따로 다루지 않는 경우도 허다하다. '문자'를 주제어로 검색되는 학위 논문도 몇 편 되지 않는다. 한글이라는 세계에 유래가 없는 문자를 가진 나라로서, 문자에 대한 이러한 소홀함은 다소 의외라고 할 정도다. 게다가 문자의 종류 및 개념도 논저에 따라 제각각으로 사용되고 있다. 또한, 용어도 통일되지 않았으며 문자의 발달 단계를 기술하는 방식도 논저에 따라 크게 다르다. 이러한 사실은 여러 문자들의 기본 개념에 관하여 아직 통일된 이론이 없다는 것과 관련이 있다.

따라서 이 저술은 오랫동안 언어학의 주변에 머물러왔던 문자를 다시 중심으로 이끄는 것을 목적으로 한다. 이러한 작업이 한 권의 책으로 쉽게 이루어질 수 있는 일은 아니다. 하지만 이 저술을 통해 '문자에 대한 새로운 시각'을 제시하고 그것이 인정받을 수 있다면, 언어학의 범위가 훨씬 더 넓어질 뿐만 아니라, 인간의 언어생활과 더불어 문자생활을 통찰할 수 있는 첫걸음이 되리라 믿는다. "미래의 문맹자는 글을 읽지 못하는 사람이 아니라, 이미지를 이해하지 못하는 사람이다"(László Moholy-Nagy)라는 말은 새로운 '문자 문화'의 탄생을 예고한다.

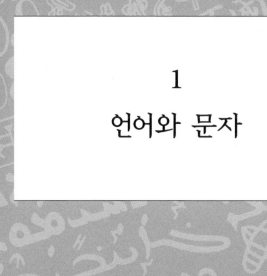

1

언어와 문자

사람의 역사는 곧 언어의 역사다.* 사람은 언어를 사용함으로써
비로소 사람이 되었다. 언어를 사용하던 사람들은 어떤 단계에 이
르러 또 문자라는 것을 사용하게 되었다. 그러나 언어를 사용하는
모든 사람이 문자를 사용하지는 않았다. 심지어 지금 이 순간에도
문자를 사용함으로써 생계를 유지하는 사람들이 있는가 하면, 별
달리 문자의 필요를 느끼지 못하고 살아가는 사람들도 있다. 사실
문자가 있는 사회에서조차 '문맹'으로 살아가는 사람도 많다. 문자
가 필수인 사람과 그렇지 않은 사람이 공생하고 있는 셈이다. 언어
가 모든 사람에게 보편적이고 필수적이라면, 문자는 선택적이다.

그러나 문자가 지역에 따라 불균형하게 창조되고 발전해왔음에
도 문자를 중요하게 봐야 하는 이유는, 그것이 그저 우연히 생기고
사라지고 하는 것이 아니라 낡은 시대를 저물게 하고 새로운 시대
를 불러오는 큰 위력을 보여주었기 때문이다. 문자 사용은 소통 방
식을 바꾸었고, 사회제도를 새롭게 했으며, 새로운 세력을 등장하
게 하는 통로가 되기도 했다. 그 까닭은 문자로 권력을 장악한 집
단의 힘에 있기도 했지만, 한편으로는 문자의 구조 자체가 새로운

---

* 이하 내용은 김하수·연규동(2015), 《문자의 발달》 중 '인간과 문자' 부분과 일부 중복
되는 내용이 있다. -편집자

발전을 언약하는 요인을 품고 있기 때문이기도 했다. 문자의 역사
가 일반적인 사회의 역사와 함께 해석되어야 하는 까닭이 여기에
있다.

문자는 오랫동안 고고학자를 포함한 역사학자들과 언어학자들
이 즐겨 연구 대상으로 삼아왔다. 그 과정에서 문자를 단순한 해석
의 대상으로만 보아왔고 그 자체의 역동성에 주목한 경우는 드물
었다. 특히 언어학자들이 문자를 언어에 종속된 피동적인 존재로
이해한 것은 분명한 오류다. 문자도 얼마든지 언어에 적극적으로 영
향을 미친다. 각종 약자나 부호 같은 것이 나날이 언어 못지않은 기
능을 하는 것을 보아도 알 수 있다. 요즘의 새로운 통신기기 역시
예상하지 못한 기묘한 문자 사용 양식을 쏟아내고 있다.

언어와 문자를 논하면서 스스로 경계할 것은 언어와 문자의 우
수성 따위를 함부로 말하지 말라는 것이다. 언어에 우열이 없다는
것은 이미 오래전부터 익히 계몽돼왔지만, 문자에 대해서는 일종의
우열의식이 아직 많이 남아 있다. 적어도 지금까지는, 완벽하고 전
지전능한 문자는 찾아내지도 만들어내지도 못했다. 모든 문자들이
그 나름대로 편리하거나, 멋있거나, 해당 언어와 최적화되어 있어
모두 그 나름의 장점들이 있다. 혹 어떤 문자는 정통 신앙을 상징하
기도 한다. 한국인들처럼 '잘 만든 문자'를 자랑스러워하기도 한다.
알파벳 사용자들은 그리스 문화로부터 면면히 흘러내려 온 장구한
'문화적 계승'과 '범세계적인 보편성'을 더 중요하게 생각한다. 자신
의 문자에 대한 잣대를 남들에게 강요할 일은 아니다.

1.1 문자란 무엇인가

'문자란 도대체 무엇인가?'라는 본질적인 물음은 잠시 우리를 멈칫하게 만든다. 어찌 보면 우리는 문자, 언어, 소통 등을 매우 자명한 개념으로 받아들이고 있어서 별다른 의문을 가질 게 없는 듯 여긴다. 특히 언어와 문자는 종종 서로 헷갈려 혼용되기도 한다. 한국어로 번역하는 것을 한글로 번역한다고 하거나, 영어로 번역하는 것을 영문으로 번역한다고 하는 것이 그 전형적인 예들이다. 그 까닭은 오랫동안 언어와 문자가 서로 비슷한 기능을 맡아왔기 때문일 것이다. 언어와 문자를 혼동하는 것도 잘못된 일이지만, 언어와 문자를 완전히 별개로 보는 것도 타당하지는 않다. 이 둘은 역사적으로 서로 남인 듯이 발전해오기도 하고, 종종 한 몸인 듯이 발전해오기도 했기 때문에, 서로의 관계를 시대에 따라, 기능에 따라 차분히 돌아볼 필요가 있다.

모든 동물에게는 소통의 능력이 있다. 그러나 어떤 수단을 이용하느냐에 따라 그 소통의 양식은 크게 달랐다. 사람을 위시한 젖먹이동물들은 주로 목소리를 이용해서 남을 위협하거나 동족에게 신호를 보내곤 한다. 또한 분노와 공포, 기쁨과 고통도 목소리로 나타낸다. 사람은 여기서 더 나아가 목소리 중에서도 분절음을 주로 이용했다. 분절음은 '마디가 진 소리'라는 뜻이다. 그래서 모음과 자음이 나뉘고, 자음이 계열화되기도 하며, 모음이 겹쳐지기도 한다. 따라서 유한한 분절음을 거의 무한에 가깝도록 조합해낼 수 있다. 바로 이 지점에서, 사람은 동물과 분명하게 선을 그으며 지배적인 우위에 서는 소통 능력을 갖는다. 그러면서 사람은 다양한 혹은 별의별 체계의 언어를 갖게 되었다.

문자란 인간의 언어를 기록하는 기호를 가리킨다. 인간 언어의 중요한 특징 중 하나인 전위성(轉位性, displacement), 즉 의사소통이 이루어지고 있는 현장에서 시공간적으로 멀리 떨어진 사건에 관해 말할 수 있는 능력을 갖고 있다.

사고와 언어체계는 자기지시적이어야 한다. 이를 위해 인간의 언어에는 아주 이른 시기부터 조사나 접속사 같은 특별한 지위를 갖는 단어가 존재했다. 이 단어들은 바깥의 객관적인 세계와 전혀 관련이 없으며, 이러한 고순위 단어들이 새롭게 생겨나서 예전의 저순위 단어들과 연결되어 복잡한 문장을 형성하게 된다.

1.1.1 언어에 종속적인 문자, 언어에서 독립하는 문자

문자는 언어학자들의 것이 아니다(또는 아니었다)! 문자의 존재 이유가 언어를 재현하는 데 있다고 주장한 언어학자 소쉬르(Ferdinand De Saussure)에게 중요한 것은 '쓰여진 것'이 아니라 '발화된 것'이었다. 사진이나 그림이 실재를 모사할 뿐 실재가 아닌 것처럼, 문자는 언어를 기록하는 수단일 뿐이어서 그저 말에 종속된 것에 불과하다는 것이다. 이 같은 입장은 문자에 대한 언어의 우위를 강조한 플라톤(Plato)으로 거슬러 올라갈 수 있다. 플라톤은 '죽은 문자'와 '살아 있는 말'을 대비시킴으로써, 문자는 말의 그림자이며 부차적인 지위에 있음을 드러냈다. 문자로 글을 쓸 때에는 정확성을 추구하기 때문에 언어가 지닌 본래의 표현성을 잃게 된다고 본 루소

(Jean-Jacques Rousseau)는 물론, 문자란 단지 시각적인 표지에 의해 언어를 기록하는 방식이라고 말한 블룸필드(Leonard Bloomfield)도 동일한 입장에 서 있다.

문자가 각광을 받게 된 것은 오히려 인문학의 다른 분야에서였다. 문자를 부정적인 것으로 간주해온 입장을 비판하는 새로운 흐름이 등장하기 시작한 것이다. 구술문화와 문자문화를 비교하여 문자 텍스트에 구술적인 이야기와 대등적인 지위를 부여한 옹(Walter Jackson Ong)이나 해블록(Eric A. Havelock) 등 매체학자들을 통해, 문자는 인간이 체계적인 사고를 할 수 있게 한 도구이며 역사 진행의 원동력으로 이해되었다. 이제 더 이상 말과 글 가운데 어느 것이 더 우월하냐의 문제가 아니라, 이들의 특성에 대한 객관적 기술이 중요한 의미를 가지게 되었다. 또 하나의 흐름은 프랑스의 철학자 데리다(Jacques Derrida)로서, 말이 문자에서 비롯된다고 보며, 말보다는 문자에 초점을 맞춘다. 이러한 관점들은 문자를 언어와 독립된 하나의 독자적인 매체의 영역으로 연구할 수 있는 기반을 마련해준다.

1.1.2 음성중심주의와 문자중심주의

문자와 언어를 독립적인 기호체계로 바라보는 입장을 '문자중심주의'라고 할 수 있으며, 문자중심주의는 문자와 언어의 관계를 종속적인 것으로 파악하는 전통적인 입장을 '음성중심주의'라고 비판한다. 이러한 문자중심주의는 기호학, 매체학, 미학 등으로 그 영역을 확장하면서, 문자에 대한 철학적·문학적·매체적·비교유형론적 토대 위에서 문자의 사용 및 발전에 관여하는 일반 원칙을 세우는 것을 주된 목표로 삼는다. 즉, 코드 내지 매체로서 문자의 특성에 초점을 맞추면서, 문자란 무엇인지 또는 문자가 실제 어떻게 기능하고 있는지 등에 관심을 갖게 된 것이다.

젤브(Ignace Jay Gelb)는 문자에 관한 새로운 학문의 이름을 '그라마톨로지(grammatology)'라고 제안했으며, 데리다는 이를 받아들여 실제로《그라마톨로지》라는 거대한 저작을 펴낸 바 있다. 이들은 언어보다 문자를 아주 중요하게 받아들였으며, 문자를 홀대한 언어학자들을 비웃기 시작했다. 하지만 이들의 비판은 과도한 것이다. 기호학 등에서 바라보는 문자와 언어학에서 바라보는 문자가 같을 수가 없다. 예를 들어, 사람의 손목에서 뛰고 있는 맥박의 모습이 기호학의 입장에서 기호일 수 있겠지만, 의학에서 맥박을 기호로 보지 않는다고 해서 의학이 '신체중심주의'에 빠졌다고 비판할 수 없기 때문이다. 그런 의미에서 언어를 연구 대상으로 삼는 언어학에서 기호학적인 입장의 문자를 받아들이지 않은 것, 다시 말해 음성중심주의에 기반을 두었던 것은 어쩌면 당연한 결과라고 하겠다.

1.2 구술문화와 문자문화

흔히 문자 없는 사회가 발달하지 못한 사회라는 오해를 가진다. 하지만 구술 전통을 통해서 지식은 전수된다.

❖ 기억을 통해 공동체의 기억이 전승. 무문자 사회*, 옹 언급**.

우리가 문자 사회에 익숙해 있다는 이유로 구술 전통으로 이어지는 내용의 정확성을 의심하거나 편견을 가지고 있다.

❖ 일리아드 오딧세이의 구술 전통, 산스크리트 베다의 구술전통, Ramayana[***]

❖ 문자는 도와줄 뿐이다. 결정적인 요소가 아니다. 문자는 문명의 결과이지 문명의 원인이 아니다.

1.2.1 문자에 대한 자부심

"일본어는 한자와 가나를 섞어서 기술한다. 일본어 한자는 음과 훈의 두 가지 읽는 법이 있고 가나는 히라가나와 가타가나가 있다. 일본인들은 이들 복수의 문자를 힘들이지 않고 능숙하게 사용하여 복잡한 서기(書記) 방법으로 일본어를 표현한다. 이러한 일본어 서기 방법의 세계에 유래가 드문 특징은 한자를 '길들였다'는 것이다. …… 현대 일본어의 서기 방법은 한자와 가나를 섞어서 적는 것이 기본이다. 이 방법은 매우

---

[*] 무문자(無文字) 사회에 대해서는 다음과 같은 연구를 참고할 수 있다. 川田順造 (2001), 無文字社會の歷史: 西アフリカ·モシ族の事例を中心に, 岩波書店. ; 가와다 준조 지음/임경택 옮김(2004), 무문자 사회의 역사: 서아프리카 모시족의 사례를 중심으로, 논형. / 大場千景(2014), 無文字社會における歷史の生成と記憶の技法: 口頭年代史を繼承するエチオピア南部ボラナ社會, 淸水弘文堂書房.. -편집자

[**] 여기서 '옹'은 Walter J. Ong을 가리키며, 구술문화와 문자문화의 차이 및 관계를 다룬 다음의 저서를 참고할 수 있다. Walter J. Ong(1982), *Orality and Literacy* ; 이기우·임명진 역(2000), 《구술문화와 문자문화》, 문예출판사. -편집자

[***] 라마야나(Ramayana)는 산스크리트어로 기록된 고대 인도의 대서사시이다. 라마 왕자의 모험과 사랑을 다룬 내용으로 서양의 일리아드와 오딧세이에 비견되는 작품으로 평가받는다. 기원전 8세기부터 기원전 4세기에 걸쳐 형성되어 기원전 3세기 경 성립되었으며 오랫동안 구술로 전승되었다. -편집자

효율적이다. 단어의 첫 부분은 한자를 사용하여 단어의 시작과 뜻을 나타내고 뒷부분은 가나를 사용하여 활용어미나 조사·조동사를 적어서 어떻게 읽는 말인지를 확장한다."(이나카이 다카시 저/류민화 역,《한자를 길들이다》, 15쪽)

역사학에서 선사(先史)와 역사(歷史)를 가르는 기준은 '문자' 기록 여부다. 인류는 문자 기록을 통해 문화를 보존하고 전승한다. 문자가 없던 시대에 인류가 어떻게 생활했는지는 유물이나 유적 같은 고고학적 자료와 구전으로 내려오는 이야기 등을 통해 일부 짐작할 수 있다. 하지만 고대인의 구체적인 삶과 사고방식 등은 문자로 기록된 것을 통해서만 정확하게 알 수 있다. 구전으로만 이어지던 인류의 지식은 문자를 통해 체계적으로 정리되고 축적될 수 있었다.

1.2.2 구술문화의 속성 및 장점

기본적으로 인간의 의사소통은 말, 즉 음성언어를 통해 이루어진다. 하지만 말은 입에서 나오는 순간 보존되지 않고 사라지며, 발화가 이루어지는 현장이 아닌 곳으로는 전달되지 않는다는 한계를 지니고 있다.

예를 들어, 누군가에게 양 다섯 마리를 주겠다는 약속을 말로만 했다면 그 내용을 나중에 다시 확인할 수도 없고 다음 세대에 전달할 수도 없다. 그런 의미에서 언어는 시간적인 한계를 지닌다. 또한, 그 약속은 그 자리에 있는 사람만이 알 수 있을 뿐, 멀리 떨어진 사람은 확인하기 어렵다. 그런 의미에서 언어는 공간적인 한계를 지닌다. 이러한 까닭에 인류는 시간, 공간에 제약을 받지 않는 도구가 필요해졌고, 이것이 바로 문자다. 견고한 재료 위에 양 모양의 그림을 다섯 개 새겨놓는다면, 그 내용은 나중에 다시 확인할 수도 있고 멀리 있는 사람에게도 전달할 수 있다. 인류는 문자로 언어의 시간적, 공간적 제약을 뛰어넘게 되었다.

1.2.3 문자문화의 속성 및 장점

인류는 언제부터 문자를 사용하기 시작했을까? 문자의 기원을 추적하는 일은 언어의 기원을 탐구하는 것보다는 쉬워 보인다. 오래전부터 인류가 최초의 문자를 시도했던 흔적들이 아직도 남아 있고 또 지금도 발견되고 있기 때문이다.

인류의 긴 역사에서 문자가 발생한 것은 비교적 최근의 일이다. 초기 단계에서 인간은 계산 막대, 매듭, 조개껍질 등의 수단을 이용해, 기억을 보조하는 도구로 활용했다. 또한, 이러한 도구를 통해서 초보적인 의사소통이 이루어지기도 했다.

계산 막대는 나무 등에 눈금을 새겨서 기억을 돕는 방식이다. 이 같은 방식은 세계 여러 곳에서 흔히 발견된다. 7세기 초에 간행된 중국의 사서 《양서(梁書)》의 신라 관련 기록에는 "문자는 없었으며, 나무를 새겨 약속을 삼았다(無文字 刻木爲信)."라는 내용이 있어, 우리나라에서도 나무를 이용해 기억을 남겼음을 알 수 있다.

끈의 길이나 색깔 등으로 물건이나 가축의 수를 나타내고 매듭을 이용해 기억을 보조하는 수단 역시 여러 곳에서 발견된다. 중국에서도 "옛날에는 매듭을 지어 다스렸다. 후세 성인이 이를 글과 문서로 바꾸니, 백관들은 이것으로 다스렸고 백성들은 이것으로 살폈다(上古結繩而治 後世聖人易之以書契 百官以治 萬民以察)."라는 기록이 《주역(周易)》에 남아 있다. 기원후 10세기경 잉카에는 '퀴푸(quipu)'라는 매듭이 있었다. 퀴푸는 잉카의 공용어인 케추아(Quechua)어로 매듭이라는 뜻이다. 또한, 오스트레일리아, 일본 오키나와 등에서도 수량을 세는 표시나 기록의 수단으로 매듭을 이용한 예들을 볼 수 있다.

여러 가지 색깔의 조개껍질을 끈으로 꿰어 염주 모양으로 만들어 의사 표시를 하는 방법도 있었는데, 조개껍질의 색깔에 따라 의미가 달라진다. 고려 시대 이전부터 사용해온 봉화(烽火)도 언어의 공간적 제약을 시각적 수단으로 보완해 의사소통을 한 것이다.

하지만 이러한 수단들은 한계가 있을 수밖에 없었다. 눈금을 통해 물건의 수효 정도를 알리거나 색깔을 통해 상징적인 의미를 전할 수 있었을 뿐, 널리 사용되는 공용의 의사소통이 되기에는 아직 갈 길이 멀었다.

1.2.4 문자와 문명

문자 이전 단계에 해당하는 바위그림이나 여러 가지 상징 도안은 옛 사람들이 살던 곳 여기저기서 흔히 발견된다. 그러나 그것이 문자로까지 발전한 곳은 그리 흔하지 않다. 그렇기 때문에 문자의 발생 지역은 남달리 대단한 사회 발전을 이룩했던 것 같은 인상을 주게 된다. 이러한 연결은 문자의 발생과 발전을 일원론적으로 보게

하기도 한다. 여기서 일원론이라 함은, 문자도 마치 아담과 이브처럼 이 지구상 어디에선가 태초의 문자가 나타나고, 뒤이어 이의 자손이라 할 수 있는 후계 문자들이 파생되고, 번안되고, 모방되면서 널리 퍼지게 되지 않았겠느냐 하는 시각이다. 반면, 다원론적 시각은 문자를 창안할 수밖에 없는 일정한 사회 조건이 충족되면 문자는 여러 곳에서 발생할 수 있다고 보는 시각이다. 문자 연구의 초창기에는 일원론적인 견해가 우세했으나 지금은 다원론이 더 타당하다고 여겨진다. 그동안 다양한 새로운 발견들이 잇따랐기 때문일 것이다.

인류 문명의 여명을 알리는 세계 문명 발생지로, 오랫동안 이집트, 메소포타미아, 파키스탄과 인도의 인더스 강 유역, 중국의 황허 유역을 꼽아왔다. 그리고 이 네 군데에서 모두 고대 문자가 발생했다. 이런 점에서 본다면, 문명과 문자는 불가분의 관계에 있는 듯싶다. 초창기 문자 연구자들은 이러한 문명의 발생도 일원론적으로 파악하고 싶어 했고, 그러다 보니 심지어 한자마저도 가장 오래된 문명으로 추정되는 메소포타미아 혹은 이집트 문명의 영향을 받은 결과가 아니었을까 생각하기도 했다. 그러나 마야 문자의 의미가 재평가되면서 자연스럽게 문자의 다원론적 발전론이 힘을 얻게 되었다. 많은 한국인은 한글을 유일무이한 창조적 문자로 받아들이고 있다. 그러나 한국인이 아닌 냉정한 남들의 눈으로 볼 때, 한글이 한자처럼 음절 단위로 모아쓰기를 하는 것 등에서 '한자의 영향'을 느낄 수 있다. 한글이 어느 정도 다른 문자의 영향을 약간이라도 받지 않았겠느냐 하는 의심에 대해 그리 서운해할 필요는 없다.

그 정도의 영향을 인정하더라도 다른 면들의 창의성은 진정 놀라운 일이기 때문이다.

현재 남아 있는 모든 문자의 시작은 '상형'이다. 과학적인 논리에 근거하며 뒤늦게 창안되었다는 한글조차 그 원형은 상형에서 출발했다. 상형은 어떤 모양이나 생김새 등을 형상화해 그것이 가리키는 사물을 연상하게 한다. 그래서 어떤 대상물을 그림으로 그리면 눈으로 '보게' 되지만, 상형문자로 변환을 하면 '읽게' 된다. 읽는 것이야말로 문자가 등장하는 가장 중요한 조건이다. 읽는다는 것은 그림으로 사물의 형태를 받아들이는 것이 아니라, 그 그림을 그리게 된 상황과 과정을 '이해하고 해석해'내는 것이다.

흥미롭게도 대부분의 상형은 어느 문명권이든지 매우 흡사하다. 원시 상형문자는 특히 산, 해, 강물, 남자, 여자 등을 가리키는 방식이 매우 비슷하다. 그래서 문자의 발생을 일원론적으로 보고 싶어지기도 한다. 그러나 이후 추상화되어가는 과정에서는 그 상형의 형태가 서로 달라진다. 진정한 다양성이 나타나는 것이다.

오랫동안 사람들은 문자의 사용을 그 사용자 집단의 '지혜'의 산물이라고 생각해왔다. 그래서 문자를 사용하지 못하는 집단은 미개하다고 생각했다. 과연 그럴까? 일단, 문자를 사용하게 되면 지식과 기술의 집적이 강해질 가능성은 높다. 그러나 역으로, 반드시 지혜로워야 문자를 가질 수 있다는 것은 증명된 바 없다. 역사에서는 뒤늦게 문자를 가진 집단이 먼저 문자를 가졌던 집단을 앞질러 더욱 발전하게 되는 경우가 여간 흔하지 않다. 문자를 오래 사용했던 집단도 얼마든지 지혜를 잃어버릴 수 있다는 것이다. 문자와 지식,

그리고 기술 사이에 무언가 연관성은 있지만, 그것이 자동적인 정비례 관계는 아니다.

오히려 문자의 발생은 그 어떤 '조건의 산물'일 가능성이 더 높다. 문자의 발생지가 고대 문명의 발생지와 거의 일치한다고 해서 그 외의 지역은 과연 미개했다고만 볼 수 있을까? 그렇다기보다는 그 문자가 발생하게 된 사회구조를 돌아보는 것이 더 옳다. 문자의 발생 지역은 하나같이 '매우 복잡한 발전 과정'을 거친다. 다양한 경제 영역이 한데 어우러지고, 거대한 권력이 창출되었다. 그리고 거대한 기념비적인 유적지를 남겼다. 마치 바벨탑을 짓듯이 대규모 인력 동원이 필요했고, 농업, 수공업, 상업, 물류 등 다양한 생계 방식이 얽혀 있었으며 그들의 관계를 조정하고 제어할 권력이 군림했던 흔적이 뚜렷하다. 이집트의 피라미드와 스핑크스, 메소포타미아의 신전들, 파키스탄 지역의 모헨조다로(Mohenjo Daro) 유적, 중국의 은허(殷墟) 같은 역사적 자취들은 그 거대 문명이 그리고 그 문자들이 그리 단순하게 지혜의 유무로만 판단할 것이 아님을 충분히 설명하고도 남는다. 좀 더 구체적으로 본다면, '일정한 규모를 갖춘 사회'에서 이러한 '소통 방식의 혁신'이 일어났을 것이고 여기에 문자 발생의 비밀이 숨어 있지 않을까 한다. 또 문자가 없던 잉카 문명의 발전 수준을 본다면, 문자와 지혜를 단순 논리로 연동시키기에는 무리한 점이 있을 수 있다.

또한 한국의 역사를 논하다 보면 과연 한국에는 고대 문자가 없었을까 하는 의문이 생기기도 한다. 문자를 지혜의 산물처럼 여기기 때문에 드는 의문이리라. 그러나 옛 기록에 의하면, 고조선은 팔조 금법, 즉 겨우 여덟 조항의 법률로 사회관계가 유지될 정도로 조용하고 단순한 사회였다고 한다. 이런 사회는 '아마도' 문자보다는, 직접 만나 차 한잔 나누며 거의 모든 일을 처리할 수 있는 매우 소박한 구조가 아니었을까 한다. 그리고 그런 사회에서는 비록 그 구성원들이 지혜로웠다 하더라도, 절박하게 문자를 필요로 하지는 않았을 것이다. 즉, 고조선 사회는 '소통 방식의 혁신'이 필요 없었거나 매우 늦었을 가능성이 높다. 그렇다면 문자는 지혜보다는 영악함과 불신, 그리고 욕망의 산물일 가능성이 더 높다.

그러나 역사 자료를 자세히 훑어보면, 한국인의 선조들과 초기 문자와의 거리가 그리 멀지만은 않았다. 중국의 옛 문헌 중에서 우리의 상고 시대 역사가 기록되어 있는 《삼국지(三國志)》〈위지·동이전(魏志·東夷傳)〉에는 부여(夫餘)에 관해 설명하면서, "전쟁을 하게 되면 그때에도 하늘에 제사를 지내고, 소를 잡아서 그 발굽을 가지고 길흉(吉凶)을 점치는데, 발굽이 갈라지면 흉하고, 발굽이 붙으면 길하다고 생각한다[有軍事亦祭天, 殺牛觀蹄以占吉凶, 蹄解者爲凶, 合者爲吉]."라는 기록이 나온다. 그 맥락이 중국의 고대 갑골문자 사용 방식과 흡사하기 이를 데 없다. 하지만 단지 이런 기록만 있고, 상형이거나 상징이거나, 새겨지거나 그려진 '실물'이 없으면 그 이상의 가능성을 함부로 이야기할 수는 없는 일이다.

추론해본다면, 아마도 동북아시아의 고대사회에서 짐승의 뼈나 발굽을 태우며 점을 치는 일은 흔한 형태가 아니었나 싶다. 이러한 점치는 방식에서 점점 오늘날 한자의 모태가 되는 초기의 문자가 발생했을 것이라고 미루어 짐작해볼 수 있다. 그 뒤에는 지금의 만주 지역에 있던 부여보다 황허 하류 지방이 더 빨리 발전하면서 문자의 발생과 발전의 주도권이 지금의 중국 지역으로 넘어갔을 것이라고 추론해볼 수 있다. 그런 점에서 한자를 오늘날의 국가 경계선과 일치시키며 오로지 중국이라는 국가 내부의 문자로만 해석하는 것도 극복할 필요가 있다.

문자가 이렇게 복잡하게 얽히고설킨 사회적 조건의 산물이라 해도, 일단 사용되기 시작하면 지식과 정보를 획득하고 저장하고 재분배하는 기능이 강해지면서 사회를 밀도 있게 조직화해 발전의 계기를 빨리 포착하게 만드는 것도 사실이다. 그렇기 때문에 현대 사회에 들어오면서 웬만한 지역에서는 모두 문자를 가지려는 노력을 하게 되었다. 그러나 문자는 노력한다고 해서 쉽게 가질 수 있는 것이 아니다. 그 문자를 사용하게 하는 사회적 조건이 갖추어져야 한다. 읽을거리가 충분하다든지, 교육에 이용된다든지, 법이 공공의 역할을 수행한다든지, 길거리에 각종 간판과 공지사항을 내걸고 있다든지 하는 것이다. 곧 사회적 하부구조가 뒤따라주어야 문자의 보급은 성공 가능성이 높아진다.

1.3 문자와 언어의 혼동

외국 영화의 영상 매체를 구입해서 재생했는데, 외국어 대사가 아래와 같이 표기되어 있다고 가정해보자. 우리가 기대했던 자막은 어떤 쪽이었을까? 당연한 말이겠지만, 의미를 더 잘 이해할 수 있는 (나)의 자막일 것이다.

• 영화《인사이드 아웃》의 두 가지 자막 표기법

(가) 더 포인트 이즈, 디 아일랜즈 오부 퍼스낼러티 아 왓 메이크 라일리

(나) 중요한 건, 각 섬들의 개성을 통해서 라일리의 인성이 형성되는 거야

해외의 영상물이나 도서, 게임 등을 국내에 수입하면서, 그 매체에 사용된 외국어를 한국어로 번역하는 일을 '한글화'라고 하거나 그 작품 등을 보고 '한글판' 또는 '한글 패치'라 부르는 경우가 있다. 그렇다면 위 예문에서 (가)와 (나) 모두 '한글화'되었는데, 왜 (가)는 우리가 기대했던 것이 아니었을까. 그것은 '한국어화'가 되지 않았기 때문이다. 이런 경우에는 '한글화, 한글판' 등의 표현이 적절하지 않으며, '한국어화, 한국어판'이 더 합리적인 표현이라는 사실을 알 수 있다. 아래 예문에서도 '한글'이라고 되어 있는 부분은 모두 '한국어'로 바꾸어야 한다.

(다) 왜 **한글**이 '세계말'이 안된거야? **한글**은 되게 쉬운데… (만화《비빔툰》대사 중에서)

(라) 모르겠어! '은근'이라는 은근한 느낌을 영어로는 전달할 수가 없어! **한글**이란 참으로 오묘한 것이라는 생각이 들었다.(웹툰《낢이 사는 이야기》대사 중에서)

1.3.1 한글과 한국어

우리는 흔히 '문자'와 '언어'를 혼동해서 사용한다. 그러나 '한글'

과 '한국어'는 엄연히 다른 것이다. 한글(훈민정음)은 15세기에 세종 대왕이 만든 문자체계이며, 한국어는 한국에서 우리가 사용하는 언어다. 세종대왕이 한글을 만들기 이미 오래전부터 이 땅에서는 한국어를 사용해왔다. 그전에는 한국어를 적을 문자가 없었기에 외래 문자인 한자를 빌려서 사용했지만, 한글이 탄생한 덕분에 한국어를 더 정확하게 표기할 수 있게 되었다.

해마다 한글날이 되면 맞춤법에 어긋난 글이나 줄임말, 신조어 사용을 거론하면서 언론에서는 "한글이 파괴되고 있다"라고 비판하지만, 사실 여기에서 굳이 문제를 삼아야 한다면 '한글'이 아니라 '한국어'다. 또한, 순우리말 대신에 한자어, 외래어, 외국어를 많이 사용하는 경우를 보고 "세종대왕이 슬퍼하실 것이다"라고 표현하기도 하지만, 세종대왕이 문자를 만들었다는 점을 생각하면 그다지 적확한 표현은 아니다.

한국어는 다음과 같이 한글이 아닌 다른 문자로도 표기될 수도 있다.

- Nanun nerul saranghae.
- 那恩 尼乙 四娘海.
- ナヌン ニル サランヘ.

위에 나열한 여러 문장은 각각 라틴 문자, 한자, 일본 문자로 표기되었지만, 모두 한국어를 적은 것이다. 혹시 이 문장들이 한국어를 소리 나는 대로 적은 것이 아니라, 각각 영어, 중국어, 일본어를 적은 것처럼 보일 수도 있다. 하지만 각 문장을 소리 내어 읽어보면 모두 '나는 너를 사랑해'라는 한국어 문장을 나름대로 표기한 것임을 알 수 있다. 발음이 조금 이상하게 들리기도 하겠지만, 이는 이 문자들이 한글만큼 한국어의 소리를 정확하게 표기할 수 없어서 그런 것일 뿐이다. 즉, 한글은 한국어를 표기하는 데 최적화되어 있는 문자다.

한국어가 여러 가지 문자로 표기될 수 있듯이, 다른 언어도 한글로 표기될 수 있다. 아래의 세 문장들은 모두 한글로 표기되어 있지만, '나는 너를 사랑해'라는 영어, 중국어, 일본어 문장을 각각 한글로 표기한 것이다. 물론 이 경우에도 한글로 표기된 문장을 소리 내어 읽으면 해당 외국어 화자들은 어색하다고 느낄 수도 있다. 다른 문자가 한국어의 소리를 정확하게 적지 못했듯이, 한글도 해당 외국어의 소리를 100퍼센트 정확하게 적을 수 있는 것은 아니기 때문이다.

- 아이 러브 유.
- 워 아이 니.
- 아나타오 아이시테루.

한글이라는 문자로 한국어를 어떻게 표기할지를 규정한 것이 '한글맞춤법'이며, 라틴 문자(로마자)로 한국어를 어떻게 표기할지를 규정한 것이 '국어의 로마자 표기법'이다. 이 두 가지 어문 규정은 문자만 다를 뿐 모두 한국어를 적는 방법을 다루고 있다. 또한 '외

(왼쪽) 여러 문자로 적힌 한국어 지명 (오른쪽) 여러 문자로 적힌 일본어 지명

래어 표기법'은 외래어 또는 외국어를 한글이라는 문자로 표기하는 방법을 다루고 있는 어문 규정이다.

'ㄱ'을 '기역'이라고 하는 것은 문자의 측면에서 부르는 것이다. 언어라는 관점에서는 'ㄱ'는 소릿값 '그'로 읽어야 한다. 마찬가지로 'a'는 문자라는 관점에서는 '에이'이며, 언어라는 관점에서는 소릿값 '아'가 되는 것이다. 언어마다 발음은 비슷해도 문자의 이름이 다른 경우도 있다. 라틴 문자 'y'의 이름은 영어권에서는 '와이'라는 이름을 가지고 있지만, 독일어권에서는 '입실론'이라고 하며 프랑스어권에서는 '이그렉'이라고 부른다.

지금까지 문자와 언어가 뒤섞여 사용되는 경우를 살펴보았다. 이러한 혼동이 일어나는 까닭은 언어생활에서 문자가 차지하는 비중이 그만큼 크다는 방증이다. 요즘처럼 많은 의사소통이 직접적인 '언어' 교환뿐만 아니라 얼굴을 마주 보지 않는 '문자' 교환으로 이루어지고 있는 시대에 문자와 언어는 더욱 가깝게 관련을 맺는다. 우리말을 사랑하는 것과 우리글을 사랑하는 것은 밀접하게 연결되어 있다. 하지만 한국어를 사랑하고 한글에 자부심을 느낄수록, 한국어와 한글 또는 언어와 문자를 혼동해서는 안 될 일이다.

1.3.2 언어와 관련을 맺는 문자

입과 귀를 이용하는 청각적 의사소통이 '언어 또는 말'이라면, 손과 눈을 이용하는 시각적 의사소통은 '문자 또는 글'이다. 하나의 공동체에서 언어와 문자 또는 말과 글은 밀접한 관계에 있으므로, 언어를 정확하게 표현하는 것만이 문자라고 할 수 있다. 즉, 문자가 문자로서 성립되기 위해서는 첫째 누구나 자신의 언어를 일정한 방식을 가진 언어기호로 표기해야 하고, 둘째 그 기호가 공동체 내에서 일관된 의미로 이해되어야 한다는 두 가지 조건을 만족시켜야 한다.

문자는 공동체 내에서 누가 읽어도 똑같은 언어로 환원되며(즉 동일하게 발음되며) 보편적으로 일치되는(즉 고정된) 의미를 가지고 있다는 점에서 그림과는 다르다. 온전한 의미의 문자가 되기 위해서는 문자가 일정한 언어 단위와 긴밀한 대응 관계를 가져야 한다.

언어학에서 문자는 "(보이지 않는) 인간의 음성언어를 (보이는) 기호로 옮겨놓는 체계"라고 이해된다. 온전한 문자는 한정된 수의 관습적 기호를 사용하며, 언어 단위와 일정한 관계가 있어야 한다.

1.3.3 언어와 문자의 구분

따라서 이제는 다음과 같은 두 쌍의 단어가 가리키는 대상이 동일하지 않다는 사실을 명확하게 구분해야 한다.

한국어 - 한글

영어 - 로마자(the Roman alphabet)

중국어 - 한자(漢字)

일본어 - 가나(かな)

러시아어 - 키릴 문자(Кириллица)

세상에는 약 6,000여 개 이상의 언어가 있지만, 그 언어를 표기하는 문자는 150여 개를 넘지 않는다.

❖ 글자의 이름과 소릿값

앞서 잠깐 언급했듯이, ㄱ은 '기역'이라는 낱글자의 이름일 수도 있고 [ㄱ]라는 소리를 나타낼 수도 있다. 라틴 문자에서도 K는 '케이'라는 이름과 [ㅋ]라는 소릿값을 가진다.

	글자의 이름	소릿값
A	에이	ㅏ
H	에이치	ㅎ
K	케이	ㅋ

그러므로 같은 글자라도 언어에 따라 이름과 음가가 달라질 수 있다. 라틴 문자 'y'의 이름은 영어권에서는 '와이', 독일어권에서는 '입실론', 프랑스어권에서는 '이그렉' 등으로 달리 부르고, 발음도 각각 다르다.

글자	이름	발음	해당 언어
H	에이치	h	영어
	에타	e:	그리스어
	엔	n	러시아어
Y	와이	j	영어
	엡실론	y	독일어
	이그렉	i, e, j	프랑스어
	우	u	러시아어
P	피	p	영어
	로	r	그리스어
	에르		러시아어

1.4 문자 개념*

❖ 그림인가 문자인가

그림에서 문자로

문자(文字)

동일한 모습으로 반복해서 사용되어야 한다

일정한 배열을 가져야 한다

---

* 문자 개념에 대한 자세한 내용은 다음의 저서를 참고할 수 있다.
인문학연구원 HK문자연구사업단 편(2013), 《문자개념 다시보기》, 연세대학교 대학출
판문화원. 특히 제1부 2장 '문자 관련 어휘의 사전 기술'(연규동·이전경)과 3장 '조선왕
조실록에 나타난 文字의 의미'(김남시·김은희·연규동·이전경)에 문자 개념에 관한 내용
이 실려 있다. –편집자

일정한 언어 단위를 대표해야 한다

최근 문자와 쓰기를 둘러싼 이론적 논의들이 철학적 담론으로
심화·확장되면서, 시각적인 속성을 가지고 의사소통에 기여하는 것
이라면 손으로 쓰인 모든 것을 문자라고 파악하는 입장이 언어학
바깥에서 시도되고 있다. 따라서 기호 이론을 올바르게 정립하기
위해서는 이 두 종류의 문자를 구분할 필요가 있다. 영어 writing,
프랑스어 écriture, 독일어 Schrift 등은 모두 언어학적 의미의 문자
를 넘어 인간의 '쓰는 행위'를 포괄하는 단어다. 반면, 한국어의 '문
자'는 쓰는 행위 전체를 포함하는 뜻을 담고 있지 않으며, 주로 언
어학적 속성에 주목하는 단어다(연규동(2014), 〈문자의 종류와 개념에
대한 새로운 이해〉,《국어학》 72, 국어학회).

1.4.1 문자 개념의 확대

해리스(Roy Harris, 1995)는 문자에 대한 언어학자들의 정의를 비
판하며, 시각적인 속성을 가지고 의사소통에 기여하는 것이라면 손
으로 쓰인 모든 것을 문자라고 파악한다. 이러한 생각은 겔브(Gelb,
1962)에 그 뿌리를 두고 있다.

문자의 일차적 속성은 가시성이다. 따라서 인류가 의사소통을 위
해 손을 움직여 만들어내는 모든 시각적 표시를 문자로 볼 수 있다.
이러한 입장에 따르면, 이른바 문자 이전 단계에 시도되었던 다양
한 방법들, 즉 그림을 비롯해 그보다 앞선 시기에 인간이 만들어놓
은 시각적 표식들도 모두 문자로 이해된다. 그림이 문맥이나 상황에

따라, 또는 음성으로 바뀌었을 때 결과가 달라지고 그에 따라 의미가 달라지더라도, 문자의 기능을 가졌다고 보는 것이다.

따라서 인간의 음성언어로 환원될 수 있는 기호만을 문자로 바라보는 것을 좁은 의미의 문자 이해라고 한다면, 부호나 여러 가지 상징기호까지 모두 포함해 시각적인 기호체계 전부를 문자로 파악하는 것을 넓은 의미의 문자 이해라고 할 수 있다. 문자 개념을 넓게 이해하게 되면, 성문(聲門, glottis)을 움직여 나오는 소리를 적는 문자(glottic writing)뿐만 아니라, 소리와 직접 연결은 되지 않지만 관습적이고 규약적인 기호들을 가리키는 비표음적 문자(non-glottic writing)도 모두 문자에 포함된다.

비표음적 문자들을 좀 더 자세히 살펴보자.

① ! ? 〈 , - ( ) ‘’

② 1 2 3 4 5 6

③ & @ * ※ §

④ $ ₤ ₦ ₩ € ¥

⑤ + - = ∞ ≧ √

⑥ ♀ ♂ ☆ ☎ ☞ ♨

⑦ ⠀ ⠐ ⠠ ⠰

⑧ ㄅ ㄖ ㄙ ㄅ / dz ʧ ɸ˙ ə

⑨ 

①은 문장부호다. 이것은 언어를 재현하는 데 아주 중요한 기능

을 한다. 특히 억양이나 발화 목적 등을 밝히는 데 더 중요하다. ②
는 숫자다. 언어가 아닌 양을 표시한다. 그러나 양을 표시하는 어휘
도 나타낼 수 있다. ③은 흔히 도형문자라고 불리는 것들로, 각각
특정한 의미 기능을 나타낸다. ④는 각종 화폐의 수량 단위를 표시
하는 기호다. ⑤는 수학기호다. 논리적인 기능을 통해서 의미를 갖
는다. ⑥은 현대에 만들어진 그림문자다. 문자 자체로 의미를 알 수
있다. ⑦은 점자다. 사회 구성원에게 일반적인 용도가 아니라 특수
한 용도로만 쓰이기는 하지만, 언어와 잘 연동된다. 모스부호도 마
찬가지다. ⑧은 발음을 나타내는 기호다. 언어의 '소리' 부분을 나타
낼 뿐이지만, 동일한 체계 내 구성 요소 간에 서로 구별되는 의미를
지닌다. ⑨는 교통 표지, 금연 표지와 같은 여러 표지다. 언어와 직
접 연동되지는 않지만 독자적인 의미를 가진다.

　전통적으로 이런 것들은 문자가 아니라 기호, 부호, 표지에 불과
하다고 생각해왔다. 하지만 이들은 모두 나름대로의 의미를 표현하
고 있다. 예를 들어, 다음에 제시된 각각의 쌍들은 명백히 다른 의
미를 가지고 있다.

나 가야 돼! - 나 가야 돼?

you & I - you@i

☞ 수안보 온천 - ♨ 수안보 온천

10점 - 20점

$10 - £10

+10 - -10

이처럼 기호가 바뀜으로써 별개의 의미를 가지고 다른 의사를 전달한다면 이들을 문자로 인정하지 못할 이유가 없다. 최근의 논의에서는, 서류에 사인을 하고, 수학 문제를 풀고, 작곡을 하고, 도표를 작성하고, 인터넷에 글을 올리며 문자메시지를 보내는 등 문자에 관련된 모든 다양한 활동을 넓은 의미의 문자 개념으로 포괄한다(Roy Harris, 1995 ; 김남시 역, 2013:243 참조).

따라서 문자 이론을 올바르게 정립하기 위해서는 좁은 의미의 문자 개념을 반영하는 '문자'와 넓은 의미의 문자 개념을 반영하는 '문자'를 구분할 필요가 있다. 영어 writing, 프랑스어 écriture, 독일어 Schrift 등은 모두 언어학적 의미의 문자를 넘어 인간의 '쓰는 행위'를 포괄하는 단어로, 넓은 의미의 문자를 가리킨다. 반면, 한국어의 '문자'는 쓰는 행위 전체를 포함하는 뜻을 담고 있지 않고, 주로 좁은 의미의 문자적 속성에만 주목하는 단어다. 이와 같은 이유로 손으로 만들어내는 모든 시각적 표시까지 포괄하는 단어로서 '쓰기'라는 용어를 사용하기도 한다.

1.4.2 문자와 글자

일반적으로 '문자'는 체계 전체를 나타내는 데 비해, '글자'는 개별 기호를 나타내는 데 더 많이 사용된다는 사실을 알 수 있다. 사전에서는 '문자'이든 '글자'이든, 개별 기호 자체를 가리키면서도 때로 그 기호가 포함된 체계 전체를 나타내는 데 사용되는 것으로 기술되어 있다.

- 문자 : 인간의 의사소통을 위하여 시각적으로 나타낸 기호들의 체계.
- 글자 : 문자의 개별 기호.

문자와 글자는 다음과 같이 구분해서 사용되는 것이 합리적이다. 우선 아래 예문에서 '문자'를 '글자'로 바꾸면 다소 어색하게 느껴진다.

- 문자는 문명을 일으키는 터전이 되었다.
- 다항식에 문자가 포함되지 않는 항을 상수항이라고 부른다.(《고려대 한국어사전》(이하 《고려》))
- 이 원시 부족은 고유의 말은 있지만 문자는 없다.(《표준국어대사전》 (이하 《표준》))
- 한글은 세계에서 가장 과학적인 문자이다.(《고려》)

하지만 위 예문들과는 달리 아래의 예문에서는 '글자'를 '문자'로 바꾸어도 어느 정도 문맥에 변화가 없다.

- 우리들은 신문 기사의 글자 하나하나를 놓치지 않고 읽고 또 읽었다.(《연세한국어사전》(이하 《연세》))
- 칠판에 적은 글자가 잘 안 보인다.(《표준》)
- 글씨를 흘려 써서 이 글자가 '서'인지 '저'인지 잘 모르겠다.(《표준》)
- 선생님, 앞에 두 글자가 잘 안 보여요.(《고려》)

물론 문자와 글자 어느 쪽을 써도 다 자연스러운 예도 있다.

- 얼른 보아서 그 종이에는 내용을 해독할 수 없는 부호 같은 문자/글자들이 깨알같이 적혀 있었다.《연세》
- 돌은 조잡한 솜씨로 여섯 모 비슷하게 다듬어졌고, 중간 중간에 희미하게 지워진 문자/글자가 새겨져 있었다.《표준》
- 선사 시대란 문자/글자가 없었던 역사 이전 시대를 이른다.《고려》

다음 예문에서는 개별 낱글자를 가리키는 것이다. 주로 비문과 같이 일정 기간 글자의 상태가 유지되고, 눈에 보이는 경우에는 '체계성'을 가진 것으로 이해된다.

- 글자를 새기다.《고려》
- 김 교수가 그 비문에 적힌 글자를 완전히 해석해냈다.《고려》

하지만 이 문장에서 '글자'를 '문자'로 바꾸면 좀 더 보편적이고 큰 의미를 가진다.

- 문자를 새기다
- 김 교수가 그 비문에 적힌 문자를 완전히 해석해냈다.《고려》

1.4.3 글자와 글씨

'글씨'는 쓴 사람의 행위의 결과물인 글자이고, '글자'는 쓴 사람의 개성이 지워진 보편체다.* 따라서 '글씨'는 겉으로 드러난 모습이 주가 된다. 그러므로 '곱다' '깨알 같다' '낯익다' '멋지다' '보기 좋다' '붉다' '빛바래다' '삐뚤삐뚤하다' '삐뚤어지다' '예쁘다' '좁쌀 같다' '지저분하다' '커다랗다' '큼직하다' 등과 같이 시각적 의미가 내포되어 있는 형용사와 어울리는 경우가 많다.

우리의 직관에 의하면, '글씨를 바르게 쓴다' 같은 예문은 [글자]의 의미의 '글씨'가 아니라, [쓰는 일]으로서의 '글자'에 해당한다. 또한 "붓글씨" 역시 문맥에 따라 [모양]이나 [쓰는 법]에 적당한 예문이다. 이를테면, "붓글씨가 예쁘다/힘차다, 붓글씨를 보다"는 [모양]의 의미를, "붓글씨를 배우다/쓰다"는 [쓰는 법]의 의미를 가지는 것이다. "깨알 같은 글씨" 역시 [모양]에 어울린다.

- 글씨를 바르게 쓰다.(《조선말사전》(이하《연변》))
- 글씨를 빨리 쓴다.(《우리말큰사전》(이하《한글》)
- 붓글씨(《금성국어사전》(이하《금성》))
- 그녀는 수첩에 깨알 같은 글씨/글자로 매일매일 일기를 적는다. 《고려》)

다음과 같이 '글씨'와 '글자'가 둘 다 쓰일 수 있는 예문이라 할지라도, 의미가 완전히 동일하지는 않다.

---

* 이를 각각 글자에 있어서의 '빠롤'과 '랑그로 비유할 수 있을 것이다

- 글씨/글자 한 자 한 자마다 정성을 기울인 기색이 역력히 나타나 있었고, 잘못 쓴 글씨/글자를 지우고 다시 쓴 곳은 한 군데도 없었다. 《연세》
- 간판의 글씨/글자가 알아볼 수 없을 정도로 지워져 있었다.《고려》

이 예문들에서 "정성을 기울인 글씨, 잘못 쓴 글씨, 알아볼 수 없는 글씨"라고 하면, '글씨를 쓰는 행위의 결과로서의 모양'에 더 관심을 가진 느낌으로, 그 모양에 정성을 기울이거나 삐뚤삐뚤하거나 해서 알아볼 수 없다는 느낌이 강하다. 반면, "정성을 기울인 글자, 잘못 쓴 글자, 알아볼 수 없는 글자"라고 하면, 단순히 모양이 문제가 아니라 '글자의 형태로 인해 나타나는 의미'에 초점을 맞춘 것이다. 즉, 모양은 아니지만, 쓰인 글자가 정성을 기울인 기색이 있다거나 그 글자를 지우거나 알아볼 수 없다는 느낌이 강하게 느껴진다. 그 외에 다음 예문들에서는 '글씨'와 '글자'가 모두 통용될 수 있지만, '써놓은 글자'라는 뜻으로도 이해할 수 있다.

- 글씨/글자를 쓰다《한글》,《금성》
- 철판에 글씨/글자를 쓰다.《표준》
- 복도 끝에는 '정숙'이라는 글씨/글자가 붙어 있었다.《고려》

1.4.4 문자와 문자

사전에는 '문자'의 의미 중 하나로, 영어 'character'의 번역어로서 전산용어 '문자'를 수록하고 있다.《표준》의 예만 보자.

문자² ④ [정보·통신] 키보드를 눌러서 화면에 나타낼 수 있는 한글, 알파벳, 한자, 숫자, 구두점 따위를 통틀어 이르는 말.≒캐릭터.

위 뜻풀이에 따르면, '문자'의 의미는 '전산처리용 기호 및 그 기호를 표현하는 정보 단위'를 나타내는 것이다. 휴대 전화 문자메시지를 의미하는 '문자' 역시 전산용어 '문자'의 영향이다. 처음부터 문자메시지—음성메시지의 짝을 이루었던 것은 '문자메시지'가 전산용어에서 나왔기 때문이다. '문자메시지'를 의미하는 '문자'는《고려》의 예에서 살펴볼 수 있다.

문자¹ ③ [통신] 휴대 전화의 자판을 이용하여 상대에게 전달하는 짧은 글.
- 문자가 오다.
- 문자를 씹다.
- 문자를 날리다.
- 문자를 찍다.
- 막내는 문자를 주고받느라 시험공부에 집중하지 못했다.
- 10대 후반에서 20대 초반의 휴대 전화 이용자의 하루 문자 이용 건수는 다른 사용자층들에 비해 월등히 높은 것으로 조사되었다. (이상《고려》)

1.4.5 writing의 의미

❖ 영어사전에서의 문자

❖ 기호 해석이 문맥이나 문화, 상황에 따라 달라진다면 이는 온전한 문자가 아니다. 이를 모른다면 해석이 불완전해진다.

1.4.6 writing script의 의미*

❖ digraph

❖ glyph

◆ A logographic script permits a glyph to represent a single morpheme (the smallest meaningful linguistic unit, such as the three morphemes in English mean + ing + ful) or an entire word ('jackal' as in the early Egyptian hieroglyphic script).

◆ A syllabic script comprises glyphs that have only syllabophonetic value (for example, ko-no-so for 'Knossos' as in the scripts of the Bronze Age Ægean).

◆ An alphabetic script allows glyphs called 'letters' to stand for individual vowels and consonants (a, b, c as in the Latin alphabet).(이 예는 피셔 86/113)

1.4.7 scriptology/scriptological

1. 학술지의 소개: Signata 9 (2018) / Signatures. (Essays in) Semiotics

---

* 해당 내용은 아직 자료 조사 단계에서 해외에서 발행되거나 간행된 참고문헌과 필요한 인용 문장들을 정리해둔 부분이다. 따로 번역 없이 원문 그대로 실었음을 밝혀둔다. -편집자

of Writing, Jean-Marie Klinkenberg et Stéphane Polis (https://journals.openedition.org/signata/1274)

"In line with the aforementioned goals of Signata, this issue would rather favor global approaches to writing, i.e., approaches discussing features that are possibly common to most (if not all) writing systems. Writing is envisioned here in its generality, as a semiotic system that mediates between the linguistic and spatio-iconic realms. Indeed, based on detailed analyses of the semiotic functions fulfilled by graphemes, the aim of this issue is admittedly to identify criteria and principles that could be used for developing a typology of writing. As such, the volume ambitions to contribute to a 'general scriptology', a discipline already explored by pioneering works, such as the ones by Roy Harris or Anne-Marie Christin, to name but a few of the directions that this endeavor might pursue."

2. 논문 제목: Atkinson, JK (2011) Translation of the Walloon Consolatio philosophiae by Boece (the Boece in Rhyme, 3rd quarter of the XIVth century, by Jehan de Thys): lexicological, scriptological and philological analyses. Revue De Linguistique Romane, 75 299: 469-515.

3. 논문 Going Digital: Rapid Integration of Multiple Approaches to Humanities Technology in a Large Undergraduate Course, Elizabeth Losh (http://losh.ucsd.edu/papers/DRHUK.pdf)

"Whether hypertext, as the product of the latest scriptological revolution, makes the contrast between teaching literacy and teaching the humanities more marked or more muted has yet to be seen."

"In this imagining of hypertext, electronic writing represents the culmination of humanistic discourse that has always been present in its fundamentally scriptological character."

4. 박사논문: Hanzi, Concept and Computation: A Preliminary Survey of Chinese Characters as a Knowledge Resource in NLP, Shu-Kai Hsieh (https://www.deutsche-digitale-bibliothek.de/binary/BTOUWU707JVOYEPTZSQBN545TPOEH434/full/1.pdf)

"Chapter 3 outlines some important linguistic insights from the vantage point of indigenous scriptological and Western linguistic traditions, as well as a new theoretical framework in contemporary studies of Chinese characters."

"In the 1950s the scriptology was referred to as 漢字學 / Hanzi-Xu´e/ (Chinese characterology or Hanziology)."

"Though by resorting to the classical argumentation of traditional scriptology concerning the correlation between meaning composition within a character, it would be relatively speculative to conclude that all characters in modern use are bound to the principle alone."

5. 책: Historical Linguistics and Philology, edited by Jacek Fisiak (https://books.google.co.kr/books?hl-en&lr-&id-zIzxVSWjn7MC&oi-fnd&pg-PA119&dq-scriptology+%2B+%22writing+system%22&ots-3FSinRrqm0&sig-seXUaMYjltK8-ernWhPyH-wJEhg#v-onepage&q-scriptology&f-false)

❖ 'scriptology'는 1960년대에 처음으로 사용했으며 원래는 중세 유럽 글자에 대한 연구를 가르쳤는데 이제는 더 넓게 문자에 대한 연구로 쓰이고 'scriptological'은 그냥 이 신조어의 파생형용사로 편의로 쓰는데 좀 비공식적으로 쓴다.
❖ alphabetic

1.5 언어학에서의 문자

1.5.1 문자와 언어학

문자를 그저 언어의 대당물(對當物)*로만 보기에는 최근 상황이 많이 바뀌었다. 현대에 이르러, 음성으로 이루어지는 의사소통과

---

* 대당물이란 대당(對當)하는 것, 즉 대등(對等)한 것이라는 의미로 쓰인 듯하다. 다시 말해 문자를 그저 언어의 대당물로만 본다는 것은 문자를 그저 언어를 그대로 옮긴 것으로만 본다는 것을 뜻한다. -편집자

더불어, 문자로 이루어지는 의사소통 역시 중요하게 된 것이다. 매년 '올해의 단어'를 선정하여 발표하는 옥스퍼드 사전이 😂(즉, 그림문자)를 2015년의 단어로 선정한 것은 하나의 상징적인 사건이다. 수많은 언어생활 중에서 '문자로 이루어지는 커뮤니케이션'에 대해 언어학자가 더 이상 손 놓을 수는 없게 된 것이다. 이러한 요구는 한편으로는 근래 인문학 분야에서 제기되어 광범위하게 수용되고 있는 넓은 의미의 문자 개념에 의해, 다른 한편으로는 오늘날의 매체 환경으로 인해 '문자' 혹은 '문자 생활'의 내포와 외연이 변화함에 따라 필연적으로 발생하게 된 것이다. 그런 의미에서 그동안 언어학에서 의사소통의 도구로서만 언어를 바라보면서 문자를 다소 소홀히 다룬 것은 인정해야 한다.

지금까지의 언어학에서는 '문자학'이라는 이름으로 각종 문자의 발달 과정, 문자의 유형 정도만을 취급했다면, 새로운 '문자학'은 그 이름을 뭐라고 하든, 문자에 대한 지평을 크게 확장시켜 언어의 유형과 문자체계의 관계, 문자를 이루는 요소, 언어에 대한 문자의 영향, 문자언어의 습득 등을 다룰 수 있을 것이다. 최근 인터넷에서의 글쓰기, 휴대 전화의 문자메시지를 비롯하여, 얼마 전까지만 해도 언어학의 관심 영역 밖에 머물렀던 타이포그래피, 광고, 디자인, 영상, 출판에 이르기까지-기호학, 미학, 매체학, 문화학의 입장에서가 아니라-'언어학'의 입장에서 목소리를 낼 수 있다.[*] 이 책에서는 기호적인 의미로서의 문자가 아니라 언어학적 의미를 가진 문자가 있음을 밝혀보고자 한다.

❖ 가타가나의 기능

일본어 단어가 본래의 목적에서 조금 벗어난 발음을 나타내기도 하고 어떤 특별한 감정을 동반한 문맥임을 표현하기도 한다. 이러한 가타가나의 용법은 7, 8세기 만요가나와도 이어진다.(이나카이 다카시 저/류민화 역, 《한자를 길들이다》, 27쪽)

❖ 내용이 끊어지는 곳에 글자 공백을 두는 것. 〈임신서기석〉 참고**

---

* 최근 해리스(1995, 2000), 김남시(2012) 등에서는 문자의 시각적 속성, 문자의 형상성을 통하여 문자 연구의 새로운 지평을 열고 있다. 이런 점에서 다음과 같은 겔브의 문자 정의가 주목된다. 'Writing in its broadest sense is a recording system or device by means of conventional markings or shapes or color of objects, achieved by the motor action of the hand and received visually by another.'(Harris, 1995:2 각주 8에서 재인용)

** 임신서기석의 비문은 구획선 없이 5행(行) 74자가 새겨져 있는데, 4행에서 내용이 구분되는 곳에 한 글자 공백을 두었다. -편집자
1행: 壬申年六月十六日二人幷誓記天前誓今自
2행: 三年以後忠道執持過失无誓若此事失
3행: 天大罪得誓若國不安大亂世可容
4행: 行誓之　又別先辛未年七月廿二日大誓
5행: 詩尙書禮傳倫得誓三年

❖ **자체와 자형**

한자는 같은 해서체라도 개인과 유파에 따라 모양이 달라질 수 있다. 이것은 자체라 하지 않고 자형이라고 부른다(반대로 용어를 사용하는 학자도 있다). 인쇄나 레터링에 사용하는 폰트도 자형이다. 이에 비해 획수나 필획이 일정하게 정해진 글자 모양을 자체라고 한다. 이 자체 가운데 관 주도로 확정한 글자체나 한 시대에 널리 통용되는 글자체를 정자(정체자)라고 부르지만 이체자와의 구별은 그리 쉽지 않다. 필획이 명백하게 잘못된 글자뿐만 아니라, 글씨 쓰는 습관과 필기구에 따라 파생된 속자, 획수를 줄인 약자가 모두 이체자인 것이다.(심경호, 《한문기초학사》, 505-6쪽)

❖ 《오주연문장선산고》 문자학 관련 책*

❖ 작다/적다 표기법적 구분

❖ 필리핀 두 가지 표기, 的士/택시

❖ /p/ pin, hopping, hiccough

변이자: 한 음소를 표기하는 문자가 출현 환경에 따라 두 가지 이상의 다른 모양을 취할 때 그 각각의 자형을 이르는 말.

'banan', 'cake', 'many', 'all'처럼 한 글자가 여러 음소와 대응되기도

---

* 《오주연문장전산고(五洲衍文長箋散稿)》는 조선 후기 실학파 오주(五洲) 이규경(李圭景)이 중국과 우리 나라 고금의 여러 사물, 경전, 역사, 문물 제도, 예술, 종교, 자연과학 등 경전과 명물도수(名物度數) 전반에 걸쳐 변증설(辨證說)을 펼친 백과사전 성격의 저술이다. 총 60권 60책의 방대한 저술로 문자학과 관련한 내용은 제17책 경사편(經史篇) 중 경전류(經典類) 二 부분이 참고가 된다. -편집자

한다. 이럴 때는 음소문자라도 음소체계와 독립적인 체계로 보아야 할 필요성이 커진다.(심경호, 《한문기초학사》, 607쪽)

❖ 《한글민주주의》(최경봉, 책과함께, 2012)에는 다음과 같은 흥미로운 기술이 있다. "몽골 비치그를 사용하는 내몽골의 몽골어가 중국어화 되고 내몽골의 문화가 중국화 되는 반면, 몽골공화국의 몽골어는 대체로 전통적인 몽골어를 유지한다는 것이다. 이 때문에 내몽골 자치구에서는 규범적인 몽골어의 모델을 몽골공화국의 몽골어에서 찾는다. 이곳의 몽골어가 내몽골어에 비해 순수하다고 믿기 때문이다. 이처럼 전통적인 문자 대신 외래 문자를 쓰는 몽골공화국에서 몽골어와 몽골 문화가 여전히 향유된다면, 문자와 언어가 운명공동체라는 믿음을 한 번쯤 의심해봐야 하는 게 아닐까?"(9쪽)
"공용어와 공용 문자가 대중과 괴리되어 결정된다면, 이에 익숙하지 못한 일반 대중이 어문생활에서 소외되는 것은 피할 수 없다. …… 한자의 간체자가 성공적으로 정착한 반면, 소수민족 전통문자의 로마자화가 실패한 사실은 무엇을 말해주는가? 편리성의 기준을 정하는 것은 언어를 사용하는 대중의 몫이며, 어문정책은 대중의 요구를 반영해서 발전 방향을 전해야 한다는 것이다."(14~16쪽)

❖ 일본식 한자어: 굴삭(掘削), 고양(高揚)·앙양(昂揚), 사체(死體)·시체(屍體)

❖ 로마자 문화권에서의 인명과 지명의 철자는 동일하게 사용되지만 발음은 언어마다 달라진다. Computer, Journalsist, Phase. 인명과 지

명이 아닌 경우에는 자국어화가 진행되면서 발음이 달라질 뿐만 아니라, 어떤 경우에는 자국어의 문자체계에 따라 철자가 달라질 수도 있다.(Zigarette, Korps)

❖ 금문도, 천안문, 장강을 각각 진먼다오(金文島), 톈안먼(天安門), 창장(長江) 이라고 표기하면 이 지명이 섬, 문, 강이라는 사실을 알 수 없을 뿐만 아니라 원 한자어가 몇 자로 구성되어 있는지도 알기 어렵다. 같은 한자 문화권에 사는 사람으로서 지명을 통해 그곳의 역사와 풍광을 짐작할 수 있는 이점을 포기할 이유는 없지 않을까?(《한글민주주의》, 163쪽: 김영만, 《중국어문논총》 25, 2003 참고)

❖ 구술성은 글이 없던 시대에 인류가 말로 의사소통할 때 가지고 있던 심리적인 사고방식이나 인식론적 사유체계, 표현적 특징으로, 문화의 담화적 스타일이나 서사 패턴, 모티프와 같은 주제론적 내용 등을 모두 아우르는 개념. 이러한 구술적 요소들은 글이 생기고 인쇄 문화가 퍼지고 기술성이 의사소통의 중심이 된 시대에도 없어지지 않고 잠재적으로 작동하면서 글 속에도 그 흔적을 남겨놓고 있다. 1차 구술시대는 무문자 사회로서 말만이 의사소통의 수단이 되었던 시대. 문자에 의존하지 않고 사고하고 표현하는 것이 일상화되어 있었을 것이다. 문자에 의존하지 않고 무엇을 생각하고 그것을 체계적으로 조직하고 논리정연하게 표현한다는 것이 얼마나 어려운가를 생각해본다면 그 시대에는 오늘날과는 사유의 표현의 전 과정이 달랐을 것으로 예상된다. 오늘날 우리들은 문자적 사고를 상당히 내면화하고 있어서 문자가 없

던 시대를 추론해내고 그 당시 사람들의 언표행위를 엿보기 위해서는 내면화된 문자적 사고에서 완전히 벗어나야만 한다.

❖ **시각보다 청각**이 더 발달했을 수도 있다.

❖ 업고, 업쓰니, 업써서, 업찌만, 업떠라

❖ **대문자와 소문자**

소문자는 후대의 발달이며, 흘림체에서 발생했다. 이를테면 대문자로 쓰는 것보다 소문자로 쓰면 획수가 준다. 대문자 A는 3획이지만 소문자 a는 1획에 한꺼번에 쓸 수 있다.

대문자가 더 중요한 것으로 인식. 시각적으로 눈에 띈다. 문장 안에서 중요한 요소를 더 잘 눈에 띄게 한다.

독일어 모든 명사는 대문자로 시작. 영어 고유명사는 대문자 시작. I.

1.5.2 문자 해독*

❖ 문자의 종류를 먼저 결정해야 한다. 음소문자는 50여개 기호. 음절 문자는 30~150개 기호. 단어문자는 수천여 개.

❖ 충분한 언어 자료. 비교 파이스토스 문자

❖ 다른 언어로 함께 기록된 자료가 있어야 한다. 아니면 적어도 현대에

---

* 이 부분의 내용은 연규동(2023)을 참고할 수 있다. 연규동(2023), 《세계의 문자 사전》, 도서출판 따비. -편집자

그 언어의 후대 언어가 남아 있어야 한다. 소멸된 언어라면 해독이 매우 어려워진다. 인더스 문자. 선문자A

❖ 분포를 봐야 한다.

❖ 여러 언어를 통달한 사람이 해독자로 적격. 샹폴리옹(Jean-François Champollion, 이집트 상형문자 해독자)이나 롤린슨(Sir Henry Creswicke Rawlinson, 쐐기문자 해독자)의 경우도 여러 언어 통달.

❖ 쐐기문자인가 설형문자인가 '설형'이라는 단어 자체가 '쐐기 모양'이라는 뜻의 한자. 이 한자는 일상에서 자주 사용되는 한자도 아니다.

❖ 문자의 역사와 관련된 문제

단일기원설 - 겔브

다중기원설 - 특히 마야 문자가 해독됨으로써 더 힘을 얻었다. 그 이전까지 구대륙에서만 문자가 있다고 믿었고 신대륙은 미개하거나 원시적이라고 생각했었는데, 이를 단번에 해소.

1.5.3 그림문자*

개념과 논점

인류가 언제부터 문자를 사용하기 시작했는지 구체적으로 밝히

---

* 여기서부터 '1.5.7 층위에 따른 문자의 분류'까지의 내용은 연규동(2014)의 내용과 거의 동일한 내용임을 밝혀둔다. 연규동(2014), 〈문자의 종류와 개념에 대한 새로운 이해〉, 《국어학》 72, 국어학회:155-181. -편집자

기는 쉽지 않겠지만, 최초의 문자는 그림에서 출발했다는 사실은 널리 알려져 있다. 그림은 사물을 있는 그대로 그리는 것에서 시작해서 문자로 발달하게 된다. 그림문자를 아직 문자가 아닌 문자 이전 단계의 것으로 볼 것인가 아니면 문자의 하나로 볼 것인가에 따라 국내의 여러 논저들은 다음과 같이 나누어진다.

- 문자 이전 단계로 보는 경우 : 허웅, 이익섭, 강범모, 강옥미.
- 초기 단계의 문자로 보는 경우 : 김진우, 김방한*, 박창원.**

그림문자는 문자와 비슷한 역할을 할 뿐이지 아직 진정한 의미의 문자가 아닌 것으로 파악하는 입장이 전자의 것이라면, 그림문자를 공동체가 공동으로 인식할 수 있다는 전제 아래 그림과 구분하여 문자로서 파악하는 입장이 후자의 것이다. 기존의 국어사전에서도 그림문자는 문자의 일종으로 기술되어 있다.

- 그림이나 대상을 본뜬 도안으로 의미를 전달하는 문자체계.《표준》
- 문자의 발생 초기에, 그림이나 도안으로 의사를 표현하거나 전달하던 문자체계.《고려》

그림문자에 대한 두 가지 견해는 이미 오래전부터 외국의 논저에

---

* 김방한(1992:251)에서는 그림문자와 상형문자를 같은 것으로 취급한다.
** 박창원(2011:68)에서는 '회화문자'라는 용어도 함께 사용된다.

서도 언급되어왔다. 블룸필드(1933:283)는 진정한 문자는 한정된 수의 관습적 기호를 사용하며 언어형식과 일정한 관계가 있어야 한다고 한다는 점에서, 그림문자를 문자체계로서 처리하지 않는다. 이후 겔브(Gelb, 1962:29/36*)도 그림문자라는 용어를 거부한다. 그림문자는 관습적 기호체계도 아니며 그것을 그린 사람이나 그 사건에 대하여 들은 가족 또는 가까운 친구들만 이해할 수 있기 때문이다. 또한, 샘슨(Geoffrey Sampson, 1985:35,44), 쿨마스(Florian Coulmas, 2003:21 이하) 등도 그림문자를 문자의 단계로 보지 않는다. 반면, 디링거(David Diringer, 1948:31)는 그림문자를 문자로 보는 입장을 취하는데, 그림문자가 비록 언어음을 그대로 재현하지는 못한다 하더라도 일정한 의미를 재현하고 있으므로 진정한 문자의 가장 원시적인 단계로 이해한다. 그림문자가 어떤 사건을 그대로 재현하고 있다기보다는 그 사건의 이야기를 재현하고 있다고 보며, 어떤 식으로든 생각을 전달하고 있다는 점에 주목한 것이다.

그림문자가 문자의 이전 단계이냐 혹은 문자이냐의 문제는 그저 정의의 문제일 뿐 그다지 중요한 논점이 아닐 수 있다. 하지만 문자가 아니라고 보는 입장에서도 '문자'라는 용어를 붙임으로써 마치 문자의 일종인 것으로 오해될 여지를 남기고 있다는 점은 아쉬운 부분이다. 결국 이 문제는 문자를 어떻게 정의할 것인가와 관련해 논의할 필요가 있다.

---

* '/' 다음에 제시되는 숫자는 번역서의 쪽수다.

문자의 두 가지 정의

앞서도 언급했듯이, 문자의 일차적 속성은 시각적인 것이다. 입과 귀를 이용하는 의사소통을 음성언어라고 하면, 손과 눈을 이용하는 시각적 의사소통은 문자언어다. 따라서 인류가 의사소통을 위해 손을 움직여 만들어내는 모든 시각적 표시를 문자로 볼 수 있다. 한편, 조금 더 구체적인 문자의 이차적 속성을 강조할 수도 있는데, 블룸필드를 따라 "언어형식과 일정한 관계"라고 표현할 수 있다. 국내 저서에서도 "관습화"(허웅, 1981:312), "언어의 어떤 단위와 긴밀한 대응 관계"(이익섭, 1985:214), "공동체가 인식할 정도의 일관된 형식"(박창원, 2011:68)이라고 나타나 있다.

예를 들어, '양' 그림을 보고 공동체가 모두 '양'으로 인식하고 있는 정도만으로도 문자라고 보거나, 또는 "양이 한 마리 있다" "양을 잡아먹자" 등과 같이 문맥이나 상황에 따라, 또는 읽는 이에 따라 음성으로 바뀌는 결과가 달라지고 그에 따라 의미도 다르더라도 문자의 기능을 가진 것으로 보는 것이 일차적 속성을 강조한 것이다. 반면, '양' 그림이 전달하는 의미가 언제나 일정하고, 그것을 음성으로 나타내는 방법이 공동체 내에서 동일해야지만 문자라고 보는 것은 이차적 속성까지 고려한 것이다.

지금까지는 주로 언어학자들을 중심으로 이차적 속성을 강조한 문자의 정의를 받아들여왔다. 문자가 문자로서 성립되기 위해서는 누구나 일정한 방식으로 언어기호를 표기해야 하는 것이다. 우리는 좀 더 구체적으로 발화와 인식의 단계까지 고려해야 한다고 생각한다. 즉, 어떤 기호가 문자가 되기 위해서는 특정 기호를 여러 사람이 동일한 음성으로 바꾸고, 공동체 내에서 동일한 의미로 이해할 수 있어야 한다는 두 가지 조건이 만족되어야 한다.

한편, 최근 해리스(1995) 등은 문자에 관한 언어학자들의 정의를 비판하며, 시각적인 속성을 가지고 의사소통에 기여하는 것이라면 손으로 쓰인 모든 것을 문자라고 파악한다.* 이런 입장에서는 그림문자는 물론 이른바 문자 이전 단계에 시도되었던 다양한 방법들, 즉 그림을 포함해 그 앞선 시기에 인간이 만들어놓은 시각적인 표식들을 모두 문자로 이해한다.**

따라서 문자 이론을 올바르게 정립하기 위해서는 1차적 속성을 반영하는 문자와 2차적 속성까지 반영하는 문자를 구분할 필요가 있다. 영어 writing, 프랑스어 écriture, 독일어 Schrift 등은 모두 언어학적 의미의 문자를 넘어 인간의 '쓰는 행위'를 포괄하는 단어로서, 1차적 속성을 반영하는 단어들이다. 반면 한국어의 '문자'는 쓰는 행위 전체를 포함하는 뜻을 담고 있지 않으며, 주로 2차적인 속성에 주목하는 단어다.

---

* 사실 문자에 대한 관심을 언어학을 넘어 현대의 인문학은 물론 사회학, 예술학 등의 영역으로 문자의 외연을 넓히는 데 정초를 놓은 사람은 겔브다. 이후 프랑스의 철학자 데리다가 겔브의 그라마톨로지라는 용어를 받아들여 문자와 쓰기를 둘러싼 이론적 논의들을 철학적 담론으로 심화, 확장했다.

** 마찬가지로, 숫자(1, 2, 3, …), 연산기호(+, -, =, …), 문장부호(!, ?, …) 및 $, %, & 등과 같은 기호는 물론, '금연'이나 '좌회전'을 뜻하는 도상들도 모두 문자의 범주에 포함된다.

1.5.4 상형문자

개념과 논점

상형문자는 다음과 같이 논저마다 정의 및 기술이 아주 크게 달라지고 있는 개념이다.

- 한 낱말(엄격하게는 한 형태소)의 꼴 있는 지시대상을 관습화한 그림으로 표시한 글자.(허웅, 1981:312)
- 단어문자의 초기 모습. 사물의 형(形), 즉 모양을 본떠 만든 글자.(이익섭, 1985:215-6)
- 사물의 형태나 또는 어떤 성질을 강조하면서 …… 그 사물을 선이나 점으로 그려서 표시하는 것. 그림문자와 같다.(김방한, 1992:251)
- 이집트 문자 (김진우, 1985:294 ; 강범모, 2005:195-6 ; 강옥미, 2009:291)
- 제자의 방법과 관련 (박창원, 2011:69)

우선, 상형문자는 단어문자와 명확히 구분되지 않게 설명되어 있다. 허웅의 "한 낱말의 꼴 있는 지시대상"이라는 표현은 단어문자에 어울리며, 이익섭에 따르면 상형문자는 단어문자의 초기 모습으로 이해된다.

또한, 상형문자는 그림문자와도 크게 구분되지 않는다. 허웅의 "관습화한 그림", 이익섭의 "사물의 형, 즉 모양을 본떠 만든"이라는 표현들이 그것인데, 김방한도 그림문자와 상형문자를 같은 것으로 취급한다.

용어도 논저에 따라 달라지는데, 상형문자를 pictographic writing(이익섭, 1985:216), pictograph(김방한, 1992:251)라고 하기도 하지만, 그림문자를 pictogram에 대응하기도 한다(강범모, 2005:188; 강옥미, 2009:288). 대부분의 국내 영어사전에서도 pictograph, pictographic을 '그림문자, 상형문자'라고 풀이하고 있어서 실제적으로는 구분하고 있지 않은 셈이다.

"이집트 문자"라고 한 것은, 주로 외국 서적에서 상형문자를 hieroglyph(히에로글리프) 또는 hieroglyphic writing이라고 하는 것을 참고한 것으로 보인다. 하지만 히에로글리프(또는 성각문자聖刻文字)는 고대 이집트에서 만들어진 특정 문자를 가리키는 이름일 뿐이다. 외국 서적에서 상형문자를 설명하면서 특정한 문자의 명칭인 hieroglyph 등을 사용한 것은 문자 연구가 시작될 당시 서양인에게 익숙한 상형문자가 이집트 문자뿐이었기 때문인 것으로 보인다. 따라서 상형문자라는 단어로서 이집트 문자만을 의미하는 일은 재고되어야 한다. 또한, 외국 서적을 읽을 때 등장하는 hieroglyph 등 역시 문맥에 따라서 이집트 문자와 상형문자로 구분하여 이해되어야 된다.* 일반적으로 Mayan hieroglyph, Hittite hieroglyph와 같이 쓰인다. 이는 마야 상형문자, 히타이트 상형문자라고 번역할 수 있다.

---

* 겔브(1962)에서는, 아무 수식어 없이 hieroglyph 또는 hieroglyphic writing만 쓰이면 일반적인 상형문자라는 뜻이고, Egyptian hieroglyphic로 쓰이면 이집트 상형문자라는 뜻으로 구별하고 있다. 다른 서적에서는 hieroglyphic writing만으로 이집트 문자를 가리키는 일이 많지만, 이는 문맥이 확실하게 이집트 문자를 가리키는 경우에만 허용될 일이다. 일반적인 상형문자와 오해의 소지가 있다.

마야 히에로글리프라고 번역하면 안 된다. 히에로글리프는 이집트 문자에만 사용되어야 한다.

상형문자를 단어문자 또는 그림문자와 엄밀하게 구분하지 않는 혼란은 상형문자에 대한 국어사전의 정의에서도 반복된다.

- 물건의 모양을 본떠 만든 회화문자에서 발전하여 단어문자로 된 것으로, 원형과의 관련이 조금이라도 보이는 문자.《표준》
- 그림에서 성립되었다고 보는 표의문자(表意文字)를 통틀어 이르는 말.《고려》

《표준》은 상형문자 자체에 관한 설명보다는 그 발전 과정을 주로 기술한 정의로서, "물건의 모양을 본떠 만든"과 "원형과의 관련이 조금이라도 보이는"의 구별이 쉽지 않다는 점에서 그림문자와 어떻게 다른지 명확하지 않은 기술이며, 상형문자와 단어문자도 구별되어 있지 않다.《고려》의 기술 역시 상형문자가 그림문자 및 표의문자와는 어떻게 구별되는지 이 정의만으로는 이해하기 어렵다.

이상의 논의에서 살펴보았듯이, 국내 여러 논저에서 상형문자는 때로는 그림문자와, 때로는 단어문자, 표의문자와 혼동되어 기술되어 있다.

문자의 제자 원리

상형문자는 그림문자 및 단어문자 또는 표의문자 등과는 다른 층위의 기술로 보아야 한다. 즉, 상형문자는 문자의 발달 단계 중 하나도 아니며, 특정 문자의 종류를 가리키는 것이 될 수도 없다. 상형문자는 특정 시기에 사용되거나 발달한 문자가 아니라 문자가 만들어지는 원리를 가리키는 개념으로 사용되어야 한다. 상형의 원리로 만들어진 문자가 상형문자이지, 통시적·공시적인 문자의 종류를 나타내는 데 사용해서는 안 된다.

그림 및 이른바 그림문자는 물론, 초기 단계의 단어문자는 대부분 상형의 원리를 이용하여 만들어진다. 표현하려는 내용과 그것을 나타내는 방법 사이의 관계가 보다 직관적이고 직접적이므로 내용의 이해가 훨씬 쉽기 때문이다. 기원전 3100년경의 수메르 문자, 기원전 3000년경의 이집트 문자, 기원전 1500년경의 한자 등 인류 최초의 문자들은 인류 문명의 발상지 여기저기에서 생겨나는데, 모두 상형의 원리로서 만들어진 상형문자들이다. 그리스 문자의 알파, 베타가 각각 소의 머리와 집의 모양을 상형하여 만들어진 사실이나, 한글의 자음 글자 다섯 개, 모음 글자 세 개가 상형의 원리로 만들어졌음은 익히 널리 알려진 것이다. 이런 점에서 주목되는 것이 상형문자의 개념을 "제자의 방법과 관련된 것"이라고 보고 있는 박창원의 기술이다. 아울러 박창원(2011:69)에서는 단어문자, 음소문자, 자질문자가 모두 상형문자일 수 있음을 강조하고 있다.

따라서 그림문자는 모두 상형의 원리를 따른 상형문자다. 앞서 여러 논저에서 상형문자를 그림문자와 구별하지 않고 기술한 것은 이러한 점을 반영한 것이다. 다만, 이른바 그림문자는 온전한 문자가 발달하기 전에 사용된 문자의 원시 단계를 보여주는 개념이고, 상형문자는 제자 원리에 따르는 구분임을 명시해야 한다.

또한, 상형문자는 모두 단어문자일 수 있지만, 모든 단어문자가 상형문자이지는 않다. 추상적이고 관념적인 단어를 상형문자로 나타내기도 어려울뿐더러, 구체적인 단어라도 상형문자로 만드는 것은 쉬운 일일 수 없다. 그런 의미에서 상형문자로써 나타낼 수 있는 단어문자의 수는 필연적으로 한정된다.* 그러므로 상형문자가 단어문자의 초기 모습이라는, 통시성에 기반한 기술은 오해의 소지가 있다. 이보다는 "초기 단계의 단어문자는 상형문자로 만들어지는 경우가 많다"라고 명확하게 기술해야 단어문자와 상형문자를 동일 선상에서 대비하는 우를 범하지 않게 된다.

널리 알려진 한자의 육서(六書) 역시 굳이 한자의 제자 원리로만 한정시킬 필요가 없다. 이들은 모두 어떤 문자체계이든 그 제자 원리로서 설명이 가능하다. 상형의 원리에 따라 만들어진 상형(象形)문자, 지사(指事)문자의 의미가 확장되면 전주(轉注)문자가 되며, 두 문자의 의미가 결합하여 회의(會意)문자가 만들어진다. 또한, 소리를 이용하여 동음이의어를 활용하면 가차(假借)문자가 되며, 의미와 소리를 모두 활용한 형성(形聲)문자가 생겨나는 것이다.**

---

* 이익섭(1985:218)에서는 '춥다' '바쁘다' '밉다' '깨끗하다' '마음' '정(情)' '나이' 등과 '살구꽃' '복숭아꽃' '자두꽃' '벚꽃' '매화' 등을 예로 들어, 상형의 원리로 단어문자를 만들 때의 어려움을 잘 보여준다.

** 허웅(1981:316)에는 형성글자, 가차글자 등의 용어가 사용되었다. 또한, 허웅(1981:318-319)에서는 수메르 설형문자와 이집트 문자를 예로 들어서 상형, 지사, 가차, 형성 등을 설명하고 있다. 이익섭(1985:219)에서도 단어문자의 제자 방식으로 한자의 육서를 제시한다. 박창원(2011:74) 또한 육서 중 몇 가지가 이집트 문자나 수메르 문자의 제자 방식과 일치하고 있음을 밝히고 있다.

1.5.5 표의문자

개념과 논점

표의문자에 대한 기술 역시 논저마다 다르다.(점선, 실선 밑줄은 인용자의 표시)

- 관념이나 사물을 바로 나타내는 문자. 단어문자라고 부르는 것이 더 좋다.(허웅, 1981:315)
- 그림문자의 형체가 간소화하면서, 사물만을 표시하는 게 아니라, 그 사물과 관련된 개념들도 표시하는 문자.(김진우, 1985:291)
- 단어문자 (이익섭, 1985:219), 뜻을 대표하는 일을 주된 기능으로 하는 문자.(이익섭, 1985:220)
- 상형문자가 발달한 문자.(김방한, 1992:251)
- 단어문자. 사물을 나타내는 그림이 지속적으로 추상화, 단순화되어 사물과의 유사성이 많이 약화되어 생긴 것.(강범모, 2005:188)
- 시각적 유사성이 사라지고 단순화되어 의미와의 상관성이 줄어들면서 추상적 개념을 나타내는 문자. 도상기호가 표현하는 내용이 단어 이상의 구나 문장 단위를 나타내는 문자. 엄격하게 말하면 문자가 아니다.(강옥미, 2009:288)
- 사물의 형상이나 행위의 특징을 상형화한 것.(박창원, 2011:74)

이상의 기술에 의하면, 표의문자는 다음과 같이 두 가지 속성을 가지는 것으로 정리된다.

- 모양이 단순화되어 사물과의 유사성이 약화된다.
- 사물과 관련된 추상적 개념, 관념을 나타낸다.

첫째, 초기 단계의 문자는 점차로 모양이 단순화되어 사물과의 유사성이 약화된다. 상형의 원리에 의해 만들어진 문자는 점차 획이 간략하게 되며 '그리는' 단계를 벗어나 '쓰는' 단계로 들어가게 된다. 형태가 단순화되면 그 모양은 원래 지시 대상에서 차츰 멀어지게 되지만, 실제 모습과의 유연성(有緣性)을 잃게 되어도 문자로서 기능을 하는 데에 아무 문제가 없다. 위에 제시된 여러 기술 중에서 점선을 그은 부분이 바로 여기에 해당한다.

둘째, 첫 번째 속성의 결과, 사물과 관련된 추상적인 개념이나 의미를 표시하게 된다. 예를 들어, '해'를 가리켰던 문자가 '빛, 열, 낮' 등의 추상적인 개념을 가지게 되는 것이다. 위에 제시된 기술 중에서 실선을 그은 부분이 여기에 해당한다. 즉, 기존의 여러 논저에서 표의문자는 주로 '모양의 단순화'와 '의미의 추상화'라는 두 가지 속성을 가진 문자로 기술되어 있음을 알 수 있다.

언어의 이원성과 문자

표의문자의 첫 번째 속성으로 거론된 '모양의 단순화'는 어떤 문자에서든지 일어날 수 있는 것으로, 표의문자만이 가진 속성으로 볼 수 없다. 또한, 두 번째 속성 '의미의 추상화'는 원칙적으로 문자의 제자 원리인 전주(轉注)로 보아야 한다는 것이 우리의 생각이다. 즉, 기호의 모양과 의미가 간접적인 관계를 맺는 것은 문자의 발달 단계에서 아주 흔하게 발견되는데, 예를 들어 보리 이삭 그림이 '농사일'을 의미하고, 산 그림이 '경계, 낯선 땅, 이국, 이방인'을 나타낸다거나, 사자 그림이 '힘, 용맹함, 살육, 공포, 폭군' 등을 나타내는 것 등이 그러하다.* 그러므로 표의문자의 특징이라고 알려진 것들이 표의문자의 정곡을 짚은 것이라는 할 수 없다.

전통적으로 표의문자는 그 이름에서 보이듯이 언어의 소리가 아니라 언어의 뜻과 관련이 있다고 알려졌다. 기존 국어사전에서 표의문자를 "하나하나의 글자가 언어의 음과 상관없이 일정한 뜻을 나타내는 문자"(《표준》), "하나하나의 글자가 낱낱의 뜻을 가지는 문자"(《고려》)라고 한 것이 바로 그것이다. 그러나 여기에서는 마치 표의문자가 뜻만 나타날 뿐이지 음성과는 전혀 관련이 없다는 오해가 생겨날 수 있다. "글자가 글자로서 성립되기 위해서는, 그것이 관념이나 사물을 바로 나타내는 것이 아니라, 언어기호를 표기해야 하는 것이다. 그런 점에서 보아서 뜻글자란 이름은 좀 적당하지 않다"는 허웅(1981:315)의 기술도 이 용어가 가지고 있는 오해의 소지를 염두에 둔 것이다.

대표적인 표의문자라고 알려져 있는 한자를 놓고 생각하여 보자. 한자 '江, 山'은 한국, 중국, 일본에서 모두 일정한 의미를 나타내

---

* 문자론적 개념인 '전주'는 언어학적 개념인 '다의'와 대응된다. 즉, 전주를 '이미 있는 한자의 뜻을 확대·발전시켜 다른 뜻으로 쓰는 방법'(《표준》)으로 이해한다면, 이는 다의어의 발생과 동일한 것이다. 예를 들어, '밝다'라는 단어가 처음에는 '빛이 밝음'을 의미하다가 점점 '표정, 분위기, 눈, 사리가 밝음'으로 확대되는 다의 현상을 문자를 기준으로 파악하면 전주가 된다.

고 있지만, 읽을 때 한국에서는 [강, 산], 중국에서는 [장(jiāng), 산(shān)], 일본에서는 [코(こう), 산(さん)]으로 읽는다. 그렇다면, 이들은 이미 언어음과 관련을 맺고 있는 것이다. 이러한 사실은 앞선 논저에서도 기술되어 있다.

> 중국 글자도 뜻만을 나타내는 것이 아니라, 시니피에-시니피앙의 결합인 낱말을 나타내기 때문이다 ⋯ 글자인 이상, 시니피앙과 관계가 없는 것이 아니다.(허웅, 1981:315)

표의문자 역시 상형문자와 마찬가지로 문자의 발달 단계에 있는 문자의 종류가 아니며, 다른 층위에서 기술되어야 한다는 것이 우리의 생각이다. 인간의 언어는 음성과 의미라는 두 요소로 구분된다. 표음문자와 표의문자의 구분은, 문자의 시각적인 속성을 통해 언어의 어떤 요소가 '먼저' 인식되느냐에 따라 구분되는 개념이다.

문자를 통해 언어형식인 음성을 먼저 나타내면 표음문자이고, 문자를 통해 언어내용인 의미를 먼저 나타내면 표의문자다. 표음문자이든 표의문자이든, 각각 의미나 음성이 인식되지 않는 것이 아니다. 다시 말해, 표음문자는 음성과 1차적으로 직접적인 관계를, 의미와는 2차적으로 간접적인 관계를 맺으며, 표의문자는 의미와 1차적으로 직접적인 관계를, 음성과는 2차적으로 간접적인 관계를 맺는다. "뜻을 대표하는 일을 주된 기능으로 하는"이라는 이익섭의 표현은 이러한 상황을 보여준다.

결론적으로, 표의문자는 문자 안에 의미를 나타내는 정보가 있지만, 표음문자는 의미 정보가 문자 안에 포함되어 있지 않다. 또한, 표음문자는 문자 안에 음성에 대한 정보가 포함되어 있지만, 표의문자는 그 음성 정보가 포함되어 있지 않다. 하지만, 표음문자와 표의문자 모두 음성과 의미에 관여하고 있다.

따라서 그림(또는 그림문자)이나 상형문자에서 변한 것이 표의문자가 아니라, 그림문자나 상형문자, 단어문자이든, 숫자나 수학 연산 기호이든 모두 의미가 겉에 드러나 있으면 표의문자로 볼 수 있다. 상형문자는 그 속성상 표의문자일 가능성이 높지만, 모든 표의문자가 상형의 원리로 만들어진 것은 아니므로 표의문자가 바로 상형문자가 되지는 않는다.* 또한, 현대에도 문자 자체로 의미를 드러내는 문자들이 아주 빈번하게 사용되고 있다는 점에서 표의문자에서 표음문자로 발달하는 것 역시 아니다.

원칙적으로 표의문자는 단어문자와 다르다. 어떤 가상의 문자체계에서 하나의 문자가 하나의 문장을 나타내는 문자, 즉 문장문자

---

* 이런 점에서 표의문자에 대한 《표준》의 뜻풀이에서 "고대의 회화문자나 상형문자가 발달한 것"이라는 기술은 재고해야 한다. 그림문자와 상형문자는 표의문자일 뿐, 역사적 발달 단계에 있는 것은 아니다. 그림문자, 상형문자를 표의문자의 종류로 파악하고 있는 《고려》의 기술이 참고된다.

를 전제한다면, 표의문자가 곧 단어문자가 될 수는 없다. 예를 들어, ⊙과 ■를 각각 "학교에 가자", "학교에 가라"라는 뜻으로 사용한다고 가정하여 보자. 이 문자들만 보고도 그 의미를 떠올릴 수 있으므로 표의문자라고 할 수 있지만, 이는 하나의 문자가 하나의 단어를 표상하는 것은 아니므로 단어문자라고는 할 수 없다.

이처럼 표의문자는 단어문자와 논리적으로 동일한 개념일 수 없지만, 지금까지 인류에게 알려진 모든 문자 중 표의문자는 곧 단어문자이며, 단어문자는 곧 표의문자다. ⊙과 ■를 각각 '학교', '학생'이라는 뜻으로 쓴다고 하면, 하나의 문자가 하나의 단어를 표상하므로 이들은 단어문자이며, 이 문자만 보고도 그 의미를 떠올릴 수 있으므로 표의문자다. 위에서 허웅, 김진우, 강범모의 기술은 표의문자와 단어문자를 같은 것으로 보고 있다.

표의문자와 단어문자가 가리키는 대상이 결과적으로 동일하다 하더라도, 원칙적으로는 다른 차원의 개념으로 이해되어야 한다는 사실은 변함이 없다. 표의문자는 문자가 의미와 소리를 어떻게 드러내느냐에 관심이 있는 개념이라면, 단어문자는 문자가 드러내는 언어 단위가 단어인지 아닌지에 관심이 있는 개념이다.

1.5.6 단어문자

개념과 논점

단어문자 자체는 문자의 발달 단계에서 매우 중요하며, 그런 점에서 그다지 논점이 있는 개념은 아니다.

- 시니피에-시니피앙의 결합인 낱말을 나타내는 문자. 낱말을 그 이상 더 쪼개지 않고 총체적으로 한 글자로써 나타내는 문자.(허웅, 1981:315)
- 한 문자가 한 단어 전체를 표시하는 문자.(김진우, 1985:293)
- 문자 하나하나가 언어 단위 중 단어 하나하나를 대표하는 문자체계.(이익섭, 1985:214)
- 한 단어 전체를 표시하는 문자.(김방한, 1992:251)
- 각 글자가 음이 아니라 단어나 형태소를 나타내는 문자.(강옥미, 2009:289)
- 언어 단위인 단어를 지칭하거나 표현하게 되어 음성과 의미를 지닌 문자.(박창원, 2011:73)

1.5.7 층위에 따른 문자의 분류

지금까지 우리는 그림문자, 상형문자, 표의문자, 단어문자 등이 논저에 따라 비슷하면서도 서로 다르게 정의되어왔음을 살펴보았다. 이렇게 된 가장 큰 원인은 서로 다른 층위 또는 다른 차원의 문자의 종류를 구분하지 못하고 한꺼번에 기술하려고 했기 때문이다.* 우리는 문자의 종류를 다음과 같이 구분하여 기술할 것을 제안한다.

---

* 배보은(2009:210)에서도 글자의 1차 층위와 2차 층위를 구분하고 있으며, 배보은(2013:53)에서는 이를 각각 표상의 대상, 표상의 언어 단위라는 개념으로 기술한다.

- 직접 표상하는 언어 요소에 따른 분류 : 표의문자, 표음문자 등
- 대표하는 언어 단위에 따른 분류 : 단어문자, 음절문자, 음소문자 등
- 제자 원리에 따른 분류 : 상형문자, 형성문자, 전주문자 등
- 발음되는 언어 단위에 따른 분류 : 단어-음절문자, 자음-음절문자 등
- 계통적 분류 : 수메르 문자/이집트 문자 계통, 한자 계통, 한글 등

문자가 직접 표상하는 언어 요소에 따른 분류

표의문자는 하나의 글자가 의미를 직접 나타내는 문자다. 문자 이전 단계에 사용되던 매듭, 그림 등 역시 표의문자적인 속성을 가지고 있고, 상형의 원리로 만들어진 문자가 표의문자적 속성이 가장 높으며, 지사, 전주, 회의의 원리로 만들어진 문자들도 표의문자적 속성을 주로 나타낸다고 할 수 있다. 모든 표의문자가 단어문자는 아니지만, 현재까지 알려진 단어문자는 모두 표의문자다. 또한, 모든 표의문자가 다 상형문자는 아니지만, 상형문자는 모두 표의문자다.

표음문자는 하나의 글자가 소리를 직접 나타내는 문자다. 형성 및 가차의 원리로 만들어진 문자들이 표음문자적 속성을 가지고 있다. 음절문자, 음소문자, 자질문자는 모두 표음문자다.

문자가 대표하는 언어 단위에 따른 분류

인간의 언어 단위를 문장, 구, 단어, 형태소, 음절, 음소 등으로 나눌 수 있다면, 이 중 각각 단어, 음절, 음소를 표상하는 문자들이 발달했다.

언어 단위	단어	음절	음소
문자	단어문자	음절문자	음소문자

단어문자는 하나의 글자가 하나의 단어를 나타내는 문자다. 초기 단계의 한자, 수메르 문자, 이집트 문자 등이 모두 단어문자이며, 현대에서 널리 사용되는 로고, 아이콘 따위도 넓은 의미로 보아 단어문자적인 속성을 가진다. 단어문자가 모두 상형의 원리를 따라 만들어지지는 않았지만, 상형의 원리를 따르는 문자는 단어문자인 경우가 대부분이다.

음절문자는 하나의 글자가 하나의 음절을 나타내는 문자다. 일본의 가나 문자, 구결 등이 여기에 속한다. 음소문자는 하나의 글자가 한 개의 소리(음소)를 나타내는 문자로서, 자음과 모음을 나타내는 문자가 따로 구분되어 있다.

이외에도 다음과 같은 문자들도 여기에 포함된다. 자음문자는 하나의 글자가 하나의 자음을 표상하는 문자다. 음소문자와 다른 점은 모음을 나타내는 기호가 없다는 것이며, 따라서 자음문자로 쓰인 글을 읽을 때는 읽는 이가 문맥에 따라 추론을 하여 모음을 넣어 읽는다. 흔히 아브자드(abjad)라고 불린다. 자음-부가모음문자는 자음과 내재적인 모음을 함께 나타내는 문자에 부가적인 모음기호를 덧붙인 문자다. 흔히 음소음절문자(abugida)라고 불린다.

문자의 제자 원리에 따른 분류

이 분류는 주로 단어문자가 확장하면서 적용된다. 인간 언어의 두 요소가 의미와 음성이므로 각각 의미를 중심으로 문자를 만드느냐 음성을 중심으로 문자를 만드느냐에 따라 둘로 나누어볼 수 있다.

의미를 중심으로 문자를 만드는 원리에는 물체의 모양을 본떠서 문자를 만드는 상형의 원리, 사물의 위치나 수량을 가리키는 모양으로 문자를 만드는 지사의 원리, 글자의 뜻을 확대, 발전시켜서 문자를 만드는 전주의 원리, 둘 이상의 글자의 모양과 뜻을 합하여 문자를 만드는 회의의 원리가 있으며, 이러한 원리로 만들어진 문자들은 표의문자적인 속성을 가지게 된다. 또한, 단어문자는 상형의 원리로 만들어진 것이 많다. 의미를 중심으로 하는 여러 원리 중에서는 상형, 지사의 원리가 전주, 회의의 원리보다는 시기적으로 먼저 나타난다.

또한, 음성을 중심으로 문자를 만드는 원리에는 뜻을 나타내는 글자와 음을 나타내는 글자를 합하여 문자를 만드는 형성의 원리와 비슷하거나, 동일한 음을 가진 글자를 빌려서 문자를 만드는 가차의 원리가 있으며, 이러한 원리로 만들어진 문자들은 표음문자적인 속성을 가지게 된다.

문자가 발음되는 언어 단위에 따른 분류

이 분류는 주로 단어문자와 자음문자에 적용된다. 현재까지 알려진 단어문자, 자음문자 등은 문자가 표상하고 있는 언어 단위와 관계없이 실제 그 문자를 소리 내어 읽을 때 대부분 음절 단위로 발음이 되는 경우가 많다.* 그런 의미에서 단어-음절문자, 자음-음절문자 등과 같은 분류도 가능하다.

대표적인 단어문자인 한자를 예로 들어, 단어-음절문자를 포함한 여러 문자 개념을 설명해보자. 예를 들어, 한자 山은 이 글자가 만들어진 원리에 따라서는 통시적으로 상형의 원리를 따랐고, 소리보다는 의미와 직접 관계를 맺고 있으므로 표의문자에 속한다. 이 글자 하나만으로 중국에서 하나의 단어를 표상하고 있으므로 단어문자이며, 또한 이 문자를 읽으면 결과적으로 san이라는 하나의 음절로 읽게 된다는 의미에서 공시적으로는 단어-음절문자의 기능을 하게 되는 것이다.

하지만 한자가 언제나 단어-음절문자의 기능을 갖는 것은 아니다. 예를 들어, 東西(중국어에서 '물품, 물건, 음식'이라는 뜻)를 이루는 한자 東은 이 글자가 만들어진 원리에 의하면 상형의 원리를 따랐고, 소리보다는 의미와 직접 관계를 맺고 있으므로 표의문자에 속한다. 이 글자만으로는 '물품, 물건'의 의미를 가지지 못하고 dōngxi라는 단어의 첫 번째 음절만을 표상하므로 단어문자가 아닌 음절문자이며, 이 문자를 읽으면 dōng이라는 음절을 표상하게 된다.**

---

* '음절 단위로 발음되는' 것은 '음절 단위로 모아쓰는' 것과는 구분해야 한다. 예를 들어, 한글을 'ㅎㅏㄱㅔㅇ'과 같이 풀어쓸 수도 있고, 라틴 문자를 ${}^{au}_{ghit}$와 같이 모아쓸 수도 있다. 그렇다고 해서 한글과 라틴 문자가 가진 문자론적 속성이 바뀌는 것은 아니다.

** 현대 중국에서 이음절 단어가 발달하고 있다거나 伊妹儿, 奥巴马와 같은 소리를 옮긴 외래어가 늘어나고 있음을 고려하면, 한자가 점점 음절문자적인 속성을 가지게 되는 것이라고 볼 수 있다. 이는 단어문자에서 음절문자로 변화하는 경향을 보여주는 문자의 발달 단계와도 부합한다.

편의상 최근 인터넷에서 사용되는 줄임말을 이용하여 자음-음절문자의 예를 들어보자. '사랑해'를 'ㅅㄹㅎ'로 쓴다면 이는 한글을 자음문자적인 용법으로 사용한 것이다. 하지만 'ㅅㄹㅎ'를 소리 내어 읽어야 할 때 [사랑해]라고 읽는다면, 이 때 ㅅ, ㄹ, ㅎ는 각각 '사, 랑, 해'라는 음절을 표상하고 있으므로, 이 문자들은 자음-음절문자로 볼 수 있다.

계통적 분류

이 분류는 인류가 사용해온 여러 문자가 어떻게 발달되어왔는가에 따른 분류다. 학자들에 따라 이견이 있기는 하지만, 일반적으로 수메르 문자와 이집트 상형문자에서 발달한 문자들, 동아시아에서 사용된 한자 계통의 문자들, 독자적인 기원을 가진 한글 등 다양한 계통의 문자가 있을 수 있다.

지금까지 우리는 국내의 언어학 관련 저서에 나타난 문자 관련 기술들을 종합적으로 검토해보았다. 이를 통해, 여러 저서에 설명된 문자의 종류 및 개념도 논저에 따라 제각각으로 사용되고 있으며, 또한 용어도 통일되지 않았음을 확인했다. 이러한 기초 아래에서, 우리는 몇 가지 기준을 세워 문자의 분류에 대해 새로운 제안을 했다.

여러 논저에 기술된 문자 관련 서술 방식을 종합적으로 비교해보면 다음과 같다.

'문자의 발달'이라는 제목 아래, 단계별로 발달했음을 전제로 하면서 '그림문자, 표의문자, 인습화 단계(그림문자, 상형문자 형태 및 소리의 인습화), 음절문자, 음소문자, 모음 추가 단계'로 구분하거나(김진우, 1985:290-312), '그림문자, 단어문자/표의문자, 설형문자와 상형문자, 음절문자, 자음 음소문자, 완전한 음소문자'로 기술하고 있는(강범모, 2005:187-211) 논저들은 문자들의 층위를 엄격하게 구분하지 못했다는 점에서 보완할 필요가 있다.

또한, 허웅(1981:309-37)은 '한자, 설형문자, 이집트 문자, 훈민정음' 순서로 설명하고 있으며, 김방한(1992:246-72)도 '설형문자, 이집트 문자, 한자, 한글' 등의 순으로 문자의 계통을 설명하고 있다. 이러한 기술 방식은 기본적으로 계통적 분류에 따른 설명이다.

반면, 이익섭(1985:211-62)은 '문자의 발달'이라는 제목 아래, '단어문자(상형문자, 표의문자), 음절문자, 자모문자'의 순서에 따라 기술하고 있다. 박창원(2011:66-97)도 '그림문자, 단어문자, 음절문자, 자음 중심 문자, 음소문자'로 기술하고 있으며, 그림문자를 제외하고는 이익섭의 기술과 비슷하다. 이와 같은 설명은 문자가 대표하는 언어 단위에 따른 분류로서, 문자가 언어기호를 표기한다는 점에서 문자 관련 기술에서 가장 먼저 고려되어야 할 바람직한 기술이라 할 수 있다.

1.6 문자의 종류

인간 언어의 이원성

인간의 언어는 음성과 의미라는 두 요소로 이루어져 있다. 이를 언어의 이원성(二元性)이라고 한다. 문자 역시 언어에 대응되어, 문자의 시각적인 속성을 통해 음성(소리)과 의미(뜻) 중 언어의 어느 요소와 '먼저' 대응되느냐에 따라, 표음문자와 표의문자로 구분할 수 있다. 표음문자(表音文字, phonogram)는 하나의 문자기호가 음성과 직접 대응하는 문자이며, 표의문자(表意文字, logogram, logographic writing)는 하나의 문자기호가 의미와 직접 대응하는 문자다.

언어	문자
소리	표음문자(表音文字, phonogram)
의미	표의문자(表意文字, logogram)

문자의 신체성

문자가 인간의 언어 및 인간의 신체에 종속되어 있음을 보여준다. 참고로, 테드 창의 소설 〈네 인생의 이야기(Story of Your Life)〉는 인간이 아닌 다른 존재의 경우에 다른 문자 형태가 가능함을 잘 보여주고 있다. "그렇다면 저치들은 한 단어가 어떤 식으로 회전해도 다른 경우와 똑같이 쉽게 읽을 수 있다는 뜻이군. …… 혹시 그건 몸이 방사상으로 대칭이기 때문에 생겨난 결과가 아닐까 하는 생각이 들어 …… 저들의 몸은 '전방'이라는 것이 없기 때문에 글자도 마찬가지일지도 모르겠어."(테드 창 저, 김상훈 역(2004/2016),《당신 인생의 이야기(Stories of Your Life and Others)》, 161쪽)

❖ "문자는 외부에건 내부에건 무한정 형태를 추가할 수는 없는 것이다. 문자는 인간의 지각과 신체성이 허락하는 한도에서만 문자로서 존재할 수 있다. 이런 의미에서 문자는 항상 신체 바로 옆에 존재한다."(노마 히

데키, 《한글의 탄생》, 78쪽)

❖ 좀 더 자세히 영화 〈컨택트〉와 더불어서.*

1.6.1 표음문자

표음문자는 글자에 소리가 드러나 있는 문자이고, 표의문자는
글자에 뜻이 드러나 있는 문자다. 예를 들어 '살빅'을 읽어보자. 한
글을 배운 사람이라면 누구나 [살빅]이라고 읽을 수 있다. 또한
'tenok' 역시 라틴 문자를 아는 사람이라면 누구나 [테녹] 정도로
읽을 수 있을 것이다. 한글과 라틴 문자가 표음문자에 속하므로, 쉽
게 읽을 수 있다. 하지만 '살빅', 'tenok'은 각각 한국어와 영어에서는
아무 의미가 없다. 표음문자는 이처럼 문자의 소리만 보여줄 뿐 그
의미에 관한 정보는 아무것도 제공하지 않는다.

❖ 반면에 '   '라는 문자를 보고 무슨 뜻일지 예측해보자. 이 문자는
'컴퓨터'를 상형한 문자로 실제 사용되지 않는 가상의 문자다. 대부분
그 뜻을 이해했다면……

---

* 영화 〈컨택트〉에 대해서는 영화 잡지 《씨네21》 1093호(2017.02.14~2017.02.21)의 스
페셜 기사를 참고할 수 있다. 해당 기사에는 "〈컨택트〉를 보는 네 가지 시선"이라는 제
목으로 영화평론가 김영진, 언어학자 연규동, 물리학자 이종필, 소설가 이지 4인의 글
이 실렸다. 연규동은 언어학자의 관점에서 영화 〈컨택트〉를 감상하고, 언어와 문자라
는 의미 표기 체계로 소통에 대해 묻고 있다. 해당 기사는 다음 링크 참고. -편집자
http://www.cine21.com/news/view/?mag_id=86490

다양한 표음문자

현재 사용되고 있는 문자 중 가장 많이 사용되는 것이 표음문자다.

문자 이름	표기	발음	언어
한글	사랑해	sa rang hae	한국어
라틴 문자	Je t'aime	ʒətɛm	프랑스어
그으즈 문자	አፈቅርሻለሁ።	əfäqrəšallähw	에티오피아어
아랍 문자	أنا أحبك	ana ouḥibouk	아랍어
벵갈 문자	আমি আপনাকে ভালোবাসি	Ami apnake bhalobashi	벵갈어
히브리 문자	אני אוהב אותך	Ani ohevet otcha	히브리어
그리스 문자	Σε αγαπώ	Se agapó	그리스어

다양한 표의문자

❖ 현재 사용되고 있는 표의문자는 한자 하나뿐이며, 역사적으로는 다음
과 같은 문자가 사용되었다.

문자 이름	표기	발음	언어
한자	我愛你 [我爱你]	wǒ ài nǐ	중국어
성각문자	𓇌𓏏𓁐𓈗		고대 이집트어

❖ phonogram

❖ alphabetic writing

❖ "영어 모음 사이의 t는 d로 바뀌고 있다. writer/rider, matter/ madder, boating/boding, whitest/widest는 발음상의 차이는 없고 듣는 사람이 문맥으로 구분해야 한다."

1.6.2 표의문자

그 이름에서 알 수 있듯이 전통적으로 표의문자는 언어의 소리가 아니라 뜻과 관련이 있다고 알려져왔다. 하지만 표음문자든 표의문자든 모두 음성과 의미를 나타낸다. 다만 문자를 통해 언어형식인 음성을 먼저 나타내면 표음문자고, 문자를 통해 언어내용인 의미를 먼저 나타내면 표의문자다.

그림문자도 문자기호가 직접 의미에 대응되므로 넓은 의미에서 표의문자에 속하며, 좁은 의미의 문자 이전 단계에 사용되던 계산막대, 매듭, 조개껍질 역시 표의문자적 속성을 가지고 있다. 또한, 현대의 문장부호, 숫자, 도형문자, 화폐 단위, 수학기호 등과 같이 문자 자체로 의미를 드러내는 문자들은 모두 표의문자에 속한다.

표의문자가 특정 문자의 고정된 속성이 되는 것은 아니다. 예를 들어, 50여 개의 일본어 음절 각각에 하나의 한자만을 대응시켜 적는다고 가정해보자. 이를테면 'あ, い, う, え, お' 대신에 각각 '安, 以, 宇, 衣, 於'로 일정하게 적기로 하고 '安宇, 以衣'를 언제나 [あう, いえ]라고 읽는다면, 이때의 한자들은 일본어에서 표음문자로 사용된 것이다. 원시 시나이 문자도 이집트 상형문자를 빌려 자음을 표기하고 있으므로, 동일한 문자가 언어에 따라 표의문자와 표음문자로 모두 사용된 예에 속한다.

용어의 혼동

	단어문자	표의문자	비고
1	logogram	ideogram	허웅, 1981:315 ; 김진우, 1985:293 김방한, 1992:251 ; 강범모, 2005:188 강옥미, 2009:289
2	word writing	logographic writing ideographic writing	이익섭, 1985:214

위의 표에서 1은 단어문자의 역어로 logogram을, 표의문자의
역어로 ideogram을 사용하는 반면, 2는 단어문자의 역어로 word
writing을, 표의문자의 역어로 logogram, ideogram류를 사용한다.
결국 전자에서는 logogram류를 단어문자로 쓰고, 후자에서는 표
의문자로 쓴다는 차이가 있다. 서양의 논저에서는 때로 word sign,
word writing 등을 부가하여 의미를 정확하게 나타내기는 하지만,
기본적으로는 단어문자라는 개념으로 logogram류의 단어를 사
용하며, 앞서 언급했듯이 ideogram이라는 단어는 채택하고 있지
않다.

이른바 logogram은 중국의 한자와 같은 단어문자는 물론, 숫자,
연산기호, $, %, &과 같은 기호들까지 포함하는 개념으로 사용되
어왔지만,* 우리는 이 용어가 단어문자보다는 표의문자에 더 어울
린다고 생각한다. 즉, 숫자, 연산기호 및 $, %, & 등과 같은 기호들
은 의미를 먼저 드러내고 있으므로 표의문자다(그리고 결과적으로는

단어문자가 된다). 한편, 하나의 기호가 개별 단어를 나타내며 언어 단위와 직접 관련을 맺고 있는 단어문자는 word writing으로 쓰는 것이 더 명시적이다.

logogram은 넓은 의미에서 단어문자이기는 하지만, 모든 단어문 자가 logogram은 아니다. 주로 서양 서적에서 숫자, 연산기호와 한 자와 같은 단어문자를 모두 logogram으로 칭하게 된 것은 한 개 의 한자가 숫자나 다른 기호들과 마찬가지로 한 글자가 한 단어로 서 사용된다는 속성만을 강조한 것으로 이해된다. 영어 사전에서 logogram을 주로 기호나 약어의 의미로 사용되고 있는 것도 참고 된다. 따라서 단어문자는 word writing으로, 표의문자는 logogram 으로 구분하여 사용하는 것이 그 단어들의 본질을 잘 드러낸다고 생각한다.**

ideogram

표의문자는 ideogram(이디오그램)을 번역한 용어다. 하지만 서 양의 여러 논저에서는 일찍부터 이 용어 대신 logogram(로고그램) 을 사용해왔다. 예를 들어, 블룸필드(1933:285)는 단어문자체계가 'ideographic writing'으로 잘못 알려졌다고 했으며, 겔브(1962:35)와

---

* logogram에 포함되는 문자들에 대해서는 김진우(1985:293), 배보은(2013:49-51) 등 참고.

** 또한, 단어문자를 표어(表語)문자라고 하는 경우도 있지만, 이는 단어문자를 표의 문자, 표음문자와 같은 층위의 개념으로 오해할 소지를 낳으므로 매우 불합리하다. 이 에 대해서는 배보은(2009:209)도 같은 의견을 피력하고 있다.

샘슨(1985:34, 35)도 'ideographic writing'를 사용하지 말 것을 주장했다. ideogram을 사용하지 않으려는 이유는 개념(idea)이 (음성과 의미를 가진) 언어를 거치지 않고 바로 문자로 반영된다는 오해를 불러일으키기 때문이었다.

서양의 여러 논저에서는 일찍부터 ideogram이라는 개념을 쓰지 않고* logogram으로 대치하여 사용했으며, logogram을 phonogram과 대비시켜왔다. ideogram을 사용하지 않는 이유는, 이 용어가 음성과 의미를 가진 언어를 거치지 않고 개념이 바로 문자로 반영된다는 오해를 불러일으키기 때문이었다. 하지만 동양의 용어인 표의문자에는 이러한 오해의 소지가 별로 없으며, 오히려 표음문자와 대비하여 설명력이 있다. 이는 마치 단어문자라는 개념이 음절문자, 음소문자와 나란히 했을 때 설명력이 있는 것과 비교할 수 있다. 앞서 살펴보았듯이 표의문자가 의미만을 직접 가리키는 것이 아니라, 의미를 먼저 가리킨다고 이해하면 이 용어를 굳이 버릴 일은 아니다.**

ideogram이라는 용어는 더 이상 서양 문자학에서 사용되지 않

* 블룸필드(1933:285)은 단어를 기호로 표기하는 문자체계(즉, 단어문자체계)가 표의문자(ideographic writing)으로 잘못 알려졌다고 하였으며, 겔브(1962:35/43)와 샘슨(1985:34/42, 35/44) 등에서도 표의문자라는 용어를 사용하지 말 것을 주장했다.

** 그러므로 다음과 같은 표현들은 잘못이라고는 할 수 없지만, 단어문자가 아니라 표의문자를 주어로 하여 기술되는 것이 개념적으로 더 명확하다. "낱말글자는 … 낱말의 시니피에와 직접적으로 연결되어 있기 때문에 … 그 글자를 보고 그 뜻을 이해하는 과정이 매우 빠르다"(허웅, 1981:316), "글자는 크게 낱말글자와 소리글자의 두 가지로 나뉘고"(허웅, 1981:328), "소리를 가지고 있기는 하지만"(이익섭, 1985:220) "단어문자의 글자들도 어떤 음가를 가진다"(이익섭, 1985:219) 등.

는다. 이 용어가 동양에서 '표의문자'라고 번역되었지만, 이러한 번역은 마치 표의문자가 음성과는 전혀 관련이 없다는 오해가 생겨날 수 있다는 점에서 ideogram과 표의문자는 다른 개념으로 이해할 필요가 있다.

logogram

❖ 표의문자와 단어문자의 개념 혼동은 서양의 논저에서도 보인다. logogram을 표의문자라는 뜻으로 쓰기도 하고 단어문자라는 뜻으로 쓰는 것이 그것이다. 하지만 logogram은 표의문자만을 가리키는 것으로 한정하고, 단어문자는 word writing으로 구분해 사용하는 것이 그 개념들의 특성을 잘 드러낸다. 영어 사전에서 logogram을 주로 기호나 약어의 의미로 사용되고 있는 것도 참고 된다.

1.6.3 표의문자의 장점

❖ 보편적

표의적

의미와의 관계가 직접적이다

표의문자와 보편성

지역을 초월

국가

언어

시대를 초월

지역을 초월

필담(筆談)

시대를 초월

1.6.4 표의성의 활용

1.6.5 중국어 외국 고유명사의 표의성

❖ 참고: 한어의 외래어 수용과 표의성

소리 옮김(음역)

뜻 옮김(의역)

뜻 옮김의 경우

주로 외래어의 경우

computer – 电脑 (電腦)

elevator – 电梯 (電梯)

hotdog – 热狗 (熱狗)

cocktail – 鷄尾酒

software – 软件 (軟件)

bluetooth – 蓝牙 (藍牙)

cf. 전화(電話)

냉장고(冷藏庫)

건전지(乾電池)

아령(啞鈴)

음역(音譯) + 표의성

Coca Cola – 可口可樂

Pepsi Cola – 百事可樂

Beatles – 披头四 (披頭四)

Pizza Hut – 必胜客 (必勝客)

Carrefour – 家樂福

Kentucky – 肯德基

E-Mart – 易买得

Barack Obama – 贝拉克 歐巴马 (貝拉克 歐巴馬)

Peter – 皮得

Harry Potter – 哈利波特

Marx – 马克思 (馬克思)

McDonald – 麦当劳 (麥當勞)

Mongol – 蒙古

cf. 뜻 옮김 한 고유명사 Oxford – 牛津

cf. 소리 옮김 한 일반명사

geometry – 几何(幾何)

icecream – 冰激凌, 冰淇淋

1.6.6 문학에서의 표의성 활용

❖ 소동파 시

長亭短景無人畫,

긴 정자 짧은 볕은 사람 없는 그림인데

老大橫拖瘦竹節.

늙은이 마른 대지팡이 옆으로 당겨보네

回首斷雲斜日暮,

돌아보면 끊긴 구름 하루 해도 저무나니

曲江倒蘸側山峰.

휘어 흐르는 강에는 산 그림자 거꾸로 비쳐 있다

1.6.7 일본어의 표의성

❖ おいしい

美味しい

うまい

美味い

旨い

甘い

々

々: Ideographic iteration mark, indicating that the previous
hanzi should be repeated.

1.6.8 표의성과 문자 유희

❖ 조형미, 표의성

피토그램(pictogram)

❖ 踊り字

https://www.wikiwand.com/ja/%E8%B8%8A%E3%82%8A%E5%AD%97

❖ 대만과 중국의 月, 冃(육달월)

❖ 福자를 뒤집어서 걸어놓으면 '복이 뒤집혔다'가 되는데 이를 중국어로 '福倒了'라고 하고 발음은 fu dao le이다. 이 말은 '복이 도착했다'라는 뜻의 '福到了'와 발음이 같다. 거꾸로 쓰여 있는 福을 복이 도착했다로 해석하게 된다.

❖ 일본어에서 세 개의 문자는 각각의 기능이 배분되어 있어서 읽을 때나 쓸 때 모두 기능을 승인하고 있다. 가방과 박꾸. 이러한 차이는 사회적 경험의 축척에 따라 구분할 수 있다. 여러 종류의 문자를 구분하여 사용하는 것도 능력. 문부성을 분가쇼라고 할지, 몬부쇼라고 할지는 … 새로운 말이 생겼을 때 그것을 한자로 표기하고 어떻게 읽을지는 그 시점에 따라 결정된다.(《한자를 길들이다》, 24쪽)

1.6.9 문자와 권력

❖ 빚을 내거나 글월을 만들 때 … 언문으로 썼거나 쓴 사람의 증거가 없으면 받아들이지 않는다. (정광, 《조선시대 외국어교육》, 57쪽)

❖ 문자 차용에 의한 언어 변이
택시 치처(汽車), 카나다 가나다

❖ 깊은 표기법
읽기에 편하고 쓰기
동철동음, 동철이음, 이철동음 비교

2
문자의 생성 및
발달 원리

이 장에서는 기본적으로 문자가 어떻게 발생하여 어떻게 발달해 왔는지를 다룬다. 단지 문자에 대한 특징이나 소개에 그치는 것이 아니라, 주요한 여러 문자가 어떤 과정을 거쳐 어떠한 방식으로 언어를 기록하는지에 관해 살펴본다. 즉, 여러 다른 문자 또는 다른 유형의 문자가 언어를 재현하는 유형이나 방식을 비교함으로써, 문자가 인간이라는 종에 맞추어진 보편물이라는 사실을 밝힌다.

'상형'과 '전주'에 관해서는 기존의 논저에서도 부분적으로 다루어진 바 있다. 하지만 본 저술에서는 단순히 연구사를 정리하는 것이 아니라, 문자의 일반 이론이라는 관점에서 다시 살펴봄으로써 문자가 문명사적 관점에서 어떻게 기여했는지를 기술하는 것이 목적이다.*

2.1 상형: 사물의 형상을 본뜨다

인간이 제일 먼저 만든 문자는 '상형'의 원리로 만들어졌다. 상형 (象形)이란 말 그대로 사물의 형상을 본뜨는 것이다. 어린아이가 주

---

* 이하의 내용은 연규동(2015)의 연구가 참고가 되며, 일부 겹치는 내용이 있음을 밝혀둔다. 연규동(2015), 〈문자의 발달 원리와 한자의 육서〉, 《언어학》 71, (사)한국언어학회. −편집자

변의 사물을 그려내듯이 인간은 인간이 만난 동물이나 천체의 모습을 본떠 그리기 시작했다. 초기 단계의 문자는 주로 동식물이나 자연의 모습, 물건, 인체의 형태 등을 직접 그렸는데, 이런 그림 또는 그림문자에서 문자가 발생했다. 따라서 상형 원리는 문자의 발달 원리로서 가장 기본적인 것이다.

하지만 인간의 그림 능력이 사물을 100% 그대로 옮길 수는 없으므로, 일반적으로는 해당 사물의 전형적인 특징만을 그리게 된다. 특히 그 사물의 어떤 측면에 주목하느냐 또는 어느 방향에서 바라보느냐에 따라, 사물을 그림으로 나타내는 방법은 개별 문자마다 달라질 수 있다.

한자의 상형성

상형의 원리를 가장 잘 보여주는 것이 한자다. 다음 그림에서 볼 수 있듯이 한자의 초기 모습으로 거슬러 올라가면 원래의 모습이 무엇인지 예측할 수 있다.

초기 한자	현대 한자	의미	초기 한자	현대 한자	의미
	馬	말		鼠	쥐
	虎	호랑이		象	코끼리
	豕	(멧)돼지		龜	거북이
	犬	개		爲	(~을) 하다

❖ 라틴 문자의 기원적 상형성

한자 외에 라틴 문자도 기원적으로는 사물을 본떠 그린 문자에서 변해 내려온 것이다.

❖ 훈민정음의 상형성

훈민정음(訓民正音)의 기본자도 인간의 발음기관을 상형했다는 점에서 세계인을 놀라게 한 문자이기도 하다. 음소문자인 훈민정음도 상형 원리로 만들어졌음은 익히 널리 알려져 있다. 즉, 훈민정음의 자음 글자 ㄱ, ㄴ, ㅁ, ㅅ, ㅇ은 각각 그 글자를 발음할 때 관여하는 발음기관의 모습을 본뜬 것이고, 모음 글자 ·, ㅡ, ㅣ는 각각 하늘의 둥근 모양, 땅의 평평한 모양, 사람이 서 있는 모양을 본뜬 것이다. 이 같은 사실은 훈민정음이 만

훈민정음 해례본 제자해 (디지털한글박물관 https://archives.hangeul.go.kr/archives/ external/organization/857/biblo)

들어진 원리가 기록되어 있는 《훈민정음》 해례본의 기록에 잘 나타나 있다.

어금닛소리 ㄱ은 혀뿌리가 목구멍을 막는 모양을 본떴다[牙音ㄱ 象舌根閉喉之形].

혓소리 ㄴ은 혀끝이 윗잇몸에 붙는 모양을 본떴다[舌音ㄴ 象舌附上齶之形].

발음기관을 상형한 훈민정음 자모
(국어단체연합 국어문화원 지음, 《누구나 알아야 할 한글 이야기》(2013년), 20쪽)

❖ 신성문자의 상형성

지금은 사용되지 않은 문자 중에서 이집트 신성문자의 상형성은 가장
잘 알려져 있다. 지금도 흔히 '상형문자'라고 하면 이집트 신성문자를
가리킬 때 사용하고 있다.

❖ 상형문자라는 용어

상형문자는 널리 사용되는 문자이기도 하다. 흔히 상형 원리로 만들어
진 문자를 상형문자라고 부른다. 하지만 상형문자는 문자의 발달 단계
중 하나도 아니며, 통시적·공시적으로 특정 문자의 종류를 가리키는
것이 될 수 없다. 상형문자는 특정 시기에 사용되거나 발달한 문자가
아니라, 문자가 만들어지는 원리를 가리키는 개념일 뿐이다. 이른바 동
굴 속에 그려진 바위그림은 물론 현대에 사용되는 많은 그림문자 역
시 상형의 원리를 따른 상형문자다.

❖ 그 밖의 상형 원리로 만든 문자

그 밖의 상형 원리로 만들어진 문자를 나열하면 다음과 같다.

히타이트 문자

선문자

마야 문자

❖ 현대의 상형문자

상형문자는 직관적이기 때문에 현대에 많이 사용된다.

이모티콘, 아이콘

현대의 상형문자

❖ 상형문자의 도상성

이처럼 상형문자는 직관적이다. 초기 문자 역시 대부분 사물을 상형해
서 만들어지므로, 기본적으로 모방적 도상성을 가지고 있다. 표현하려
는 내용과 그것을 나타내는 방법 사이의 관계가 보다 직관적이고 직접
적이므로 내용의 이해가 훨씬 쉽다. 다음 쪽의 표는 몇 가지 상형 원리
로 만든 문자를 제시한 것이다. 여기에서 볼 수 있듯이 물고기 그림은

물고기를 나타내고, 사자 그림은 사자를 나타낸다.

서양 논저에서는 기호가 표상하는 사물의 모양에서 의미를 파악할 수 있음을 나타내기 위해 'pictographic basis' 'pictorial quality' 'pictorial meaning' 등과 같은 용어를 사용해왔는데, 이는 결과적으로 도상성을 표현한 것이다. 동양 논저에서도 기호와 사물의 유사함을 '상형'이라는 용어로 설명해왔다. 결과적으로 도상성과 상형성은 동일한 현상을 기술한 것이라 할 수 있다.

수메르 문자	손	물고기	샘	부메랑
이집트 문자	코	사자	걷다	넘어지다
히타이트 문자	개	산	전차	말하다
한자	코	사슴	수레	술단지

2.1.1 상형문자의 장점
❖ 조형미

2.1.2 상형문자의 한계
상형 원리로 만든 문자는 직관적이라는 점에서 상형 원리는 인간의 보편적 시각에 기반을 둔 것이다. 그래서 발생한 시기와 지역은 달라도 발상하는 방식은 대부분 비슷하다. 하지만 상형 원리로 만든 문자는 몇 가지 한계를 지닌다.

상형과 추상적 개념 표현

'사랑' '평화' '목숨' '춥다' '나이' 등과 같은 추상적인 개념은 상형문자로 표현하기가 매우 어렵다. 예를 들어, '평화'를 상형문자로 그려보자. 혹시 비둘기를 그려서 평화를 상징할 수는 있겠지만, 비둘기가 평화를 나타낸다는 것은 문화적인 것일 뿐이다. 그렇다면 실제 비둘기는 어떻게 그릴 것인지를 생각해본다면 꼭 합당하다고는 할 수 없을 것이다.

상형과 문법적 개념 표현

상형문자로는 '과거' '진행' 등 문법 개념을 나타내기 어렵다. "나는 철수를 만난다"를 상형문자로 표현하고 이어서 "나는 철수를 만났다" "나는 철수를 만날 것이다"를 각각 상형문자로 표현해보자. 역시 쉽게 나타내기 어려울 것이다.

대응 관계가 불규칙한 상형

게다가 상형문자가 언어의 내용과 언제나 일치하는 것은 아니다. 같은 내용이라도 표현이 달라진다. 소설 〈어린왕자〉에서 주인공은 '코끼리를 삼킨 보아뱀'을 그렸지만 많은 사람이 '모자'라고 오해했다는 것은 상형문자가 가진 표현의 한계성을 잘 보여주는 것이다. 언어와 일대일 대응을 하지 않는 경우도 있다.

2.1.3 상형문자와 관련된 혼동

표의문자와 상형문자

흔히 표의문자와 상형문자를 혼동하는 경우도 많이 발견된다.
❖ 인용 책을 가져와서 이런 책에서 다른 개념이라고 설명할 것.

표의문자는 공시적인 문자 중 일부 종류인 반면, 상형문자는 문자
의 발달 원리와 관계된 것이다. 상형 원리로 만들어진 문자는 그 속
성상 거의 대부분 표의문자이지만, 모든 표의문자가 상형 원리로 만
들어진 것은 아니므로 표의문자가 바로 상형문자가 되지는 않는다.

상형문자 → 표의문자
상형문자 ↤ 표의문자

예를 들어, ☎, ☞, ♀♂ 등과 같은 표의문자들은 문자기호의 모양
이 실제 사물의 형상과 관련이 있으므로 상형문자일 수 있지만, 2,
&, $ 등과 같은 표의문자들은 기호의 모양과 의미 사이에 아무런
상관관계가 보이지 않으므로 상형문자라고 말할 수 없다.

또한, 상형문자는 모두 표의문자이므로 상형문자가 가진 한계는
바로 표의문자의 한계이기도 하며, 앞에서 살펴본 표의문자의 한계
는 또한 일부 상형문자의 한계이기도 하다.

2.1.4 자형 간략화

상형 원리로 만들어진 문자는 초기에는 어떤 사물을 본뜬 것인

지 짐작할 수 있을 정도로 그림에 가깝다. 하지만 그리는 데 시간이 걸리며 정확하게 표현하기도 어렵다는 한계를 갖는다. 문자문화가 발달하여 같은 글자를 반복해서 쓰는 경우가 늘어나게 되고, 그러다 보면 빠르게 표현하게 되고, 이것이 공동체 내에서 공유될 때 간략하게 변한다. 이러한 간략화는 문자가 공동체 내에서 위상을 확립했음을 잘 보여준다고 할 수 있다. 시간이 흐름에 따라 점차 모양이 단순화, 추상화되어 사물과의 유사성이 약화된다. 점차 획이 간략해지는 것이다. 그때부터는 '그리는' 단계를 벗어나 '쓰는' 단계로 들어간다. 그림에서 벗어나 형태가 단순화되고 문자가 관습화되면, 지시 대상과 표시 방법 사이의 완전한 일치는 불필요해진다. 간략화하면 그 모양은 원래 지시 대상에서 멀어지기 마련이다. 원래 모습과의 유연성을 잃게 되어도 문자로서 기능을 하는 데는 아무 문제가 없다. 모양은 원래 지시 대상에서 차츰 멀어지지만, '모양의 단순화'를 통해 진정한 문자가 형성되는 것이다.

❖ 한자의 간략화

모양의 단순화는 문자가 관습화되었음을 보여준다. 서기(書記)의 편의, 미적 효과, 쓰기 편함 등의 이유로 단순화된다. 이를 잘 보여주는 것이 한자다.

수메르 문자의 간략화

아래 그림은 수메르 문자가 시간의 흐름에 따라 간략하게 변하는 모습을 보여준다. 진흙판에 찍어 그리다보면 처음 상형의 모습

새					곡물				
물고기					과수원				
당나귀					쟁기				
황소					부메랑				
해					발				

수메르 문자의 간략화(겔브, 1962:70)

을 그대로 유지하기는 불편했을 것이고, 반복해서 그리다보면 그 형태를 모방하는 데 중요하지 않은 부분을 생략하고 기본이 되는 부분을 강조하게 된다.

이집트 문자의 간략화

이집트 문자도 이와 비슷하게 단순해졌다. 아래 그림을 보면, 왼쪽에서 오른쪽으로 갈수록 점점 모양이 단순하게 변하고 있음을 알 수 있다. 한자의 자형 역시 처음에는 그림에 가까웠으나 지속적으로 추상화되면서 오늘날 우리가 보는 한자의 모양에 가까워진

이집트 문자의 간략화
(http://www.egyptology.escholar.
info/images/img_writing_evolution.
png 검색일: 2019년 4월 26일*)

104

사실은 잘 알려져 있다.

❖ 훈민정음 자형의 변화

훈민정음 역시 처음에는 점과 선의 연결로 이어졌다가, 나중에 붓으로
쓰기 변하도록 모양이 바뀌었다. 이 또한 간략화라고 볼 수 있다.

글자	변화의 모양	글자	변화의 모양
ㄱ	ㄱ ㄱ ㄱ(ㄱ)	ㅋ	ㅋ ㅋ ㅋ
ㄴ	ㄴ ㄴ ㄴ	ㅌ	ㅌ ㅌ ㅌ
ㄷ	ㄷ ㄷ(ㄷ)	ㅍ	ㅍ ㅍ ㅍ
ㄹ	ㄹ ㄹ	ㅎ	ㅎ ㅎ ㅎ ㅎ
ㅁ	ㅁ ㅁ	`	・ ・ ~(ㅣ)
ㅂ	ㅂ ㅂ	ㅏ	ㅏ ㅏ ㅏ
ㅅ	ㅅ ㅅ ㅅ	ㅡ	― ― ―
ㅇ	ㅇ ㅇ ㅇ	ㅗ	ㅗ ㅗ ㅗ ㅗ
ㅈ	ㅈ ㅈ ㅈ	ㅣ	ㅣ ㅣ ㅣ ㅣ
ㅊ	ㅊ ㅊ ㅊ ㅊ	ㅓ	ㅓ ㅓ ㅓ ㅓ

한글 자형의 변천 모습**
(홍윤표, 〈한글 字形의 標準化에 대하여〉, 《국어생활》 18호, 15쪽)

---

* 원래 원고의 출처 표시를 그대로 가져와 출처를 밝혔다. 그러나 인터넷 사이트의 특성
상 원고 작성 시점에는 서비스되었지만 출판 시점에는 폐쇄된 경우가 더러 있다. 이러한
점을 고려하여 검색일자를 최초 원고 작성 시점으로 표시하였음을 밝혀둔다. -편집자

글자의 방향과 서사 방향

글자와 서사의 방향을 바꾸는 경우도 있다. 이집트 문자는 방향이 자유로웠다. 방향의 기준은 새를 비롯한 동물 등이었다. 페니키아 문자에서 그리스 문자로 가면서 방향이 바뀌기도 한다. 그리스 문자는 우경식 방향에 따라 두 가지 방향을 다 쓴다. 셈계(Semitic) 문자는 예전부터 오른쪽에서 왼쪽으로 쓰지만, 그리스 문자는 경우에 따라 우경식, 그러다가 왼쪽에서 오른쪽으로 정착했다. 파스파 문자(Phags-pa script)는 새로운 문자를 만들기 위해 방향을 바꿨다.

2.2 전주: 문자가 가진 의미가 늘어나다

매번 문자를 만드는 일은 어렵기도 하다. 그래서 하나의 문자로 여러 가지 뜻을 표현하는 방식을 고안하게 된다. 이러한 작업에는 연상이라는 인간의 능력이 발휘된다. '원숭이 엉덩이는 빨개. 빨가면 사과…'로 시작하는 노래와 같이 인간은 하나의 대상을 다른 대상으로 확대하는 능력이 있다.

상형 및 문자 합성의 원리로 세상의 모든 개념을 표현하기에는

** 해당 표는 원래 원고에 '사진 추가'라고 메모가 달려 있어서 편집자가 추가한 것이다. 한글 자형의 변화에 대해서는 다음의 연구를 참고할 수 있다.
홍윤표(1998), 〈한글 자형의 변천사〉, 《글꼴 1998》, 한글글꼴개발원.
김두식(2003), 〈한글 자형의 변천에 관한 연구: 15~19세기 활자본 및 목판본을 중심으로〉, 단국대학교 박사학위논문. -편집자

많은 어려움이 있다. 구체적인 사물을 그림으로 그려내거나, 뚜렷한 외적 형상을 가진 것들을 상형문자로 표현하는 일은 어느 정도 가능하다. 하지만 '춥다' '덥다' '바쁘다' '밉다' '좋아한다' '깨끗하다' '사랑' '마음' '정(情)' '나이'와 같이 추상적이고 관념적인 개념을 상형화하는 것은 쉽지 않으며, 많은 오해를 낳을 수도 있다. 또한, '(어제) 왔다' '(지금) 가는 중이다'와 같은 문장에 나타나는 '과거' '진행' 등의 문법적 개념을 그림으로 표현하기도 쉽지 않다. 게다가 명백한 외적 형상을 가졌더라도 진달래꽃, 살구꽃, 복숭아꽃, 벚꽃, 매화 등을 구분해 상형화하기는 매우 어려운 일이다. 그림에 능통한 이가 애써 구분해 그렸더라도, 그 문자를 읽는 이가 구별하리라는 보장도 없다. 그런 의미에서 상형 및 문자 합성의 원리로 만들 수 있는 문자의 수는 제한된다(이익섭, 1985:218).

하지만 인간의 인지가 발달하고 복잡해지면서 표현하고자 하는 새로운 개념은 계속 늘어날 수밖에 없다. 상형 및 문자 합성의 한계와 개념의 다양성이라는 두 모순적인 상황을 해결하는 한 방법으로, 문맥에 따라 문자의 의미를 확장하는 방법이 이용된다. 새로운 문자를 만드는 것이 아니라 기존의 문자를 이용해 그 문자가 가진 의미를 확대·발전시켜 쓰는 방법이다. 이것이 바로 문자의 발달 과정에 나타나는 '의미의 추상화' 단계다.

의미의 추상화를 통해 문자기호는 해당 사물을 직접 의미하는 것 외에도 그 사물과 관련된 추상적인 개념이나 의미를 표시하게 된다. 기호의 모양과 의미가 간접적인 관계를 맺는 것은 문자의 발달 단계에서 아주 흔하게 발견된다. 예를 들어, '해'를 가리켰던 문자가 환유(換喩) 또는 제유(提喩)의 과정을 거쳐 빛, 낮, 열 등의 추상적 개념을 가지게 된다. 또한, 보리 이삭 그림이 농사일을 의미하고, 산 그림이 경계, 낯선 땅, 이국, 이방인을 나타낸다거나, 사자 그림이 힘, 용맹함, 살육, 공포, 폭군 등을 나타내는 것이다. 이러한 추상적인 개념이나 의미는 상황이나 문맥에 따라 이해된다. 이와 같은 의미의 추상화 과정을 한자학에서는 전통적으로 전주(轉注, semantic transference)라고 불렀다.

수메르 문자, 이집트 문자에서 몇 가지 예를 들면 아래의 표와 같다.

수메르 문자	기본 의미	추상화된 의미
⅄	발	가다, 걷다, 행진하다, 서 있다
ஃ	산	경계, 낯선 땅, 외국, 이방인, 노예
◎	샘	낮은 곳, 구멍, 깊이, 수원지

수메르 문자에서 의미의 추상화

이집트 문자	기본 의미	추상화된 의미
ᗡ	알	새끼, 아들
🐂	어미 소가 송아지를 바라보는 모양	염려하다, 걱정하다, 배려하다
🧍	노인	주요한, 위대한, 우두머리

이집트 문자에서 의미의 추상화

한자에서도 예를 들어보자. 악(樂)은 원래 나무 받침대 위에 북과 방울 등의 악기가 놓여 있는 것을 상형한 것[樂]으로 '음악'이라는 뜻을 가졌다. 그러나 음악은 사람의 마음을 즐겁게 해줄 뿐 아니라 사람들이 좋아하므로 '즐겁다' '좋아하다'라는 뜻으로 확장된다. 그리하여 풍류나 음악(音樂)에서는 '악'으로, '좋아하다'는 뜻일 때는 요산요수(樂山樂水)에서처럼 '요'로 읽힌다.

혁(革)은 가죽을 손으로 벗기는 모양을 상형한 글자[革]다. 그런데 혁대(革帶)처럼 '짐승의 가죽을 벗기면 그 쓰임이나 가치가 바뀐다'라는 개념에서 '바뀌다, 변화하다'라는 의미로 추상화된다. 혁명(革命)이 바로 그러한 예다.

우(友)는 사람의 손이 나란히 있는 모양[友]을 상형해 '사이가 좋다' '친구' '돕다'라는 뜻으로 의미가 추상화된다.

❖ 본래 의미로부터 연상, 유추하여 다른 뜻으로 전환.

2.3 가차: 문자가 소리를 나타내다

인간의 언어에는 소리는 같지만 의미가 다른 예들, 즉 동음이의어가 필연적으로 발생한다. 인간이 낼 수 있는 소리에는 한계가 있으므로, 제한된 수의 소리로 수많은 개념을 표현하려고 언어의 경제성을 활용한 까닭이다. 문자의 발달 과정에서도 이와 동일한 현상이 일어나는데, 이미 있는 문자기호를 이용해 그 문자와 음이 같거나 비슷한 단어를 대신하는 것이다. 이 과정을 통해 하나의 단어 문자 기호가 서로 관계없는 다양한 의미를 가지게 된다.

이처럼 하나의 기호로써 둘 이상의 동음이의어를 표기하는 것을 '동음기호 원리'라고 하며, '레부스(rebus) 원리'라고도 부른다. 라틴어 rebus는 '사물'이라는 뜻을 가진 res의 굴절형으로, '사물의 도움으로, 사물에 의해'라는 뜻이다. 문자가 원래 지칭하는 사물을 매개로 해서 그 기호의 소릿값만이 이용된다는 뜻으로 만들어진 단어다. 비유를 들자면, "고래고래 소리 지르다"라는 말에서 '고래고래' 대신 고래 두 마리를 그리는 식이다. 이렇게 함으로써 '고래'라는 말이 가리키는 "바다에 사는 큰 포유동물"이라는 의미는 사라지고 [고래]라는 소리만 남게 된다. 같은 원리로 영어에서 'carpet'를 그 단어의 소릿값인 'car(자동차)'와 'pet(애완동물)'라는 두 가지 그림을 합성해 표시할 수 있다. 'before' 'later'를 'B4' 'L8r'로 표기하는 것도 동음기호 원리에 따른 것이다.

이러한 동음기호 원리에서는 언어음이 동일하다는 것이 다양한 의미를 연결시켜주는 연결 고리가 될 뿐, 그 문자기호가 나타내는 의미 사이에는 서로 아무런 관련이 없다. 이는 의미의 추상화 원리로 확장되는 문자들이 서로 의미적으로 연관이 있다는 사실과는 대조된다. 말로는 존재하나 문자로는 존재하지 않는 단어를 문자로 나타내려고, 기존에 있는 문자 중 표현하고자 하는 단어의 발음과 같거나 비슷한 것으로써 나타내는 것이다. 이러면 문자가 가진 표의적 성격 대신 표음적 성격을 새로 얻는다.

가장 널리 알려진 동음기호 원리는 쐐기문자의 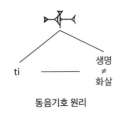에서 볼 수 있다. 이 글자는 원래 '화살'을 상형한 표의문자로서 그 발음은 [ti]였다. 그런데 수메르어에서 'ti'는 '생명'이라는 뜻도 가진 동음이의어였

동음기호 원리

기에, 문자 ►◄─◄는 '화살'이라는 의미와 더불어 '생명'이라는 의미도 가지게 된다. 즉, '화살'과 '생명'은 의미상 관련이 없는 말이지만, 그 음이 동일하다는 이유로 같은 문자로 표기되었다. ►◄─◄가 '화살'이라는 의미로 사용될 때에는 표의문자로 사용된 것이지만, '생명'이라는 의미로 사용될 때는 '화살'이라는 의미와는 상관없이 [ti]라는 소리와 연결되는 표음문자로 사용된 것이다.

쐐기문자와 이집트 문자에서 동음기호 원리가 적용되는 예들이 표 1, 표 2에 각각 제시되어 있다.

기호	음성	기본 의미	확장된 의미
⊨	*tab*	동료, 짝	태우다, 표시하다
𒄀	*gi*	갈대	갚다, 변상하다, 보답하다
𒈬	*mu*	년(年)	이름, 평판, 명성

쐐기문자의 동음기호 원리

기호	음성	기본 의미	확장된 의미
⌂	*jbḥ₃*	게임판의 말	춤추다
⎍	*ḥ₃*	연꽃	백의 열 배, 천千
⫼	*ḥ₃*	기둥 있는 방, 사무실	*ḥ₃ wj* 황혼, 땅거미

이집트 문자의 동음기호 원리

이집트 문자에서 눈을 그린 그림은 '눈[目]'이라는 의미 외에도 '만들다'라는 뜻으로도 사용된다. îr음이 같기 때문이다.

이와 같은 동음기호 원리는 한자의 육
서 중 가차(假借, phonetic transference)와 바
로 대응된다. 예를 들면, 래(來)는 '보리'를
그린 상형문자[🜨]인데, '보리'와 '오다'라
는 단어가 같은 음을 가진 동음이의어여

來의 동음기호 원리 적용

서, 같은 문자를 사용해 '오다'라는 뜻을 아울러 나타내게 되었다.
'보리'와 '오다'는 의미상 관련이 없는 말이지만, 그 음이 동일하다는
이유로 같은 문자로 표기되었다.

이 밖에도 아래의 표와 같은 예도 들 수 있다.

기호	기본 의미	확장된 의미
東 🜨	주머니에 물건을 채워 아래위를 묶은 모양	해 뜨는 쪽
足 🜨	발	충분하다, 만족하다
萬 🜨	전갈	천의 백 배, 만

한자의 동음기호 원리

동음기호 원리는 언어학적 개념인 동음이의와 대응된다. 이는 의
미의 추상화 원리가 다의(多義)와 대응되는 것과 비교할 수 있다. 동
음기호 원리가 문자기호의 음가를 기반으로 여러 의미가 발생하는
것이라면, 이와는 대조적으로 동음이의어는 문자와는 상관없이 언어
의 자의성 때문에 음성과 의미가 관련을 맺는 순전한 언어 현상이다.
이처럼 동음기호 원리는 어떤 문자기호를 읽은 후에 그 음성 형

태에 따라 서로 관련이 없는 의미가 이해되는 과정을 거치게 된다. 이제 하나의 문자기호는 원래 그 기호가 표상하던 단어문자로서 기능하는 동시에, 하나의 음을 나타내는 기호로도 기능하게 된다. 앞서 나온 예로 이를 다시 설명하자면, ⊢◁⊣◁, ✸이 원래 이 글자들이 본뜬 사물의 의미 즉 '화살'과 '보리'라는 표의적 기능을 가지는 것 외에도, 각각 [ti], [lái]라는 소리를 나타내는 표음적 기능을 아울러 가지는 것이다. 이제 논리적으로는 음가만 동일하면 어떤 글자를 사용해도 무방하게 되었다.

동음기호 원리는, 문자가 의미가 아니라 소리를 대신하게 되는 첫걸음이다. 동음기호 원리를 통해서, 인류는 상형으로 만들어진 표의문자가 그 표의성 외에도 표음성을 아울러 가질 수 있음을 깨닫게 되었다. 문자기호의 의미 외에도 문자기호가 표상하는 음성을 새롭게 인식한 것이다. 그러므로 동음기호 원리는 문자의 활용성을 매우 높여주었다는 점에서 문자가 보편적으로 확산되는 토대가 되었다. 이후 소리에 대한 인식을 제고해 표음문자의 생성에 크게 기여했다는 점에서 문자의 발달 과정에서 중요한 원리가 된다.

❖ 소리가 같거나 비슷한 글자로
❖ 표현하기 어려운 단어를 나타내는 원리
❖ 표의문자가 의미와 관계를 끊는 과정

2.3.1 가나의 형성

❖ 음가나는 한자가 의미를 잃고 음으로만 쓰인 것이다. 동일한 일본어

음절이라도 문헌에 따라 다른 한자로 같은 음을 표기한다(《한자를 길들이다》, 200쪽 참고). 또한, 《고사기(古事記)》에서 メ를 賣자로 적을 때 고려할 것은 만요가나(万葉仮名)에서 자주 사용되는 글자여서겠지만, 또 다른 이유로는 본문 기사에서 훈독 한자로 사용될 가능성이 적기 때문이다. 하지만 호적에서는 이에 구애받지 않고, 같은 일본어 음절에 '女'를 쓴다. 이는 자주 나오는 음절에 획이 적은 한자를 썼기 때문이다.(같은 책, 203쪽)

❖ ㄱ표기에 사용된 布는 문장 처음에, 不은 문장 중간에 오는 경우도 있다. 마찬가지로 キ를 위치에 따라 伎(문말)와 支(문중)로 구분에 쓴다. 취향에 의한 것일 수 있겠지만 어쩌면 현대의 구두점에 연결되는 효과를 주는 것일 수도 있다.(같은 책, 235쪽)

❖ 한 문헌 내에서 인명도 다양하게 표기되고는 한다.(같은 책, 237쪽)

2.3.2 한중일 문자의 실험실

2.3.3 동음기호 원리의 활용

❖ 한자의 표음성
외국 고유명사의 경우
Trump, Hillary
중국어 불경 번역

2.4 문자를 결합해서 나타내다

특히 전주나 가차로 쓰인 글을 정확하게 읽어내려면 다소 복잡한 단계를 거쳐야 한다. 문맥에 따라 의미의 혼동이 있을 수 있기 때문이다. 따라서 새로운 표기를 덧붙여서 이를 구분하게 된다.

문자의 발달 과정을 보면, 인류가 발전시켜온 자산들이 가진 보편성을 재확인할 수 있다. 현존하는 세계의 여러 문자는 각 지역에서 개별적으로 생성되고 발달해왔지만, 개별 문자가 발달해온 과정은 인류의 지성사 속에서 동일한 원리가 적용되었기 때문이다. 문자의 발달 원리는 크게 문자가 가진 의미를 활용한 것과 문자가 가진 소리를 활용한 것으로 구분된다.

의미를 중심으로 문자를 만드는 원리에는 물체의 모양을 본떠 문자를 만드는 상형 원리, 문자 모양이 단순화되는 간략화 원리, 둘 이상의 글자의 모양과 뜻을 합해 문자를 만드는 문자 합성 원리, 글자의 뜻을 확대·발전시켜 문자를 만드는 의미의 추상화 원리, 둘 이상의 문자를 구분하기 위해 의미를 나타내는 구별 기호를 부가하는 의미표시자 원리가 있으며, 이러한 원리로 만들어진 문자들은 표의문자적 속성을 가지게 된다.

처음에 문자는 언어의 의미와 먼저 관련을 맺었고, 이후 인간의 언어를 이루는 또 하나의 요소인 음성으로 확대되었다. 의미를 드러내는 문자에서 소리를 표기하는 문자로 확대되는 것이다. 표의문자에서 표음문자로 발달해오는 과정에서는, 소리에 기반을 둔 문자의 발달 원리가 중요한 역할을 한다.

소리를 중심으로 문자가 확대되는 원리에는, 하나의 기호가 그 기호와 동일한 소릿값을 가진 다른 의미를 같이 표현하는 동음기호 원리, 둘 이상 문자의 의미를 구분하기 위해 소리를 나타내는 구별 기호를 부가하는 소리지시자 원리 등이 있다.

2.4.1 문자 합성

상형으로 만들어진 문자를 두 개 이상 합해서 그 문자들이 나타내는 의미의 합을 표현하는 경우도 있다. 이미 있는 문자를 이용해 새로운 개념을 표현하는 문자를 만드는 것이다. 이처럼 문자들이 결합해 또 다른 하나의 의미를 나타내는 문자가 되는 것 역시 문자의 발달 과정에서 흔히 발견되는 현상이다. 이와 같은 문자의 합성 원리를 한자학에서는 회의(會意)라고 부른다.

먹다	=	입	+	음식, 그릇
비	=	물	+	하늘
여자 노예	=	여자	+	산, 노예

수메르 문자, 쐐기문자의 문자 합성

수메르 문자 또는 쐐기문자에서 '먹다'라는 뜻을 가진 글자는 '입'을 나타내는 글자와 '음식, 그릇'을 나타내는 글자의 결합으로 이루어진다. 마찬가지로 '비'를 나타내는 글자는 '하늘'과 '물'을 나타내는 글자들의 결합으로, '여자 노예'를 가리키는 문자는 '여자'를 나타내는 문자와 '노예'를 나타내는 문자가 결합해 생겨난다.

이 같은 문자 합성의 원리는 이집트 문자, 히타이트 문자 등에서도 보인다.

보다	=	눈	+	눈
세우다, 건축하다	=	벽	+	사람
깨끗한, 순수한	=	물 나오는 항아리	+	다리

이집트 문자의 문자 합성

먹다	=	나	+	빵
성소	=	신	+	집
예언자	=	머리	+	뿔

히타이트 문자의 문자 합성(김하수/연규동(2015), 《문자의 발달》)

한자에서도, 休(휴)는 사람을 나타내는 글자와 나무를 나타내는 글자의 결합, 弄(농)은 구슬을 나타내는 글자와 손을 나타내는 글자의 결합을 통해 만들어졌다. 각각 사람이 나무 아래에서 쉰다는 의미와 양 손으로 구슬을 가지고 논다는 의미가 새로 생성되었다.

泪 눈물	=	目 눈	+	水 물
休 쉬다	=	人 사람	+	木 나무
弄 높다	=	玉 구슬	+	廾 두 손

한자의 문자 합성

2.5 의미표시자

의미의 추상화 원리는 하나의 문자기호가 다의(多義) 현상을 갖는다는 점에서 매우 경제적이다. 새로운 문자를 만들지 않아도 기존의 문자를 그냥 이용할 수 있기 때문이다. 하지만 하나의 문자가 여러 단어를 나타내므로, 읽는 이의 입장에서는 문맥에 따라 그 의미를 정확하게 파악하는 일에 혼란이 일어날 수 있다. 인간의 인지가 발달하고 생활이 다양하게 발전할수록 문자기호를 구별해 인식하는 일은 점점 중요해진다. 이러한 혼란을 피하려고 의미표시자가 고안되었다.

의미표시자(semantic indicator)는 문자기호에 그 의미를 나타내는 요소를 덧붙이는 방법이다. 여러 의미를 가진 기호들과 결합해 그 의미를 분화해 새로운 합성 기호를 만든다. '한정사(determinative)' 또는 '결정사'라고도 불린다. 초기 단계의 문자에서 의미표시자가 사용되는 과정은 다음과 같다.

① 하나의 문자기호가 (의미의 추상화 원리 또는 동음기호 원리에 의해) 여러 개의 의미를 가지게 되어, 그 의미들을 구분할 필요가 생긴다.

② 원래 문자기호에 다른 문자기호를 추가해 구분할 필요가 있는 의미와 관련된 새로운 문자를 만든다.

이 과정을 문자와 의미에만 주목해 도식화하면 아래 그림과 같다.

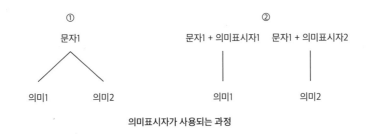

의미표시자가 사용되는 과정

의미표시자는 경우에 따라 원래 의미를 가진 문자기호에만 추가되기도 하고, 새로 얻게 된 의미를 가진 문자기호에 추가되기도 하며, 두 문자기호에 모두 추가되기도 한다. 하나의 발음만을 가진 문자에도 의미를 명료하게 만들기 위해 부가되기도 한다.

쐐기문자에서 ▤ '쟁기'가 원래 의미 외에 '농부'라는 의미를 가지게 되자, 의미표시자 ▥ '남자'를 결합해 ▥▤ '농부'라는 뜻으로, 의미표시자 ▤ '나무'를 결합해 ▤▤ '쟁기'라는 뜻으로 분화되었다. 이집트 문자도 같은 방식으로 설명할 수 있다.

기호	음성	기본 의미 확장된 의미	의미표시자	합성 기호
(쟁기 기호)	ku	쟁기	𒀭 나무	쟁기
		농부	𒇽 남자	농부
(화살 기호)	ti	화살	𒀭 나무	화살
		생명	-	-
(허벅다리 기호)	hal	허벅다리	-	-
		항아리	(도기 기호) 도기	항아리

쐐기문자의 의미표시자

기호	음성	기본 의미 확장된 의미	의미표시자	합성 기호
(오리 기호)	z3	오리	-	-
		아들	(사람 기호) 사람	아들
(필기도구 기호)	zh3	필기도구	(사람 기호) 사람	zh3w 필경사
		쓰다	(파피루스 기호) 파피루스 두루마리, 쓰기	zh3 문자, 기록
(바구니 기호)	nb	바구니	(사람 기호) 사람	nb 주인
		모든	(여성 기호) 여성	nbt 안주인, 귀부인

이집트 문자의 의미표시자

의미표시자는 한자학에서 형성(形聲)으로 설명된다. 它(타)에서 蛇(사)가 분화되는 과정을 통해, 형성이 이루어지는 과정을 설명해 보자. 它(타)는 원래 '뱀'을 상형한 글자[它]였는데, 이후에 뱀의 의미와 더불어 지시대명사로도 사용되었다. 이에 의미표시자 虫(충)을 더해 蛇(사)가 만들어지면서 원래 뱀을 나타내던 글자인 它(타)는 새로 얻은 의미인 지시대명사로 사용되고, 새로 만들어진 蛇(사)는 원래 의미인 뱀을 뜻하게 되었다. 이를 위 도식에 적용하면 아래 그림과 같다.

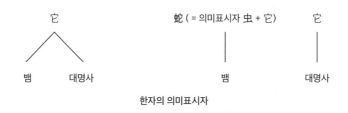

한자의 의미표시자

또한, 其(기)는 '키, 삼태기'를 상형한 글자[⊠]인데 삼인칭 대명사를 나타낼 때도 사용되기 시작했다. 동일한 글자가 두 가지 의미로 사용되면서 혼동의 여지가 있게 되자, 키를 가리키던 원래 글자는 새로 얻은 삼인칭 대명사라는 의미로 사용하고, 종래에 사용하던 '키, 삼태기'를 구분하기 위해 竹(죽)을 추가해 새로운 글자 箕(기)를 만들어냈다. 益(익)은 그릇 위로 물이 넘치는 모양을 상형한 글자[⊠]인데, 물이 넘친다는 의미에서 '더하다, 넉넉하다, 이롭다'라는 뜻으로 의미가 추상화되었다. 이에 물이 넘치는 뜻을 표시하기 위해 氵=水(수)를 추가해 '넘치다'라는 의미의 글자 溢(일)이 새로 만들어졌다.

2.6 소리지시자

의미의 추상화 원리와 동음기호 원리는 기본적으로 음이 같은 단어의 의미가 확장되는 과정이지만, 때로는 음이 다르더라도 의미가 유사한 단어가 하나의 문자기호로 표기되는 경우도 있다. 이때 여러 의미를 구별하려고 그 의미의 단어의 발음을 나타내는 요소를 덧붙이는 것을 소리지시자(phonetic indicator)라고 한다. '소리 보충성분(phonetic complement)'이라고도 불린다.

소리지시자는 의미를 구별하려고 소리를 나타내는 요소를 문자기호에 덧붙이는 방법으로, 이로써 해당 기호의 소릿값이 명확하게 드러나게 된다. 예를 들어, 표의문자 ♡가 쓰인 다음 문장들을 보자.

나는 너를 ♡해.
I ♡ you.

일반적으로 앞의 한국어 문장에서 ♡는 '사랑'이라고 읽으며, 뒤의 영어 문장에서는 'love'라고 읽는다. 하지만 다음과 같이 소리를 나타내는 요소를 덧붙이면 우리는 이를 '나는 너를 사랑해'가 아니라, '나는 너를 러브해'로 읽게 된다.

나는 너를 ♡ve해.

이처럼 소리지시자는 문자에 발음을 나타내는 요소를 덧붙이는 것이다. 이러한 보충적인 음성표기는 얼핏 보기에는 잉여적인 것처럼 보이기도 하지만, 문맥에 따라 혼동되는 발음을 더 명확하게 보여줄 수 있다는 장점이 있다. 단어문자에는 표현되지 않는 소릿값을 나타내려는 시도에서 고안된 것으로, 동음기호 원리와 마찬가지로 표의문자가 표음문자로 변화하는 과정을 보여준다. 초기 단계의 문자에서 소리지시자가 부가되는 과정은 다음과 같다.

① 하나의 문자기호가 (의미의 추상화 원리 또는 동음기호 원리에 의해) 여러 의미를 가지게 되어, 그 의미들을 구분할 필요가 생긴다(의미에 따라 발음이 달라지는 경우도 있다).

② 구분할 필요가 있는 의미를 가진 단어의 발음을 드러내는 문자기호를 원래 문자기호에 추가해 새로운 문자를 만든다.

이 과정을 도식화하면 아래 그림과 같다.

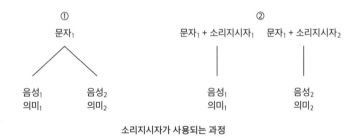

소리지시자가 사용되는 과정

쐐기문자에서 ⿰는 문맥에 따라 '소년, 아들, 어리다'라는 의미를 가지며, 그 소릿값은 각각 banda, dumu, tur가 된다. 이때 소리지시자 ⿰ da가 ⿰에 결합하게 되면, ⿰⿰는 반드시 banda라고 읽어야 한다. 즉, 𒂼는 dumu나 tur로 읽어서는 안 되며, 또한 banda-da와 같이 음절을 중복해 읽어서도 안 된다. 이 밖에 표 4와 같은 예들을 들 수 있다.

기호	소리지시자	합성 기호	의미
ĝeštug	ĝeš	ĝeštug	귀, 현명한, 지혜
kašbir	kaš	kašbir	맥주
niĝar	gar	niĝar	성전

쐐기문자의 소리지시자

히타이트문자에서도 '사람'이라는 뜻을 가진 단어문자 에 발음의 일부를 나타내는 음절문자 를 뒤에 덧붙이면, 의 발음을 더 명확히 할 수 있다.

기호	소리지시자	합성 기호	의미
zi-ti-s(a)	ti-s(a)	zi-ti-s(a)	사람
i-s(à)-t(a)-ra/i-s(a)	t(a)-ra/i	i-s(à)-t(a)-ra/i	손
an-na-tí	na-tí	an-na-tí	어머니

히타이트 문자의 소리지시자

우리나라에서도 훈민정음이 만들어지기 전에 향찰 표기법 등에서 이와 같은 소리지시자가 이용되었다. 향찰 표기법은 표의문자인 한자를 빌려 우리말을 표기하던 방식이다. 예를 들면, 秋를 [추]가 아니라 [ㄱ슬]이라고 읽기 위해서 '슬'과 비슷한 소리를 나타내는 察(찰)을 덧붙이는 방식이다. 한국 문자학에서는 말음첨기(末音添記)라는 용어를 사용한다.

기호	소리지시자	합성 기호	의미
秋 ㄱ슬	察 슬	秋察 ㄱ슬	가을
心 ㅁ슴	音 (으)ㅁ	心音 ㅁ슴	마음
星 별	利 ㄹ(ㅣ)	星利 별	별

향찰 표기법의 소리지시자

일본어에서도 君만으로도 きみ라고 훈독할 수 있겠지만, 君ミ를 첨가해서 くん으로 훈독되지 않도록 막는다(《한자를 길들이다》, 274쪽)

2.6.1 두음법

두음법이란 문자가 나타내는 단어의 첫소리를 그 문자의 음가로 하는 것이다. 예를 들어, 알레프 글자는 '황소'를 그린 것인데, 황소가 ʔaleph이기 때문에 알레프 글자를 ʔ를 표상하는 것으로 사용하는 것이다. 베타 글자 역시 '집'이며 집은 beth이므로 그 글자의 음가는 b이다.

이러한 방법은 글자의 수를 대폭 줄여주었을 뿐만 아니라, 글자 이름에서 음가를 쉽게 유추할 수 있으므로 기억하기도 사용하기도 쉬웠다. 이집트와 근동에서 모두 이러한 방법으로 사용했다.

2.7 문자가 표상하는 언어 단위

문자는 어떤 기준으로 분류하느냐에 따라 크게 두 가지로 나누어볼 수 있다. 첫째는 가장 대표적인 분류로서, 인간의 언어가 언어로서 기능하는 데 필요한 두 요소인 음성과 의미 중 어느 것과 대응되는가에 따른 분류다. 이에 따라 표음문자와 표의문자로 나뉜다. 둘째는, 인간의 언어를 구성하고 있는 단위 중 어느 단위를 표상하느냐에 따른 분류다. 이에 따라 단어문자, 음절문자, 음소문자 등으로 나뉜다.

단어문자, 음절문자, 음소문자

문자는 언어를 표상하기 위한 것이다. 인간의 언어는 주로 다음과 같은 여러 층위로 구성되어 있다.

[이야기 - 문장 - 구 - 단어 - 형태소 - 음절 - 음소 - 음성 - 변별 자질]

따라서 인간의 언어를 표상하는 문자 역시 이러한 언어 요소를 표현하는 방법으로 발달하게 된다. 현재까지 인류는 이러한 여러 언어 단위 중 각각 단어, 음절, 음소를 표상하는 문자를 발달시켜왔으며, 이를 각각 단어문자, 음절문자, 음소문자로 분류할 수 있다.

하나의 단어를 표기하기 위해, 단어문자로는 하나의 문자기호만 필요하지만 음절문자로는 해당 언어에서 그 단어의 음절수만큼 문자기호가 필요하게 된다. 음소문자에서는 그 단어를 이루는 음소의 수만큼 문자기호가 필요하다.

문자	단어문자	음절문자	음소문자
문자기호의 수	단어의 수	음절의 수	음소의 수
예	𪚥 (1개, □)	あたま (3개, □□□)	ㅁㅓㄹㅣ (4개, □□□□)

문자에 따른 문자기호의 수*

대표적인 단어문자인 한자를 예로 들어, 문자의 종류를 설명해 보자. 한자 산(山)은 음성보다는 의미와 직접 관계를 맺고 있으므로 표의문자에 속한다. 또한, 이 글자 하나만으로 중국어에서 하나의 단어를 표상하고 있으므로 단어문자다. 하지만 한자가 언제나 단어문자의 기능을 갖는 것은 아니다. 예를 들어, '東西'(중국어에서 '물품, 물건, 음식'이라는 뜻)를 이루는 한자 '東'에는 음성에 대한 정보가 담겨져 있지 않으므로 표의문자에 속한다. 또한, 이 글자만으로는 '물품, 물건'의 의미를 가지지 못하고 [dōngxi]라는 단어의 첫 음절만을 표상하므로 단어문자가 아닌 음절문자다.

---

* 네모는 단어, 음절, 음소의 수만큼 문자기호가 필요하다는 것을 나타낸 것이다.

2.7.1 단어문자

하나의 문자기호가 언어 단위 중 하나의 단어에 대응될 때 이를 단어문자(單語文字, word writing)라고 한다. 즉, 하나의 글자가 하나의 의미 단위를 나타내는 문자다. 예를 들어, '둘레의 땅보다 높이 솟아 있는 땅의 부분"이라는 의미를 가진 단어를 아래 표와 같이 하나의 기호로 표현한다면, 이는 단어문자다.

의미	수메르 문자	이집트 문자	히타이트 문자	한자
높이 솟은 땅의 부분	⸸	◡	⬭	山

단어문자

문자의 발달 과정에서 단어문자는 인류가 창안한 최초의 문자체계라고 할 수 있다. 인간이 가장 쉽게 인식하는 언어 단위가 단어이기 때문이다. 인간은 말을 할 때 음소나 음절을 경계로 말을 맺는 것이 아니라, 단어 또는 여러 단어로 이루어진 구절 단위로 말을 마무리한다. 말을 하게 된 최초의 인류가 처음 내뱉은 말도 단어였을 가능성이 크다. 그렇기에 언어의 여러 단위 중 단어를 기반으로 하는 문자가 가장 먼저 생겨난 것이다.

단어문자를 표어문자(表語文字)라고 하는 경우가 있지만, 이는 단어문자를 표의문자, 표음문자와 같은 층위의 개념으로 오해할 소지를 낳으므로 그다지 적절하지 않다.

2.7.2 여러 가지 단어문자

인류가 만든 최초의 단어문자는 쐐기문자의 기원이 된 수메르 문자다. 또한, 이집트 문자 역시 많은 단어문자를 포함하고 있다. 아나톨리아 지역에서 사용되던 히타이트 문자도 음절문자와 함께 단어문자를 사용했다(이 단어문자를 루위어 상형문자Luwian hieroglyphs라고도 한다). 우리에게 매우 익숙한 단어문자로는 한자가 있다. 아래 그림은 단어문자의 몇 가지 예다.

	수메르 문자	이집트 문자	히타이트 문자	한자
사람				
왕				
신				
황소				
양				
하늘				
별				
해				
물				
나무				
집				
길				
도시				
땅				

여러 가지 단어문자

크레타 섬에서 발견된 선문자A, 선문자B에도 단어문자가 포함되어 있다. 아래 표는 선문자B의 단어문자 중 동물에 관련된 것만 따로 모아본 것이다. 중앙아메리카에서 사용되었던 마야 문자에도 단어문자가 포함되어 있다. 현대에서 널리 사용되는 숫자, 화폐 기호, 그림문자 따위도 단어문자적 속성을 가진다.

암양	숫양	암염소	숫염소
암퇘지	수퇘지	암소	수소
암말	수말	말(통칭)	사슴

선문자B 중 단어문자

종류	숫자	화폐 기호	그림문자	로고
문자	1 일, 하나	€ 유로	☎ 전화	 스타벅스

현대의 단어문자

2.7.3 단어문자의 장점과 단점

단어문자는 기본적으로 표의문자다. 따라서 단어문자는 표의문자의 장점을 그대로 이어받는다. 표의문자가 문자의 시각성을 활용해 의미와 먼저 관계를 맺으므로, 단어문자 역시 일단 습득한 뒤에

CHAN sky	WINIK person	WITZ mountain	K'IN sun	B'ALAM jaguar	K'AK' fire
BAK bone	WAY spirit	JUUN book	JA' water	AJAW lord	MUYAL cloud
IX woman	CH'AM to grab	K'UK' guetzal	CHAN snake	CH'UL holy	CHOK to scatter
JAAB year	YAX blue/green	PAKAL shield	TOK flint	NAJ house	K'AL twenty

마야 문자 중 단어문자(http://www.ancientscripts.com/maya.html)

는 바로 의미를 파악할 수 있다.

단어문자가 가진 이러한 표의성 때문에 단어문자는 지역이나 시대를 초월해 의미를 전달한다. 중국, 한국, 일본 등에서 한자를 읽는 방법은 다르지만, 어느 곳에서든 대부분 동일한 의미를 가지므로 중국어나 일본어를 모르더라도 한자로 쓰인 간판을 보고 그 뜻을 알아차릴 수 있다. 아래 그림은 중국과 일본에서 각각 동일한 한자들이 사용된 간판이다. 해당 언어의 발음을 모르더라도 그 의미는 쉽게 전달된다.

단어문자로 쓰인 간판. (왼쪽) 일본 (오른쪽) 중국.

사신으로 파견된 조선 관리들이 한자로 필담을 나누어 중국인과 소통한 것도 표의문자로서 단어문자가 가진 속성을 활용한 것이다. 중국 내에서 방언마다 발음은 다르더라도 동일한 문자는 동일한 의미를 공유한다. 그렇기에 중국어의 표준어인 보통화(普通話)를 모르는 방언 화자들도 문자를 통해 내용을 이해할 수 있도록 중국어 텔레비전 정규 방송에서는 자막을 넣는다. 한자로 쓰인 옛 문헌도 그것이 어느 나라, 어느 시대의 것이든 실제 언어에 대한 지식과 상관없이 이해된다. 베트남의 독립운동가인 호치민이 정약용의 《목민심서(牧民心書)》를 즐겨 읽었다는 설이 한때 회자된 것도 베트남이 한자문화권에 속해 있었기에 가능한 일이다.

히타이트 쐐기문자에서는 수메르어에서 사용되던 단어문자를 빌려다 그대로 단어문자로 사용하는 경우가 있었는데, 이러한 것도 단어문자가 지역을 초월하는 예로 이해할 수 있다. 예를 들어 '땅, 산'이라는 뜻을 가진 쐐기문자 기호 ✦는 수메르어에서는 [쿠르]라고 읽지만, 히타이트어에서는 [우드네]라고 읽으면서 같은 의미를 가진 단어문자로 사용된다. 이처럼 히타이트어로 읽히는 수메르 단어문자를 수메르 기호(Summerogram)라고 한다.

단어문자의 단점은 해당 언어가 가진 단어의 수만큼 문자가 있어야 한다는 것이다. 이는 소리의 수만큼만 글자가 필요한 음절문자, 음소문자와 대비된다. 그렇기에 새로운 개념이 생겨서 단어가 만들어지면 이론적으로는 새로운 단어문자가 필요해진다. 많은 단어문자를 만드는 일은 그 자체로도 어렵지만, 그것을 기억하기란 더욱 어렵다. 아래의 표와 같이 획수가 많은 문자를 읽고 써야 한다고 생각해보면 그 어려움을 이해할 수 있을 것이다.

한자	뜻	음	유니코드
𩙿風翔流	-	풍	29663
𪈀馬	날다람쥐	류	2A240
𪚥龍	수다 떨다	절	2A6A5

획수가 많은 한자의 예

　그렇기에 단어문자를 쓰는 문화권에서는 글자를 아는 것이 권력이 된다. 예전에는 글자를 아는 것이 고급 기술 중 하나였으며, 글을 읽고 쓸 줄 아는 것은 권위와 특권의 상징이었다. 단어문자인 수메르 문자가 처음 생겨날 당시에는 왕도 읽기, 쓰기 등을 배우려 하지 않았다. 문자를 배우는 사람들은 신전의 사제, 의사, 상인, 서기(書記) 등이었으며, 특히 서기 계급의 권력은 아주 대단했다. 이집트에서도 이집트 문자를 능숙하게 읽고 쓰려면 많은 시간과 노력이 필요했기에 당시에는 왕을 비롯해 대다수 사람이 문맹이었고, 전체 인구의 1퍼센트만이 글을 읽을 수 있었다고 한다. 특히 이집트의 서

기들은 메소포타미아의 서기보다 더 귀한 대접을 받았으며 더욱 강력한 계층을 형성했다. 동양에서도 한자로 쓰인 글을 읽고 쓸 수 있는 사람만이 관료가 될 수 있었다.

중국에서는 한때 한자를 폐지하려고 한 적이 있으며, 글자의 모양을 간략화하려는 노력을 한 것도 단어문자가 가진 이러한 어려움을 극복하려는 이유에서였다. 일본에서도 한자의 수를 줄이려는 노력을 꾸준히 해왔다.

❖ 표의문자

그림(문자)(pictogram) : 문자≠언어

단어문자(word writing) : 1 문자-1 단어

❖ 표음문자

음절문자(syllabary) : 1 문자-1 음절

음소문자(alphabet) : 1 문자-1 음소

cf. 자질문자

❖ 문자가 표상하는 언어 단위

단어문자

표의문자와 단어문자

표의문자 ≠〉 단어문자

표의문자 〈- 단어문자

표의문자 ≒ 단어문자

2.7.4 단어문자와 한자

❖ 书 [shū] 책

　江 [jiāng] 강

　人 [rén] 사람

　牛 [niú] 소

　等 [děng] 기다리다

　父亲 [fùqīn] 아버지

　东西 [dōngxi] 물건

　苹果 [píngguǒ] 사과

　消息 [xiāoxi] 편지

　飞机 [fēijī] 비행기

　自行车 [zìxíngchē] 자전거

2.7.5 단어문자와 한계

❖ 많은 글자수

　개념(단어)의 수만큼 글자가 필요

　새로운 개념이 생기면 새로 만들어야

　cf. 표음문자 - 소리의 수만큼 글자가 필요

　→ 배우기 어렵다

　예전에는 글자를 아는 것이 권력

2.7.6 단어문자와 한계를 극복하려는 노력

❖ 폐지

글자 수 줄이기

획수 줄이기 자체 간략화

2.7.7 한자 폐지

❖ 한국

한자 폐지?

❖ 일본

私は学校へ行く

わたしはがっこうへいく

cf. 學校 - 학교

❖ 중국

한어병음(汉语拼音)

주음부호(注音符號)

한어병음

주음부호

현재까지 남아 있는 유일한 단어문자는 한자다. 입력, 기억, 컴퓨터 활용 등 여러 가지로 불편하지만 아직도 사용되고 있는 이유는 한자가 중국 문화와 중국 정체성의 하나로 인식되고 있는 까닭이다. 게다가 중국은 방언이 다양하지만 단어문자로 표기함으로써 제각기 다른 발음으로 적는 여러 방언을 하나의 표의문자와 같이 누가 읽어도 뜻을 통할 수 있다.

한자의 동아시아 공동 문자화

데바나가리 문자(devanāgarī script)들의 변천과정을 한군데 모아
보자. 적어도 브라흐미-데바나가리-타밀 순으로(이는 Hans Henrich
Hock & Brian D. Joseph (2009) 108쪽 참고) 브라흐미 문자와 데바나가리
사이에서 티베트 문자, 인도 남부 문자에서는 타이 문자, 캄푸차, 자
바 문자(같은 책, 109쪽)가 불교 전파와 무역의 전파로 문자가 전달되
었다.

❖ "자극 전파"론.

2.7.8 글자 수 줄이기

❖ 일본

당용한자(當用漢字)

상용한자(常用漢字)

상용한자에 없는 글자

가나로 대치

다른 한자로 대치

당용한자에 없는 글자 : 가나로 대치

皮フ科 (← 皮膚科)

けん銃 (← 拳銃)

処方せん(← 処方箋)

cf.

皮膚科(피부과)

권銃 (권총)

処方전(처방전)

당용한자에 없는 글자 : 다른 한자로 대치

先端센탄 (← 尖端센탄, 첨단)

連合렌고 (← 聯合렌고, 연합)

放棄호키 (← 抛棄호키, 포기)

関数간스 (← 函数간스, 함수)

死体시타이 (← 屍体시타이, 시체)

堀削機굿사키 (← 掘鑿機굿사키, 굴착기)

洗淨劑센죠자이 (← 洗滌劑센데키자이, 세척제)

❖ 한국의 경우

교육용 상용한자(常用漢字)

1,800자

인명용 한자

1991년 4월 1일 대법원 제정

2,854자 → 5,450자

정조 이산(李祘)*

2.7.9 자체 간략화

간자(簡字)	약자(略字)	cf. 정자(正字)	간자(簡字)	약자(略字)	cf. 정자(正字)
华	華	華	电	電	電
学	学	學	点	点	點
佛	仏	佛	惠	恵	惠
严	厳	嚴	龙	竜	龍
儿	児	兒	艺	芸	藝
图	図	圖	归	帰	歸
广	広	廣	转	転	轉

2.8 음절문자

2.8.1 음절문자의 개념

하나의 문자기호가 언어 단위 중 하나의 음절에 대응하는 문자를 음절문자(音節文字, syllabary, syllabic writing)라고 한다. 음절이란 모음과 자음이 어울린 한 덩어리의 소리를 말하며, 대부분의 언어에서 발화의 단위가 된다. 음절문자는 음성과 직접 대응하는 표음문자에 속한다.

대표적 음절문자인 일본의 가나(仮名)를 예로 들어, 음절문자의

---

* 정조의 이름에 대해서는 아래 논문을 참고할 수 있다.

안대회(2010), 〈정조 어휘의 개정: 이산과 이성-《규장전운》의 편찬과 관련하여〉,《한국문화》52권 52호, 규장각 한국학연구소.

개념을 설명해보자. 음절문자 기호 か, な, ま는 그 기호 자체만으로
는 어디까지가 자음을 나타내는 부분이고, 어디까지가 모음을 나
타내는 부분인지 구분할 수 없다. 음소문자인 라틴 문자와 한글에
서 자음을 표시하는 부분과 모음을 표시하는 부분이 명확하게 구
분된다는 사실과 비교된다. 또한, か, な, ま에 공통으로 들어 있는
모음 [ㅏ]를 변별해낼 수도 없다. 이 역시 라틴 문자와 한글에서 공
통 요소로서 각각 'a, ㅏ'를 구분할 수 있는 것과 비교된다. 이처럼
음절문자는 문자기호 전체가 하나의 음절을 나타내고 있을 뿐, 더
작은 단위인 자음 기호와 모음 기호로 쪼갤 수 없는 문자다.

문자의 종류	음절	가	나	마
음절문자	가나	か	な	ま
음소문자	라틴 문자	ka	na	ma
	한글	ㄱㅏ	ㄴㅏ	ㅁㅏ

음절문자와 음소문자의 비교

2.8.2 여러 가지 음절문자

음절문자는 단어문자에 이어 아주 이른 시기부터 발달했다. 아
카드어, 아시리아어, 바빌로니아어, 고대 페르시아어, 엘람어, 히타
이트어 등 고대 서아시아 지역에서 널리 사용된 쐐기문자는 단어문
자인 수메르 문자에서 발달한 음절문자다.

그리스 지역에서 그리스문자 이전에 사용되었던 선문자A와 선문
자B도 음절문자로 알려져 있다.

선문자B	대응되는 그리스어	의미
‡ ╪ pa-te	pater (πάτερ)	아버지 father
ⱶ 㡭 ┼ a-ke-ro	aggelos (ἀγγελος)	전달자, 심부름꾼 angel
ⱶ ⸙ ⊟ ku-na-ja	gune (γυνή)	여자 cf. gynecology (부인과 의학)

선문자B

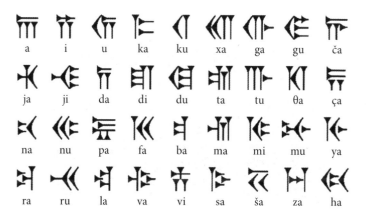

a	i	u	ka	ku	xa	ga	gu	ča
ja	ji	da	di	du	ta	tu	θa	ça
na	nu	pa	fa	ba	ma	mi	mu	ya
ra	ru	la	va	vi	sa	ša	za	ha

고대 페르시아 문자

(Sadri, Javad & Izadi, Sara & Solimanpour, Farshid & Suen, Ching & Bui, T.D.. (2007). State-of-the-art in Farsi script recognition. 2007 9th International Symposium on Signal Processing and its Applications, ISSPA 2007, Proceedings. 1 - 6. 10.1109/ISSPA.2007.4555625.)

우리나라에서 널리 사용되었던 구결(口訣), 중국 남부에 거주하
는 이족들의 문자인 이(彝) 문자, 북아메리카 체로키 인디언들이

1820년쯤 라틴 문자를 참고로 해 만든 체로키 문자 등도 음절문자에 속한다.

구분	문자	음성	의미
구결	ㆍ ㅓ ㅏ ㅏ	ha-si-ni	-하시니
이(彝) 문자	θ Ꮥ	ma-hxa	비
체로키 문자	ᎫᏍᎬᎹᎤᎵ	di-de-lo-qua-s-di	학교

여러 가지 음절문자

체로키 문자가 쓰인 표지판

2.8.3 음절문자에 적합한 언어

음절문자는 기본적으로 음절 구조가 단순한 언어에 적합하게 발달한다. 음절의 종류가 많아지고 그 많은 음절에 대해 각기 다른 문자를 사용한다면, 기억해야 하는 문자의 수가 많기 때문에 문자를 익히고 실생활에서 사용하는 데 큰 부담이 될 것이다.

예를 들어, 한국어의 경우는 기본적으로 '자음 + 모음 + 자음'의 음절 구조를 가지며 초성의 자음이 열아홉 개, 중성의 모음이 스물한 개, 종성의 자음이 여덟 종류가 올 수 있어 실제로는 3,192개(=19×21×8)나 되는 음절이 존재한다. 이처럼 3,000개가 넘는 음절마다 별개의 기호를 배당한 후, 이 기호를 암기해 음절을 표기하는 것은 매우 힘든 일이다. 영어 역시 음절의 처음과 끝에 자음군이 발달해 음절문자로 표기하기 어려운 언어다.

종류	예
초성 19개	ㄱ, ㄴ, ㄷ, ㄹ, ㅁ, ㅂ, ㅅ, ㅇ, ㅈ, ㅊ, ㅋ, ㅌ, ㅍ, ㅎ ㄲ, ㄸ, ㅃ, ㅆ, ㅉ
중성 21개	ㅏ, ㅑ, ㅓ, ㅕ, ㅗ, ㅛ, ㅜ, ㅠ, ㅡ, ㅣ ㅐ, ㅒ, ㅔ, ㅖ, ㅘ, ㅙ, ㅚ, ㅝ, ㅞ, ㅟ, ㅢ
종성 8 종류	ㄱ, ㄴ, ㄷ, ㄹ, ㅁ, ㅂ, ㅇ, 받침 없음

한국어 음절의 구성

일본어는 기본적으로 자음 한 개와 모음 한 개로 이루어진 단순한 음절 구조를 가진 언어다. 음절 말에 오는 자음, 즉 받침이 하나밖에 없으며 모음의 수도 아주 단순하다. 게다가 자음군도 없다. 그러므로 음절문자 50여 개 정도만 있으면 아무 불편 없이 문자 생활을 영위할 수 있게 된다.

한 언어에 필요한 단어의 수는 적어도 수천 개가 넘으므로, 어떤 문자가 단어문자라면 역시 그 정도에 해당하는 문자기호가 나타날 것이다. 하지만 음절문자는 단어문자에 비해 문자의 수가 대폭적으로 줄어든다. 일반적으로 음절문자의 수는 몇 백 개 전후다.

일반적으로 문자는 단어문자에서 음절문자로 발달한다. 현대 중국어에서 두 음절로 구성된 단어가 발달하고 있다거나 다음과 같이 소리를 옮긴 외래어가 늘어나고 있음을 고려하면, 한자가 점점 음절문자적인 속성을 가지게 되는 것이라고 볼 수 있다.

伊妹儿 [yīmèir] 이메일
高尔夫 [gāo'ěrfū] 골프
巧克力 [qiǎokèlì] 초콜릿
首尔 [Shǒu'ěr] 서울
倫敦 [Lúndūn] 런던
莎士比亞 [Shāshìbǐyà] 셰익스피어
奥巴马 [Àobāmǎ] 오바마

2.8.4 문자와 음절

일반적으로 인간의 언어는 음절을 중심으로 발화된다. 그러므로 문자가 표상하는 언어 단위와 상관없이, 모든 종류의 문자는 일반적으로 음절을 기반으로 발음된다. 즉, 단어문자이든, 음절문자이든, 음소문자이든, 실제 그 문자를 소리 내어 읽을 때는 음절 단위로 발음되는 것이다.

단어문자, 음절문자, 음소문자가 모두 사용되는 일본어로 예를 들면, 아래 표와 같다. 일본어에서 두 음절로 발음되는 단어인 [ya-ma]

는 문자의 종류에 따라 각각 한 개, 두 개, 네 개의 기호로 표기된다.

의미	높이 솟은 땅의 부분		
음성	ya-ma(음절 2개)		
문자	단어문자	음절문자	음소문자
	山 (1개, □)	やま (2개, □□)	yama (4개, □□□□)
문자기호의 수	단어의 수	음절의 수	음소의 수

문자의 종류별 기호의 수

또한, '음절 단위로 모아쓰는' 것과 '음절 단위로 발음되는' 것을 혼동해서는 안 된다. 아래 표에서 보이는 것과 같이, 한글로 한국어를 적을 때는 기본적으로 모아쓰기를 하지만, 풀어쓸 수도 있다. 마찬가지로 라틴 문자는 영어를 적을 때 풀어쓰기를 하지만, 모아쓰는 일이 전혀 불가능한 것은 아니다. 즉, 음소문자인 한글을 풀어쓸 수도 있고, 역시 음소문자인 라틴 문자를 모아쓸 수도 있다. 그렇다고 해서 한글과 라틴 문자가 가진 문자론적 속성이 바뀌는 것은 아니다. 일부 국내외 논저에서 한글을 음절문자로 취급하는 경우가

문자	모아쓰기	풀어쓰기
한글	산	ㅅㅏㄴ
라틴 문자	m t ou ai n n	mountain

모아쓰기와 풀어쓰기

보이는데, 이는 훈민정음이 창제된 이후 음절 단위로 모아쓰기를 해왔던 전통을 오해한 까닭이다.

2.9 자음문자

2.9.1 자음문자의 개념

자음문자(子音文字, consonantary, consonantal alphabet)는 표음문자의 하나로, 하나의 문자기호가 하나의 자음에 대응하는 문자체계다. 아래 표는 자음문자인 원시 시나이 문자를 보여주는데, 각각의 문자기호는 자음 b-ʿ-l-t를 나타낸다.

원시 시나이 문자	ロ໓Ꮁ乂
문자 구성	b-ʿ-l-t (즉, bʿlt)
음성	ba-a-la-t

자음문자

자음문자는 흔히 '아브자드(abjad)'라고 불린다. 아브자드라는 이름은 자음문자인 아랍 문자를 순서대로 배열할 때 처음 네 개의 낱글자인 ﺍ(A), ﺏ(B), ﺝ(J), ﺩ(D)의 이름을 따서 붙인 것이다.

2.9.2 여러 가지 자음문자

서아시아와 북아프리카에서 사용되는 아프리카아시아어족 중 셈어파의 언어들은 대부분 자음문자 체계를 채택하고 있다.

우가리트 문자는 고대에 사용된 자음문자다. 이 문자는 아카드 쐐기문자를 받아들여 변형시킨 문자로서, 겉모양은 쐐기문자이지만 하나의 문자기호가 낱소리 중에서 자음을 표현하는 데 본격적으로 사용되었다는 점에서 의의가 있다.

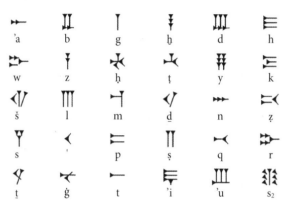

우가리트 문자(김하수/연규동(2015), 《문자의 발달》)

지중해 지역의 무역에 종사하던 페니키아인들은 원시 시나이 문자 또는 원시 가나안 문자를 이어받아 그 형태를 단순화해 사용했다. 이들이 만든 페니키아 문자는 동서양 대부분 문자의 조상이 되는 문자로서, 대표적인 자음문자다.

현대에 쓰이고 있는 자

페니키아 문자(김하수/연규동(2015), 《문자의 발달》)

음문자들로는 아랍 문자, 히브리 문자, 시리아 문자 등이 있다.

하지만 이들 문자들은 짧은 선, 점, 원 등 보조 기호를 자음 기호의 위나 아래에 놓아서 모음을 표기하기도 한다. 그러므로 엄격한 의미에서 현대에 남아 있는 순수한 자음문자는 없다고 할 수 있다.

자음문자로 쓰인 히브리 문자와 모음을 표기한 히브리 문자
(김하수/연규동(2015), 《문자의 발달》)

문자		음성	의미
히브리 문자	סלשורי y-r-w-š-l-m	y'rushaláyim	예루살렘
아랍 문자	كحول k-ḥ-w-l	khul	알코올
시리아 문자	ܐܕܡ '-d-m	adam	아담

여러 가지 자음문자

2.9.3 어두음 원리: 자음문자의 발생

자음문자는 기본적으로 어두음 원리에 따라 발생했다. 어두음 원리(語頭音原理, acrophonic principle)란 단어문자 기호가 나타내는 단어의 첫 소리, 즉 어두음을 그 글자의 소릿값으로 받아들여 표기하는 방식이다. 어두음 원리는 표의문자가 표음문자로 변모해가는 또 하나의 통로였다.

위에서 예로 든 원시 시나이 문자 □◎ 𝟫𝘟는 이집트 문자로 각각 집, 눈, 소몰이 막대, ×표를 나타내지만, 이 문자들을 이집트어가 아니라 셈어로 읽으면 beth(집), ʿen(눈), lamd(소몰이 막대), tāw(×표)가 된다. 이를 각 단어의 첫 소리만을 따서 읽은 것이 b-ʿ-l-t다. 다른 예를 들어보면, 사람, 라디오, 해 그림을 가지고 각각 '사람' '라디오' '해'라는 단어의 첫 소리 ㅅ, ㄹ, ㅎ을 나타내는 것이다. 이런 식으로 하면, 다음 그림 연쇄는 '사랑해'라는 뜻을 가지게 된다.

2.9.4 자음문자에 적합한 언어

자음문자는 어떻게 모음을 표기하지 않고도 자음만으로 의미를 구별할 수 있는 것일까. 셈어파 언어들의 형태론적 구조는 보통 세 개의 자음으로 이루어진 어근을 가지고 있을 뿐만 아니라, 모음의 수도 많지 않다. 또한, 모음 자체가 의미에 영향을 끼치지 않고 다만 굴절이나 파생 등 문법적 기능만을 담당하기 때문에 모음을 표기하지 않아도 의미 파악에는 크게 문제가 없다. 예를 들어, '쓰다'라는 의미를 가진 아랍어 어근 ktb는 모음이 변함에 따라 다음과 같이 다양하게 굴절하거나 파생되지만 기본적인 의미는 크게 바뀌지 않는다.

kataba 그가 썼다

katabat 그녀가 썼다

katabtu 내가 썼다

kutiba 그것이 쓰였다

katabū 그들이 썼다

katabnā 우리가 썼다

kitāb 책

kitābat 글

kuttāb 작가

katībat 문서, 서류

아랍어는 기본적으로 모음이 세 개밖에 없으므로 어근 ktb에 들어갈 모음을 예측하는 일이 그다지 어렵지 않다. 또한, 모음을 표시하지 않는 방식에 익숙해지면, 어근 ktb 자체가 시각적으로 더 명확하게 드러나게 되어 나름대로 독서의 능률이 높아지기도 한다. 심지어 모르는 단어가 나오더라도 어근만으로도 문맥을 통해 그 의미를 유추할 수도 있으며, 방언에 따라 모음이 달라지는 경우에도 의미를 전달하는 데 혼동의 여지가 없다. 종교 경전에 사용된 전통적인 표기법을 고수할 수 있다는 것도 모음을 표기하지 않게 된 이유 중 하나다.

그러므로 자음문자는 셈어파 언어들의 특징이 잘 반영되어 있는 문자라 할 수 있다. 단모음의 수효만 10개나 되는 한국어를 모음을 사용하지 않고 한글로 표기한다면 읽는 방법이 다양해져서 불편해질 것이다.

ㄱㅏㄹㄷㅐㅂㅏㅌ 갈대밭

ㄱㅛㄷㅐㅂㅕㅇ 교대병

ㄱㅛㄷㅜㅂㅗ 교두보

ㄱㅜㄷㅜㅅㅂㅏㅇ 구둣방

ㄱㅜㄷㅡㄹㅂㅏㅇ 구들방

2.9.5 자음문자와 음절

자음문자로 쓰인 글을 읽을 때는, 자음만을 발음하는 것이 아니라 문맥에 따라 모음을 넣어서 읽는다. 자음문자 역시 단어문자, 음절문자, 음소문자 등의 문자들과 마찬가지로 음절 단위로 발음하는 것이다. 위에서 예로 든 원시 시나이 문자도 b-'-l-t라고 표기하지만, 실제로 소리 낼 때는 [baalat]처럼 모음이 포함된 음절 단위로 읽는다.

자음만을 표기하는 자음문자를 실제 음절 단위로 읽는다는 사실을 명확히 하기 위해, 두 가지 예를 들어 보자. 최근 인터넷이나 문자메시지 등에서는 한글을 자음문자적인 용법으로 사용하기도 한다. 하지만 '사랑해'라는 뜻으로 'ㅅㄹㅎ'라고 표기하더라도 이를 소리 내어 읽을 때는 [스르흐] 또는 '시옷리을히흫'이라고 읽지 않

한글의 자음문자적 사용	ㅅㄹㅎ
문자 구성	ㅅ-ㄹ-ㅎ
음성	사-랑-해

한글의 자음문자적 사용

고, [사랑해]라고 읽는다. 이때 'ㅅ, ㄹ, ㅎ'는 각각 '사, 랑, 해'라는 음절을 표상하는 것이다.

자음문자로 쓰인 한글(김하수/연규동(2015), 《문자의 발달》)

라틴 문자도 자음문자적 용법으로 사용되는 경우가 있다. 예를 들어, ctrl은 모음을 넣어 control이라고 읽는다. 이 밖에도 다음과 같은 예를 들 수 있다.

bldg. building
ctrl control
ft. feet
plz please
St. saint

자음문자로 쓰인 라틴 문자

2.10 음소음절문자

2.10.1 음소음절문자의 개념

음소음절문자(abugida)는 자음과 내재 모음을 포함하는 기호가 하나의 단위 음절을 이루고, 그 외의 모음을 표기하기 위해서는 별도의 기호를 이용하여 표기하는 문자체계다. 음절을 이루는 내재 모음은 언제나 일정한 소릿값을 가지며, 하나의 음절에 대응하는 음소음절문자 기호에 다른 모음 기호가 추가되면 내재된 모음은 아무런 역할을 하지 않는다.

문자	문자 구성	소릿값	모음 기호
क	ㄲㅓ	꺼	
कि	ㄲ(ㅓ) + ㅣ	끼	f◌
कु	ㄲ(ㅓ) + ㅜ	꾸	◌
के	ㄲ(ㅓ) + ㅔ	께	◌

음소음절문자의 예*

데바나가리 문자를 예로 들어, 음소음절문자의 개념을 설명해 보자. 데바나가리 문자에서 क를 단독으로 표기하면 [꺼]라는 단위

---

* 표 안의 '모음 기호' 열에 있는 옅은 동그라미는 모음 기호의 위치를 나타내기 위해 넣은 것이다. 이후에 나오는 것들 역시 마찬가지 역할을 한다.

음절을 나타낸다. 이 글자에 ͺ, ͺ, ͺ 등의 부가 기호를 붙이면 각각 ቒ[끼], ቔ[꾸], ቐ[께]라는 다른 모음을 가진 음절이 표기된다. 모음 기호가 덧붙여졌을 때에, ቐ를 이루는 내재 모음 [ㅓ]는 아무런 역할을 하지 않는다.

그러므로 ቐ는 자음과 모음이 결합한 음절 [꺼]를 나타내므로 이 글자 자체는 음절문자라고 할 수 있지만, ቒ, ቔ, ቐ 등에서는 모음을 나타내는 문자가 따로 있고 ቐ 자체는 단지 자음만을 나타내므로 음소문자라고 볼 수 있다.

음소음절문자 방식을 한글에 적용하여 설명해보자. '가'를 단독으로 표기하면 [가]라는 음절을 나타내며, 이 글자에 @, # 등의 부가 기호를 붙이면 각각 [기], [구]라는 음절이 표기된다. 이처럼 모음 기호가 덧붙여지면, '가'를 이루는 내재 모음 [ㅏ]는 아무런 역할을 하지 않는다.

문자	문자 구성	소릿값	모음 기호
가	ㄱ ㅏ	가	
가@	ㄱ(ㅏ) + @	기	@
가#	ㄱ(ㅏ) + #	구	#

음소음절문자 방식으로 표현한 한글

2.10.2 여러 가지 음소음절문자

북아프리카의 에티오피아 문자(그으즈 문자)는 음소음절문자에 속한다. 음소음절문자라는 이름 자체가 에티오피아 문자를 순서대로 배열할 때 처음에 오는 네 개의 낱글자 አ(아), ቡ(부), ጊ(기), ዳ(다)의 이름을 따서 붙인 말이다.

현대에 사용되는 에티오피아 문자는 홀소리를 표기하는 방식이 다소 체계적이지 않게 변화했다. 아래 표를 보면 u, i, e 모음을 가진 문자기호는 ä 모음이 내재된 기본 기호에 일정한 모음 부가 기호가 덧붙여져 있지만, ə 모음을 가진 기호는 일관성이 다소 결여되어 있음을 알 수 있다.

문자	소릿값	문자	소릿값	문자	소릿값
መ	mä	ገ	gä	ሰ	sä
ሙ	mu	ጉ	gu	ሱ	su
ሚ	mi	ጊ	gi	ሲ	si
ሜ	me	ጌ	ge	ሴ	se
ም	mə	ግ	gə	ስ	sə

에티오피아 문자

에티오피아 문자의 사용례

13세기 원나라에서 사용된 파스파 문자도 음소음절문자체계이며, 인도 및 동남아시아의 여러 문자들도 대부분 음소음절문자체

문자	소릿값	모음 기호
ꜱ	ja	
ꜱ	ji	Ⱍ
ꜱ	ju	Ю
ꜱ	je	ᴨ
ꜱ	jo	K

파스파 문자 표기

문자	소릿값	모음 기호
ཀ	ka	
ཀི	ki	◌
ཀུ	ku	◌
ཀེ	ke	◌
ཀོ	ko	◌

티베트 문자 표기

문자	소릿값	모음 기호
ก	kɔ	
กิ	ki	◌
กุ	ku	◌
แกะ	kɛ	แ◌ะ

타이 문자 표기

계를 채택하고 있다. 왼쪽 표들은 각각 파스파 문자, 티베트 문자와 타이 문자의 음소음절문자체계를 나타낸 것이다. 각각의 표에서 첫 행의 문자가 해당 문자의 기본 기호다.

2.10.3 음소음절문자의 문자학적 위치

음소음절문자는 음절문자, 자음문자, 음소문자와 더불어 표음문자에 속한다. 음소음절문자와 다른 표음문자들의 공통점과 차이점을 비교하면 다음과 같다.

문자	자음 표기	모음 표기
음절문자	음절 기호(자음 + 모음)	
자음문자(아브자드)	자음 기호	×
음소음절문자	음절 기호(자음 + 내재 모음)	모음 기호
음소문자	자음 기호	모음 기호

음소음절문자와 다른 표음문자의 비교

하나의 기호가 음절을 나타낸다는 점에서 음소음절문자는 음절문자와 유사하다. 그러나 음절문자는 모음이 기호 안에 포함되어 있지만, 음소음절문자는 기본 기호 외에는 대부분의 모음이 별도로 표기된다는 점에서 차이가 있다.

자음문자는 하나의 문자기호가 자음이며 모음은 따로 표기되지 않지만, 음소음절문자는 하나의 문자기호가 음절이며 모음이 따로 표기된다는 점에서 구별된다. 자음문자는 모음을 예측할 수 있으므로 모음 기호를 명시적으로 표기할 필요가 없지만, 음소음절문자는 모음 기호를 표기하지 않으면 어떤 모음이 올지 예측하기 어렵기 때문에 이와 같은 방법을 사용한다.

또한, 음소음절문자는 자음과 모음이 모두 표기된다는 점에서 음소문자와 유사하다. 하지만 음소문자는 자음과 모음이 독립적인 지위를 가진 별도의 기호로 표기되는 데 비해, 음소음절문자에서는 자음이 내재 모음을 가진 음절로, 모음은 부가 기호로 표시된다는 점에서 다르다.

이런 점에서 음소음절문자는 음절문자가 음소문자로 발달하는 단계에 있는 문자라 할 수 있다. 영어권에서는 음소음절문자를 alphasyllabary(알파실라버리) 또는 syllabic alphabet(실라빅 알파벳)이라고 부르는 경우도 있는데, 이는 음절문자와 음소문자의 특성을 모두 가진 표기체계라는 뜻으로 만들어진 용어다.

2.10.4 음소음절문자의 모음 기호

음소음절문자는 자음문자에 모음 표시를 하면서 시작되었다. 음소음절문자의 기본 기호가 어떤 모음을 내재하느냐는 문자체계마다 다르지만, [ㅏ]인 경우가 많은 까닭은 여러 언어에서 가장 기본이 되는 소리이기 때문이다. 또한, 부차적인 모음 기호의 모양은 갈고리 모양이나 짧은 선 등 다양하게 등장한다.

모음 기호는 기본 기호의 옆이나 위, 아래에 쓰일 수 있으며, 덧붙이지 않고 본디 기호의 방향을 돌려서 쓰기도 하는 등 여러 방법이 사용된다. 다음 표는 크메르 문자에서 모음 기호가 다양한 위치에 표시되고 있는 모습을 보여 준다.

	모음 기호	예	소릿값
기본 기호		អ	qâ
오른쪽	◌ា	អា	qa
왼쪽	េ◌	អេ	qé
위쪽	◌ិ	អិ	qĕ
아래쪽	◌ុ	អុ	qo
왼쪽+위	◌ើ	អើ	qaeu
왼쪽+오른쪽	◌ៅ	អៅ	qau
둘러쌈	◌ឿ	អឿ	qeua

크메르 문자의 모음 기호 위치

북아메리카의 인디언 원주민의 문자인 오지브와(Ojibwa) 문자에서는 다음과 같이 방향을 바꿈으로써 모음의 차이가 드러난다.

문자	문자 구성	소릿값
ᑫ	ke	ke
ᑭ	k(e) + i	ki
ᑯ	k(e) + u	ku
ᑲ	k(e) + a	ka

오지브와 문자

2.11 음소문자

2.11.1 음소문자의 개념

음소문자(音素文字, alphabet)는 하나의 문자기호가 한 개의 낱소리, 즉 음소를 표기하는 문자체계다. 언어의 낱소리는 자음과 모음으로 이루어져 있으므로, 음소문자에는 자음과 모음에 대응하는 각각의 문자가 따로 존재한다.

음소문자의 가장 큰 장점은 문자의 수효가 대폭 줄어든다는 데 있다. 예를 들어, 한국어를 단어문자로 적으려면 만 개가 훨씬 넘는 문자가 필요하고 음절문자로 적으면 3,000개가 넘는 문자가 필요하지만, 음소문자로 적으면 모두 스물네 개의 글자만 있으면 충분하다. 영어를 라틴 문자로 표기할 때도 모두 스물여섯 개의 문자가 필요할 뿐이다. 이처럼 한 언어를 표현하는 데 필요한 문자기호의 수가 대폭 줄어들면, 문자를 배우는 데 드는 노력이 줄어들게 되고 문자가 대중화되어 지식의 교환이 훨씬 쉬워진다. 또한, 인간의 언어를 음소 단위까지 추상적으로 분석할 수 있다는 점에서 음소문자는 언어 구조를 잘 반영하고 있는 문자다.

음소문자는 자모문자(字母文字)라고도 불린다. 자모(字母)는 자음과 모음으로 갈라 적을 수 있는 낱낱의 글자를 가리킨다. 일반적으로 음소보다 더 작은 단위를 글자의 단위로 삼는 일은 없기 때문에 음소문자는 인류가 만든 문자체계 중 가장 작은 언어 단위를 대표하는 문자라 할 수 있다.

2.11.2 음소문자의 탄생

인류 최초의 음소문자는 그리스 문자다. 원래 그리스 문자는 페니키아 문자에서 빌려온 것이었다. 그런데 페니키아 문자가 모음을 표기하는 방법이 따로 없는 자음문자 계열인 데 비해 그리스어에는 표기해야 할 모음이 아주 많았다. 예를 들면, 모음 [ㅔ]와 [ㅗ]는 각각 장모음, 단모음 두 가지나 있었다.

따라서 그리스인들이 자신들의 언어로 문자를 쓰려면 어떤 방식으로든 모음을 표기해야 했으며, 이때 그리스가 택할 수 있는 방법은 두 가지였다. 모음을 표기하는 문자를 새로 만드는 방법과 기존의 페니키아 문자를 활용해서 모음을 표기하는 방법이 그것이다. 마침 차용해온 페니키아 문자 중에는 사용되지 않는 문자들이 몇 개 있었다. 예를 들어, 셈어파의 여러 언어에는 목구멍을 마찰해서 내는 후두음(喉頭音) 계열의 소리가 많았다. 그래서 페니키아어에는 𐤀(알레프), 𐤄(헤), 𐤇(헤트), °(아인) 등 후두음을 적는 글자가 네 개나 있었다. 하지만 그리스어에는 후두음이 없었으므로, 그리스인들은 이 사용하지 않게 될 글자들을 모음으로 활용하였다. 사실 이 과정에도 두음법이 적용된다. 후두음 소리를 변별하지 못했기 때문에 ʔaleph를 aleph로 들었고 결과적으로 [a]음을 표기하게 된 것이다. 다른 후두음도 마찬가지다. 확인해보자. 자음을 표기하던 𐤀, 𐤄, 𐤇, ° 등이 그리스에서 모음을 표기하게 된 것이다.

❖ 셈계 언어와 후두음

후두음이란

❖ 그리스어와 h

그리스어에는 ㅎ에 해당하는 소리가 없다. 프랑스어도 마찬가지다. 어두에만?

❖ 그리스인이 모음을 개발한 것인가

하지만 그리스인이 모음을 의도적으로 만들었다고 보기는 어렵다. 해블록은 그렇게 설명하지만. 그리스인은 귀에 들리는 대로 적었을 뿐이다. ㅅ(헤), °(아인)는 셈어에서 각각 h 소리와 pharyngeal 소리(ʕ)가 나지만 그리스인은 들리지 않는다. 각각 e와 o로 변했다.

❖ (이하 Hock & Joseph, 2009:85 참고)

페니키아 ⵓ yod는 두음법에 의해서 y가 되었는데, 자음 사이에서 i로 실현되었다. 당시 그리스어에 y소리가 없었으므로 이 글자는 자연스럽게 모음을 나타내게 되었고 iota라는 이름을 가지고 I를 표상했다.

페니키아 문자 ᵞ waw는 기본적으로 w이고 자음 사이에서 u를 나타냈는데, 그리스어 이 두 음이 다 있었다. 결국 Y는 u음을 표상하고, 다른 하나는 F w를 나타냈다. 이는 마치 라틴 문자에서 V가 u, w를 다 나타내다가 구별하기 위해 VV를 따로 만든 것과 비견된다.

그리스 이오니아 방언에서 H는 h였다가 장모음 ē가 되어 다른 그리스 방언에 적용된다. 반면 서부 그리스에서 h음가를 가지고 있던 H가 라틴 문자로 전해진다.

O에서 장모음 오메가 탄생.

음가가 바뀌는 경우

그리스 감마 C가 k로 반영. 처음 받아들인 에트루스칸에서는 g, k가 구분되지 않았다. 변이음. 라틴 문자에서는 이 둘이 별개의 음소 였기에 다시 G를 만들어서 g 표기.

라틴어에는 그리스어에 없는 f 소리가 있어서 FH(wh)로 적기 시작. 그런데 어차피 FH밖에 안 쓰이므로 자연스레 H를 안쓰게 되고 여기에서 F가 탄생.

그리스 문자 B에서 끼릴문자 Б[b]와 B[v] 탄생.

이 글자들은 후에 A [ㅏ], E [ㅔ], H [ㅖː], O [ㅗ]의 모양으로 변하여 정착된다.

이러한 과정을 거쳐 페니키아 문자의 자음 글자 몇 개가 그리스 문자에서는 모음 음가를 가지게 되었다. 그리스 문자는 자음과 모음을 모두 표시할 수 있는, 진정한 의미의 음소문자가 되었으며, 문자의 역사에서 최초로 모음이 등장하였다. 인류가 모음을 인식하게 된 것이다.

그리스 문자가 다시 로마 문화권으로 수출되어 라틴 문자(Latin script, Latin alphabet)가 되고 이것이 여러 나라에 퍼지면서 오늘날 세계에서 가장 널리 쓰이는 문자가 되었다.

정리하자면, 이집트 문자에 기원을 둔 단어문자가 자음문자인 원시 시나이 문자, 페니키아 문자로 발전하였다가, 그리스 문자에서 음소문자가 되어 로마를 통해 세계로 퍼지면서 라틴 문자가 된 것이다. 라틴 문자는 로마자(Roman script, Roman alphabet)라고도 한다. 이러한 전파 과정이 다음 그림에 잘 나타나 있다.

이집트	원시 시나이	페니키아	초기 그리스	그리스	라틴
𓃾	𒀸	ᚲ	A	A	A
⊏⊐	☐	𐤁	◁	B	B
⌐	∟	𐤂	𐤂	Γ	G
𓀠	⍦	⋺	⋺	E	E
⊂⊃	⍦	Υ	Ϡ	K	K
ᄴᄴᄴ	ᄿ	ᵞ	ᴧ	ᴧ	M
ᒥ	ᒉ	ᒠ	ᒠ	N	N
⊂●⊃	◉	◉	◉	O	O
⃠	ᒅ	ᒠ	ᑢ	P	R
✝	✚	✕	T	T	T
ᗡᐧᗡᐧᗡ	ᗯ	W	ᔕ	ᔓ	S

이집트 문자에서 라틴 문자까지의 변화(피셔, 2004:48)

2.11.3 음소문자와 알파벳

알파벳이란 그리스 문자의 첫 두 글자 α, β의 이름 '알파'와 '베타'에서 유래한 용어다. 문자의 이름을 지을 때는 '훈민정음'과 같이 따로 이름을 만들기도 하지만, 일반적으로는 그 문자에 속하는 낱글자들을 배열할 때 처음에 오는 몇 개의 글자를 이어 붙여 부르는 경우도 있다. '알파벳', '아브자드(abjad)'(자음문자), '아부기다(abugida)'(음소음절문자) 등이 그러한 예다.

일반적으로 알파벳은 그리스 문자, 라틴 문자처럼 유럽과 미국에서 사용되는 문자를 통틀어 이르는 말이다. 특히 라틴 문자는 영어, 프랑스어, 독일어 등 유럽의 여러 언어를 표기하는 데 널리 사용되므로 알파벳이라고 하면 라틴 문자를 가리키는 경우가 많다. 한편, 알파벳은 음소문자를 가리키는 용어로도 쓰인다. 서양인이 알고 있는 대표적인 음소문자가 라틴 문자이기 때문에 이러한 용법이 생겨났다.

또한, 알파벳은 표음문자를 이르기도 한다. "페니키아 문자, 라틴 문자, 키릴 문자 등은 알파벳이지만, 한자는 알파벳이 아니다"라고 할 때는 이런 의미로 사용된 것이다. 때로는 인간이 만든 문자 자체를 알파벳이라고 하기도 한다. 알파벳이 '문자'라는 뜻으로도 사용되는 것이다.

이처럼 알파벳이라는 용어는 라틴 문자, 음소문자, 표음문자, 문자 전체 등 다양한 의미를 갖고 있다. 이러한 여러 의미는 문맥에 따라 명확하게 구분해서 이해할 필요가 있다.

2.11.4 음소문자와 표음성

음소문자는 한 언어의 음소를 표기하는 문자이므로, 이론적으로는 그 언어가 가진 음소 개수만큼의 문자만 있으면 해당 언어를 표기할 수 있다. 문자의 표음성이란 문자와 음소의 대응 정도를 나타내는 말로, 표음성은 해당 언어의 표기법에 따라 달라진다. 이상적이고 온전한 음소문자라면 표음성이 100이 될 것이고, 그 발음을 전혀 예측할 없는 단어문자라면 그 문자의 표음성은 0이 된다.

음소문자의 본질과 이상은 100의 표음성을 지향하고 있지만, 현재 사용되는 대부분의 음소문자 중에서 어떤 언어를 100퍼센트 소리 나는 대로 적을 수 있는 문자는 없다고 해도 과언이 아니다. 한 언어의 모든 소리를 각각 단 하나의 기호만으로 대응시키겠다는 것은 이상에 불과하다.

예를 들어, 한국어 '젓가락' '숟가락'의 첫음절 발음은 각각 [젇-] [숟-]과 같이 동일한 끝소리 [ㄷ]로 발음되지만, 그 표기는 각각 'ㅅ'(젓)과 'ㄷ'(숟)으로 달라진다. 부사 '훨씬' '몹시'의 두 번째 음절의 첫소리는 모두 된소리 [ㅆ]로 발음되는데, 이를 'ㅆ'(씬)과 'ㅅ'(시)으로 다르게 표기한다. 이처럼 동일한 발음을 다르게 표기할 언어학적 근거는 없다. 이 경우 한글은 표음성을 지키지 못하고 있는 것이다.

영어를 표기할 때는 한국어를 표기하는 것보다 더 낮은 표음성이 드러난다. 좀 극단적인 경우이기는 하지만, 다음은 얼마나 다양한 발음을 동일한 문자 'a'로 표기하는지 보여주고 있다.

[a] (car), [aː] (calm), [æ] (cat), [ei] (able), [ɔː](all), [ə] (sofa),

[i] (palace), [u](road), [eə] (software), [ɛ] (care), [무음] (crystal)

또한 [iː] 소리 하나를 적기 위해 사용되는 문자도 다음과 같이 여러 가지다.

e (region), ee (keep), ea (teach), ei (seize), ie (niece), ey (key), ay (quay)

그러므로 [rait]라고 발음할 때에 이것이 right, rite, write, wright 중 어느 것인지를 알기 위해서는 철자를 암기하는 과정이 선행되어야 한다.

물론 핀란드어를 표기할 때 사용하는 라틴 문자처럼 문자기호 하나가 음소 하나에 대응되는 매우 규칙적인 표기법을 가지는 경우도 있다. 표음성이 100에 가까운 것이다. 이처럼 표음성이 높은 언어들은 대부분 라틴 문자로 기록된 역사가 짧거나 근대에 표기법을 개혁한 언어들이다.

표음성이 낮아지게 되는 가장 큰 이유는 표기법의 보수성 때문이다. 언어는 시간의 흐름에 따라 끊임없이 변하는데, 그러한 변화의 속도를 문자가 제대로 따라가지 못하는 것이다. 언어 변화의 결과 기존의 음소가 사라지거나 새로운 음소가 생겨나지만, 이러한 변화가 표기에 반영되지 않을 때 문자와 그 문자의 발음은 괴리된다. 표기법의 전통이 오래된 언어일수록 언어의 변화를 표기법이 제대로 따라가지 못하게 되어 표음성이 떨어진다.

중세 영어에서 '밤(夜)'을 의미하는 단어는 [nixt]와 비슷하게 발음되었고, 그 발음대로 'night'로 표기되었다. 이후 이 단어의 발음이 변화해 [naɪt]로 바뀌었지만, 그 표기에는 발음되지 않는 -gh-가 그

문자와 발음의 괴리(김하수/연규동(2015), 《문자의 발달》)

대로 남아 있게 되었다. 즉, 실제 발음되는 음소 [x]를 표기하려고 -gh-를 사용했다가, 그 발음이 사라졌음에도 이전 시기의 흔적이 표기에 그대로 남아 있게 된 것이다. 영어의 표음성이 낮은 이유가 여기에 있다. 현대 한국어에서도 '평계' '무늬' 등에 들어 있는 이중 모음 [ㅖ] [ㅢ]는 단모음화되어 [ㅔ] [ㅣ]로 변했지만 이러한 변화는 표기에 전혀 반영되지 않았다.

표음성이 낮아지게 되는 또 하나의 이유는, 한국어 표기법에서처럼 형태음소론적 표기법을 선택하기 때문이기도 하다. 형태음소론적 표기법이란 형태소가 다른 형태소와 결합할 때, 그 음소가 달라지더라도 그 교체형 즉 바뀐 소리대로 적지 않고 언제나 일관되게 표기하겠다는 원칙이다. 예를 들어, 어간 '먹-'의 발음이 [먹꼬, 머그니, 멍는데]처럼 경우에 따라 달라지더라도 이들을 '먹고, 먹으니, 먹는데'라고 적음으로써, 어느 경우에도 '먹'이라는 형태가 고정되도록 하는 것이다.

그렇다고 표음성이 높으면 우수한 문자고, 표음성이 낮으면 그렇지 못한 문자라고 판단할 수는 없다. 예를 들어, '산'이라는 음절을 'ㅅ+ㅏ+ㄴ'과 같이 더 작은 요소인 자음과 모음으로 분석하는 일은 추상적이기 때문에 처음 문자를 배우는 이들이 접근하기는 어려울 수 있다. 차라리 山과 같이 하나의 덩어리로 인식하는 단어문자가 더 직관적으로 이해될 수도 있다.

게다가 표음성을 높이려고 발음이 바뀔 때마다 표기법을 따라서 바꾸게 된다면, 현대와 같이 문자 생활이 정착된 시대에는 더 큰 혼란을 야기하게 된다. 따라서 음소문자를 사용하는 언어의 표기법이라 할지라도 그 표기법은 더욱 보수화되기 마련이며, 점차 표기법을 암기하는 부담이 늘어나게 된다.

2.12 훈민정음의 문자 유형

훈민정음의 문자 유형에 관해서 문자학자들 사이에서 여러 가지 논의가 이루어졌는데, 이는 주로 훈민정음의 특징 중 어느 것에 주목하느냐에 따라 달라진다.

음절문자

훈민정음을 음절문자로 기술하는 것은, 네모꼴 음절 단위로 모아쓰는 훈민정음의 비선형성에 바탕을 둔 것이다(DeFrancis, 1989:192). 서양의 문자학자들이 훈민정음을 음절문자라고 한다고 해서 훈민정음의 문자 유형을 순수한 음절문자와 혼동하는 것은 아니며, 단지 음절문자적 속성이 있음을 강조하는 것으로 이해할 수 있다.

드프랜시스(J. DeFrancis) 역시 하나의 음절을 이루는 기호 자체는 더 작은 음소 글자로 나뉠 수 있다는 점에서 훈민정음은 다른 음절문자와는 크게 다르다고 기술하고 있다. 따라서 훈민정음은 음절문자적인 특징이 있지만, 일본 문자 같은 음절문자와는 다른 개념이라는 사실을 잘 지적하고 있다. 음절 기호가 더 작은 단위로 쪼개지지 않는 일본 문자와는 달리, 훈민정음에서 음절을 표상하는 개별 기호는 음소를 나타내는 글자가 결합한 것으로서 단지 글자처럼 보이는 사각형으로 모아져 있다는 점이 기술되어 있는 것이다. 테일러(Taylor)가 훈민정음을 알파벳 유형의 음절문자(alphabetic syllabary, alpha-syllabary)라고 부른 것이나(Taylor & Taylor, 2014:10·11·14·11장), 스프로트(R. Sproat)가 훈민정음에서 음절의 중요성을 강조한 것(Sproat, 2010:136), 그나나데시칸(A. E. Gnanadesikan)이 훈민정음을 습득할 때 낱글자가 아니라 음절 형태로 제시된다는 점에서 마치 유사음절문자와 비슷하게 교육된다고 한 것(Gnanadesikan, 2009:203)도 같은 맥락으로 이해할 수 있다.

분절문자

음절을 분해해서 더 작은 요소로 나누어 기호에 반영하는 문자를 분절문자(segmental writing system, segmental alphabet)라고 기술하는 논저에서는, 훈민정음을 여기에 속하는 것으로 분류하기도 한다(Rogers, 2005:278; Sproat, 2010:42, 65).* 이러한 논저에서 분절문자에는 음소문자 외에도, 셈계 문자와 같은 자음문자, 인도계 문자나 에티오피아 문자 같은 음소음절문자가 포함된다.

로저스가 기본적으로 훈민정음을 음소문자로 분류하지만, 분절문자 체계라고도 이해하는 것은 훈민정음에서 낱글자들이 음절 단위로 조합된 속성에 주목한 것이다.

---

* 분절 개념과 분절문자에 관련된 다양한 논의는 Sproat(2000:21~23)를 참고할 수 있다.

음소문자

음소문자는 낱소리를 분해하여 부호화하는 문자이며, 서양 논저에서는 음소문자(phonemic writing)이라는 용어보다는 알파벳 유형 문자(alphabetic writing, alphabetic script)라는 개념이 널리 쓰인다. 훈민정음은 하나의 글자가 하나의 소리에 나타내므로 당연히 알파벳 유형 문자, 즉 음소문자에 포함된다(DeFrancis, 1989:52 ; King, 1996:219, 220 ; Man, 2000:115/170 ; Fischer, 2004:190/251 ; Rogers, 2005:275 ; Gnanadesikan, 2009:196).

서양의 여러 논저에서는 훈민정음을 따로 음소문자라고 분류하지 않더라도, 다음과 같은 기술을 통해 이를 간접적으로 표현한다. 즉, 훈민정음이 자음과 모음이 분리되어 만들어졌고, 음절의 처음과 끝에 오는 소리인 자음을 음절의 중심을 이루고 있는 소리인 모음과 구분해서 초성, 중성, 종성으로 나누었다는 설명을 통해 음소문자로 인식했음을 확인할 수 있다. 이처럼 음절을 더 작은 요소로 나누는 것은, 음소를 정확하게 분석할 수 없었다면 가능하지 않은 것이다.

형태음소문자

음소문자는 언어의 각 음소를 충실하게 표기한다. 하지만 현재 사용되는 여러 문자는 이른바 표기법의 영향을 받아 환경에 의해 예측할 수 있을 경우에는 발음의 변이를 표기에 반영하지 않는 형태음소문자(morphophonemic writing)에 가까워진다. 훈민정음을 형태음소문자 또는 형태음소적 특징을 가진 것으로 기술한 논저도 여럿 있다(DeFrancis, 1989:186·193~194 ; King, 1996:223 ; Sproat, 2000:138 ; Fischer, 2004:194/256 ; Rogers, 2005:193). 이러한 논의들은 훈민정음을 표기할 때 발음의 변이가 표기에 바로 반영되지 않는 것, 즉 형태소가 환경에 따라 변이되는 것을 반영하지 않고 고정하여 적는다는 점을 주목한 것이다. 드프랜시스는 알파벳 유형 문자 체계를 다시 '순수'한 알파벳 체계와 '의미+소리' 알파벳 체계로 나누어서 훈민정음은 후자로 분류하는데, 후자와 같은 분류가 바로 형태음소문자를 가리키는 그 자신의 용어다.

다만 드프랜시스는 훈민정음의 형태음소적 특징이 문자 창제 당시에 고안된 것은 아니라, 글을 쓸 때 우연히 생겨난 것처럼 기술하고 있다. 하지만 이는 형태음소 표기가 세종 임금 때에 사용되었던 독창적인 표기법이었음을 모르는 설명이다. 결과적으로, 드프랜시스는 자신의 독자적인 문자 분류체계를 이용해서, 훈민정음은 분절적 요소, 음절적 요소, 음소적 요소, 형태음소적 요소를 모두 갖춘 문자로 파악한다. 반면, 킹은 창제 당시 세종 자신이 형태음소문자를 선호했다는 기술을 덧붙이며, 20세기에 가까워지면서 훈민정음 표기법이 음소보다는 형태음소에 가까워진다고 설명하고 있다.

스프로트는 문자체계를 분류할 때 표음성(type of phonography)과 더불어 표의성(type of logography), 두 차원을 고려해야 한다고 주장하며, 훈민정음은 라틴 문자나 그리스 문자와 마찬가지로 음소문자이지만 두 문자보다는 더 표의성을 가진 것으로 본다. 이러한 스프로트의 이해는 훈민정음이 가진 형태음소문자적인 속성을 고려한 것으로 볼 수 있다.* 스프로트는 훈민정음이 온전한 음소문자가 될 수 없는 이유로서, 기본 기호들이 음소를 표상하느냐의 문제보다는 표상된 기호들의 음운론적 깊이 때문이라고 이해하는 것이다.

자질문자

훈민정음의 자질적 특징은 자질문자 이론에까지 이른다. 즉, 훈민정음을 글자에 음운 자질까지 반영하고 있는 자질문자(featural system, featural writing)로 파악하는 경우가 있다. 하지만 훈민정음에 자질성이 존재한다고 해서 훈민정음을 자질문자로 분류하는 것은 별개의 문제여서, 훈민정음을 자질문자라고 분류하는 학자들(Sampson, 1985)과 자질문자 체계의 기본적인 구조를 가졌다고는 생각하지 않는 학자들로 나뉜다(DeFrancis, 1989:52·196~197·218 ; Coulmas, 2003:165/239 ; Fischer, 2004:190·192/250·253 ; Rogers, 2005:277~278 ; Sproat, 2010:71).

잘 알려져 있듯이 샘슨(G. Sampson)은 훈민정음을 자질문자로 공식적으로 처음 인정한 학자다. 샘슨은 훈민정음이 기본적으로 알파벳 유형 문자이지만, 다른 알파벳 문자와 한 부류로 묶을 수 없음을 밝히고 있다. 훈민정음은 'ㄱ—ㅋ—ㄲ'처럼 기본 글자에 획을 더하거나 같은 글자를 반복함으로써 음소의 자질을 체계적으로 나타내주고 있으며, 이러한 특징은 다른 문자체계에서는 찾을 수 없다

---

* 로저스는 스프로트의 논의를 인용하면서, type of logography를 type of morphography로 바꾸어 제시한다(Rogers, 2005:274).

는 것이다. 자질문자에 관해서는 샘슨 이후 국내에서도 많은 논의가 이루어졌다(김정대, 2008 참고).

한편, 훈민정음을 자질문자로 분류하는 것을 거부하는 학자들은 다음과 같은 이유를 들고 있다.

첫째, 자질 수가 너무 적다. 근본적으로 자질문자라면 해당 언어의 음소를 구분하는 자질의 수만큼 문자기호가 있어야 하는데, 훈민정음 자음 기본자가 확장되는 과정에 관여하는 자질은 일부에 불과하다는 것이다.*

둘째, 자질 기호들이 체계적이지 않으며 구성되는 방식에도 일관성이 없다. 예를 들어, ㅁ에서 ㅂ, ㅍ이 형성되는 것이 다른 글자와 다를 뿐만 아니라, ㄴ에 획을 그어 ㄷ이 될 때 추가되는 자질과 ㄱ에 획을 그어 ㅋ이 될 때 추가되는 자질이 다르다. ㄹ 역시 예외적이다. 드프랜시스는 훈민정음이 자음과 모음, 파열음과 마찰음 등과 같이 상대적으로 그리고 개괄적으로는 서로 구별이 가능하지만, 같은 부류에 있는 기호 상호간에는 규칙적이지 않음을 특히 강조한다. 훈민정음의 자질 관계는 실제 관계를 염두에 두고 고안된 것이 아니라 단지 추론된 것일 뿐이라는 것이다. 로저스 역시 훈민정음에 자질적인 특징이 있기는 하지만, 그렇다고 훈민정음의 기본 구조를 이룬다고 말할 수는 없다고 한다.

셋째, 15세기 이후 훈민정음의 분절 기호들은 거의 변화하지 않

---

* 따라서 훈민정음 자모가 아니라 한국어 음소에 있는 자질의 수를 나열하는 일(김정대, 2008:6·12 참고)은 자질문자 개념을 오해한 것이다.

았고, 기본 자질 기호를 가지고 새로운 분절 기호가 만들어지지도 않았다.

넷째, 한국에서 문자를 학습할 때 ㄱ, ㅋ, ㄲ 등이 서로 관련 있는 것으로 교육되기는 하지만, 실제로는 자질 관계로 배우지 않고 글자 하나마다 독립적으로 배운다. 훈민정음 낱글자는 더 이상 분해되지 않는 형태로 학습하는 것이 더 쉽다.

다섯째, 한국인조차도 훈민정음을 자질문자로 받아들이지 않을 뿐만 아니라, 평균적인 교육을 받은 이조차도 이러한 자질 관계를 이해하기는 쉽지 않다. 사실 훈민정음의 자질성을 인식하는 일은 훈련 받은 언어학자가 아니라면 쉽지 않은 일이다. 스프로트는 특히 심리적으로 한국인 마음속에서 ㅋ은 단지 그 자체로 인지될 뿐이며, ㄱ과의 관계는 그저 자의적인 관계라고 이해된다는 점을 지적하며 자질문자에 회의적이다. 그는 한국인에게 기호가 분절 속성이 있다는 것은 금방 인지되는 반면, 훈민정음이 가지고 있는 자질적 특징은 심리적 직접성(psychological immediacy)이 거의 없다고 표현한다.

여섯째, 한국인이 네모꼴 음절 단위로 훈민정음 낱자들을 다양하게 결합하는 것도 자질문자가 아니라는 방증이 된다.

쿨마스는 훈민정음이 자질문자 체계인지 음절문자 체계인지에 대해 집착하는 것은 쓸모없는 일이라고 강조한다. 아울러 이러한 문제는 서양 음성학 연구 방법과 서양 알파벳 유형 문자의 영향을 받은 것으로, 서양의 문자는 음절 그 자체를 부호화된 단위로 인식하지 않기 때문이라고 단언한다. 쿨마스에게는 자질문자 여부보다 앞서 훈민정음의 특징으로 제시된 바 있는 자질성과 비선형성(네모 꼴 음절 단위 표기)이 더 중요했다.

스프로트는 일반인들이 문자체계가 가진 특성을 명시적으로 인식하지 못한다고 해서 문자체계의 속성을 부인할 수는 없다고 부연하기도 한다(Sproat, 2000:132). 예를 들어, 미국 영어 화자들이 영어를 낱자로 분해하지 않고 통문자로 이해한다고 해서* 영어가 음소문자의 속성이 훼손되는 것은 아니라는 이야기다. 이런 점에서 스프로트는 훈민정음이 자질문자가 아니라는 기술이 훈민정음의 가치를 훼손하는 것이 아니며, 훈민정음은 매우 현명하게 고안된 문자임을 강조한다.

전망

이제까지 살펴본 훈민정음의 문자 유형과 관련된 다양한 논의를 살펴보면, 아직 문자학의 보편 이론이라는 관점에서 문자 유형에 관해 논의할 것이 많이 있음을 알 수 있다. 또한, 훈민정음이 음절문자, 분절분자, 음소문자, 형태음소문자, 자질문자의 속성을 모두 가지고 있는 문자라는 점은 훈민정음이 세계 문자학에서 매우 독특하고 유일한 위치를 차지하고 있는 문자라는 점을 잘 드러내준다. 그러므로 우리에게 매우 익숙한 문자인 훈민정음을 통해 일반문자학 이론을 더 깊이 있게 확대할 계기를 만들 수 있으리라 생각된다. 이는 훈민정음이 앞으로 문자의 일반 이론 발달에 기여할

---

* 통문자(whole-word) 읽기법에 대해서는 쿨마스(2003:215/304~5) 참고.

분야이기도 하며, 진정한 의미로서 훈민정음의 세계화에 다가가는 길이 될 것이다.

2.13 문자 차용

2.13.1 맨 처음의 문자

우리는 보통 문자를 마치 언어처럼 사람들 사이의 소통 도구로 이해하고 있다. 그러나 이것은 오늘날처럼 언어와 문자가 매우 유연하게 서로 호환이 잘 되는 시기의 이야기다. 고대 문자도 그랬을까?

고대 문자의 기능은 오늘날과는 달랐다. 이집트 문자는 보통 사람들 사이에서가 아니라, 지배자들이 만민에게 자신의 위세를 자랑스럽게 드러내는 역할을 많이 했다. 또, 왕의 무덤 안에는 죽은 이가 저 세상으로 편안히 갈 수 있도록 인도하는 내용의 글이 쓰여 있다. 초기의 메소포타미아 문자는 일종의 영수증이나 계약서 같은 성격의 물표라는 증빙 자료와 공문서에 많이 쓰였다.

물표는 곡물의 양이나 동물의 수를 원반, 원뿔 같은 점토 형상을 이용하여 기록했다. 훗날 그 지역에 침입한 수메르인들은 도시 이름이나 직업 이름, 현지인의 계산 방식을 받아들였다. 수메르인들은 속이 빈 점토 공 안에 이러한 물표를 담았고 겉에 상품과 개수를 알려주는 새김을 새겼다. 하지만 구 안에 담긴 물표는 불필요해졌다. 겉에 새긴 기호가 그 기능을 대신하게 된 것이다.

인더스 유역의 문자 역시 무언가를 밀봉하고 찍는 도장의 모양에 그려진 상형문자가 많았다. 모두 요즘 우리가 사용하는 것 같은 개인 간의 일상적인 소통이 아니라, 무언가의 독특한 용도가 따로 있었던 것이다.

한자도 초기의 갑골문자는, 모든 점괘가 그렇듯이 지배자가 신과 소통하는 수단이었다. 그러다가 주 왕조에 이르러 각종 청동 그릇에 새겨진 금문(金文)으로 발전하는데, 이것도 개인 간의 소통이 아니라 가문의 내력, 청동기 획득의 계기 등을 써놓은 것이다. 이러한 초기의 형태는 고대 그리스에서도 볼 수 있다. 술잔에 "나의 주인은 아무개다"라고 자신의 이름을 적거나 새겨 넣는 풍속이 그 예다. 이러한 금문이 사람들 사이의 소통 용도로 발전한 것은 춘추전국시대를 지나고 진 왕조와 한 왕조에 이르러서였다. 한자가 마치 한 왕조의 문자라는 뜻의 이름을 갖게 된 데는 이러한 역사적인 이유가 있다.

이렇듯 문자가 생겨나고 초기에는 보통 사람들의 손에서 사용되지 않았다. 이집트에서는 서기와 훈련받은 필경사만이 문자를 사용하였다. 곧 아무나 문자에 범접할 수 없다는 것을 보여주고 있다. 갑골문자도 그것을 해석하는 정인(貞人)에 의해서 사용되었다. 단언컨대 현재까지 나타난 증거만으로도, 초기의 문자는 "평범한 사람들이 날마다 쓰기에 편한" 도구가 아니었다. 특수한 사람에 의해 특수한 경우에 사용되는 매우 특수한 도구였던 것이 틀림없다. 이러했던 문자가 점점 세상 사람들에게 가까이 다가가게 된 것이다. 그렇기 때문에 문자가 "배우지 못한 평범한 사람들이 날마다 쓰기에 편한" 도구여야 한다는 훈민정음의 이데올로기는 문자의 역사에서는 정말 보기 드문 탁월한 계몽이었다.

이처럼 초기에 문자를 만들어 썼던 대제국들, 고대 이집트, 수메르, 고대 중국에서는 문자가 다수의 구성원을 위한 언어 소통의 매개물이 아니고, 지배 세력의 편의를 위한 것이었다. 그러던 문자가 점점 널리 사용되기 시작해 페니키아 문자, 아람 문자 등은 상인들을 중심으로 국제적으로 유통되기 시작했다. 서아시아의 지중해 연안에 있던 페니키아 사람들의 문자가 대략 기원전 9세기에는 그리스 지역으로 퍼지게 되었다. 그리스 사람들은 모음이 없던 페니키아 문자를 개조해 모음 글자도 만들어 넣고, 일부 자음도 보충해 자신들의 언어에 최적화시켰다. 그렇게 차용과 변형을 이루어냈다. 더 구체적인 공헌은 이때부터 여실한 '표음화'를 성취한 것이다.

당시 고대 그리스 사회는 오랜 구술문화에서 기록문화로 넘어가려는 시점이었으며, 그전부터 구전되어오던 호메로스의 작품이 문자로 기록되는 등 역사의 변혁기가 다가왔다. 기원전 4세기에 이르면 도시 정치가 꽃피면서 민회, 아고라 등을 통한 연설과 토론의 문화가 흥성했고, 당시의 철학자들은 김나지온이라는 장소(이 김나지온 가운데 유명한 곳이 플라톤의 아카데메이아였다)에서 제자를 가르치고 자신의 철학을 펼쳐 정치 논객으로 활동했다. 이러한 사회적 소통 활동은 문자 없이 실현되기는 어려웠을 것이다. 토론과 대화는 기존의 언어활동과는 전혀 다른 담론을 창출해낸다. 빤한 이야기를 되풀이하거나 외우는 사회가 아니었기 때문이다. 당시의 철학자들은 '대화'로 교육했다. 제자들에게 '세상에 대해 물어볼 권리'를 인정한 것이다. 이미 그리스 사회가 새로운 성격의 시대를 열었다는 증거이기도 하며, 이 과정에서 알파벳은 매우 실용적인 기능을 다한 것 같다.

이러한 언어 사용 양식의 변화는 그리스만이 아니라 세계 곳곳에서 감지된다. 기원전 4세기에 석가모니는 제자들과 역시 끊임없이 '대화'를 한다. 무언가를 외우게 하는 것이 아니라 그들의 질문에 일일이 답변하는 것이 교육이었다. 그가 죽은 후 제자들은 스승의 말씀을 '그대로 되뇌기'를 지속하다가 결국 경전을 만들게 된다. 구체적인 경전의 기록화 과정에 대한 논쟁의 여지는 많으나, 대략 기원전 1세기를 전후해 완성된다. 그래서 전통적으로 구술문화가 발전했던 인도에 불경 기록 사업이 영글게 되었다.

또, 기원전 5세기부터 200여 년간 동아시아의 춘추전국시대에는 제자백가라는 사람들이 마찬가지로 '대화'를 통해 제자를, 그리고 학파를 양성했다. 문자는 언어 사용 양상의 변화와 맞물려 스스로 기능의 변화를 실현해냈던 것이다. 이러한 역동적인 언어 사용은 기존의 문자에 혁신을 일으키지 않고서는 불가능했다. 표의적 문자를 표음화하는 것이다. 그래야 언어의 실체에 문자의 용법을 '거의' 일치시킬 수 있었다. 단지 고립어였던 중국의 한어는 상대적으로 표음화의 압박이 덜했을 것이다. 표음화가 필수라고 볼 수 있는 문법적 요소가 그리 복잡하지 않았기 때문이다. 그러나 굴절어나 교착어들은 어휘부 못지않게 복잡한 문법 부문을 가지고 있어서 표음화가 필수였다.

약간의 시간적 편차는 있으나 대략 기원전 3~4세기부터 동양과 서양의 여러 곳에서 문자의 기능이 대폭 넓어진다. 그리고 표음화, 세속화가 진행되고, 철학과 종교, 정치 담론 등과 연동되며 사회의 공적 제도에 없어서는 안 될 핵심 요소로 자리 잡게 된다. 그리고 '대화'라는 활동을 통해 사회를 혁신시켰다. 이래서 고대 그리스에서는 알파벳, 인도 지역에는 프라크리트(Prakrit) 문자, 카로슈티(Kharosthi) 문자 등이, 중국에서는 갑골문자와 금문의 시대를 지내고 전서(篆書), 특히 진 왕조의 소전(小篆), 그리고 한 왕조의 예서(隸書)가 문자의 역사에서 매우 유력한 선두 주자로 나타나게 되었다.

2.13.2 문자가 퍼진 경로와 시대의 변화

문자는 그 여명기에는 주로 권력의 상징으로 기능했지만, 사회 분화가 일어나면서 사회 집단과 계급의 지식 분배와 재분배에 결정적 역할을 했다. 따라서 지배계급은 반드시 후손들에게 '재산과 권력' 못지않게 '문해 능력'을 상속시키려 노력했고, 피지배계급 역시 온갖 역경을 무릅쓰고 문자의 세계에 뛰어들기를 열망했다. 옛날의 공식 교육기관은 이 문해 능력을 허락받은 사람과 그렇지 못한 사람들을 가르고 나누는 관문이었다. 큰 시대의 마디가 달라질 때마다 누가 문자를 장악하는가 하는 문제는 권력의 핵심 문제이기도 했다. 게르만인이 서쪽으로 밀려들어올 때에는 로마와 혈연적으로나 문화적으로 아무 상관이 없는 집단이었다. 그러나 그들이 알파벳과 기독교를 받아들이자 바로 그리스-로마 문명의 계승자가 되었다.

한국인의 선조는 중국과 언어적으로 큰 친근 관계가 없는데도 그들의 문자를 사용하면서 마치 하나의 공동체인 양 2,000여 년을 지냈다. 동아시아 패권의 아류 흉내를 내기에 적합하다고 보았기 때문이다. 이슬람은 아랍어로 쓰인 경전만을 정본으로 인정한다. 그래서 아랍 문자가 널리 퍼지는 데 크게 기여했다. 반면, 기독교에서는 모든 언어로 번역되는 것을 장려한다. 그래서 무문자사회에 문자를 보급하는 일에 기독교의 공헌이 매우 컸다. 불교는 애당초 경전 없이 석가모니 제자들끼리 신앙 활동을 이어가다가 가르침의 연속성에 위기가 생기자 뒤늦게 경전을 만들면서 여러 언어로 기록이 되었다. 석가모니가 사용했던 팔리어는 고유한 자체 문자가 없었기에 프라크리트 문자, 카로슈티 문자, 브라흐미(Brahmi) 문자, 심지어 아람(Aram) 문자까지 사용되었다. 권력과 종교의 지형도에 따라 제각기 다양한 발전을 도모한 것이다.

매우 오랜 세월 동안 유럽 사회는 알파벳, 동아시아는 한자, 서아시아는 아랍 문자, 인도는 데바나가리 계열의 문자 등을 쓰는 것으로 특성화되어 있었다.

그리스 문자는 유럽의 알파벳이라는 우수한 표음문자의 모체가 되었으며, 이후에는 키릴(Cyrillic) 문자라는 또 다른 문자를 파생시켰다. 이 두 가지 문자체계는 이후 각 언어별로 색다른 형태를 만들어가면서 알파벳을 다양한 변이형의 총합으로 만들었다. 이로 말미암아 알파벳은 프랑스식, 독일식, 폴란드식, 스칸디나비아식 등으로 특이한 변이형을 모두 아우르며, 근세 시기를 맞이했다. 그들은 세계 각지에 식민지를 만들면서 그 현지 사정에 맞는 다양한 알파벳 변이형과 사용법을 다듬어 '세계의 문자'라는 말을 듣기에 손색없게 되었다. 알파벳을 사용하지 않는 지역조차 스스로 로마자 표기법을 정해 알파벳과의 연결 통로를 만들어두기에 이르렀다.

중국에서 기원한 한자 역시 주변의 다양한 언어권과 민족에게 영향을 끼쳤을 뿐 아니라, 스스로 새로운 변종을 만들어 변화를 주도하기도 했다. 한자에 선행한 형태인 갑골문자와 금문은 별개의 문자로 본다 치고, 측천무후 집권 시기에 만들어 쓰다가 나중에 폐기된 측천문자는 새 문자라기보다는 한자를 더욱 상징화해 권력의 절대화를 노렸던 특이한 사례다.

중국의 근대화 운동 과정에서는 한자의 음을 적기 위한 주음부호, 알파벳화를 노린 한어병음 방안, 한자의 변화를 노린 간자체 개발 등 중요한 문자 혁신이 있었다. 이 가운데 오늘날 중국 대륙에서는 간체자가, 대만 지역에서는 전통적인 번체자가 사용된다. 간체자에서는 전통적인 한자 사용법의 가차(假借)를 더욱 활성화한 동음대체(同音代替)라는 방식을 응용하고 있어서 한자의 표음화를 더욱 촉진하고 있다.

또 주변의 이웃 민족이 한자를 끌어다가 자신의 문자로 만든 경우도 있었다. 서하 왕조의 서하 문자, 거란의 거란 문자, 여진의 여진 문자 등은 한자를 자신들의 여건에 더 유용하게 하기 위한 문자 혁신이었다. 그러나 이들 문자들은 지속되지 못했고, 그에 대한 언어학적 해석은 아직 충분하지 못하다. 또 한자는 더 멀리 퍼져 한국, 일본, 베트남 등에도 영향을 끼쳐 한국에서는 구결, 이두 등이 파생되고, 일본에서는 한자의 흘림체에서 나온 만요가나와 이를 더 변형시킨 히라가나와 가타가나가 태어났다. 베트남에는 베트남식 한자라고 할 수 있는 추놈(字喃, 남쪽의 글자)이 고유 베트남어를 표기하는 데 쓰였으나, 프랑스에 의해 알파벳이 사용됨으로써 한자 사용의 전통은 사라졌다.

인도 지역의 다양한 문자는 대부분 브라흐미 문자를 그 공통 조상으로 한다. 이 문자의 연원을 서아시아 페니키아 문자의 변형으로 보는 견해가 있다. 브라흐미 문자의 사용은 기원전 4세기 말 남아시아 일대에 널리 퍼지면서 역시 수많은 변종을 만들어냈다. 이 문자는 굽타 왕조에 들어서면서 남과 북으로 분화했다. 남방계는 주로 남부의 드라비다(Dravida)어 계통의 언어와 인도아리안 계통의 싱할라(Sinhala)어를 표기하는 변종 문자로 발전되었고, 북방계는 벵갈어(Bengali) 계통과 티베트어 계통의 언어를 표기하는 문자들로 다양하게 발전해갔다. 이 가운데엔 불교를 통해 중국과 한국에 영향을 주었던 실담(悉曇) 문자도 포함된다. 또, 몽골의 지배기에 공용 문자 노릇을 했고 한글과 비슷하다는 지적이 있던 파스파 문자 역시 이 계통의 하나로 꼽힌다.

이 인도계의 문자들은 계속해서 동남아시아 지역에 간접적 영향도 끼쳤다. 오늘날의 태국 문자, 라오스 문자, 캄보디아 문자, 참(Cham) 문자 그리고 인도네시아와 필리핀의 자바(Java) 문자, 수마트라(Sumatra) 문자, 만캉 문자, 비사야(Visayan) 문자 등이 인도계 문화의 영향을 '어느 정도' 받은 상태임은 인정할 만하다.

한편, 아랍 문자는 이슬람의 확장 과정과 일치한다. 그래서 서아시아에서 출발해 북아프리카의 사하라 사막 이북 지역에 폭넓은 아랍 문자의 사용자 집단을 형성했고, 심지어 동아프리카의 잔지바르(Zanzibar)에 술탄국을 세우기도 하면서 영향을 끼쳤다.

이와 같이 문자가 퍼져 나가는 데는 여러 가지 원인이 있었을 것이고, 또 그 결과 역시 다양한 모습이었다. 왕조의 성격, 종교의 영향, 지식인들의 활동, 상인들의 교류 등이 복합적으로 영향을 주었다. 그러한 발전 양상은 근대 이후 문자가 어떻게 사회 변화와 혁신에 영향을 주었는지를 파악해보면 충분히 추론할 수 있다.

구텐베르크의 인쇄술은 현대사회의 문을 활짝 연 공헌자로 인정받고 있다. 이로써 표면적으로는 지식의 이동을 가로막는 장벽은 없어졌다. 누구든지 무언가를 '읽으면' 지식을 얻는 사회가 되었다. 지식의 공정성을 보장하는 '시민의 사회'에 가까이 다가선 것이다. 따라서 근대사회는 처음으로 광범위한 독서가 이루어진 시절이기도 하다. 근대화를 앞당기기 위해 대규모 문맹 퇴치 운동도 일어났고 맞춤법들도 정비되었다. 그러나 그 이후에도 현실적인 장벽은 많았다. 지식의 습득이 학교라는 독점 기관으로 집중되었고, 여기에 들어가기 위해서는 또 다양한 장애물을 거쳐야 했다. 고대사회부터 이어진 지식의 철조망은 현대사회에서도 쉽게 극복될 수 없었다.

20세기 말에 성취되기 시작한 정보망과 정보기술의 발전은 그런 점에서 매우 획기적이다. 지식의 분배가 과거보다는 훨씬 더 자유로워졌기 때문이다. 그것은 필기도구와 필기재료의 전자화를 이룩했기 때문에 얻은 성과다. 또, 이런 정보망을 통해 우리는 대단히 다양한 문자를 만나볼 수 있는 기회도 얻었다. 곧 지식을 기록하는 다양한 도구의 모습과 기능을 자유롭게 맛볼 수 있게 된 것이다.

그러나 그 과정에서 잃은 것도 있기는 하다. 우선 모든 사람이 '전자망'에 구속된다는 것이다. 이제는 엄밀한 의미에서 사소한 소곤거림조차 모두 전자망에 의해 포착되고 은밀히 기록된다. 또, 지금까지 잘 이용되어온 '여백'도 사라졌다. 문자 사용자의 자유로운 사고 흔적으로 남아 있던 여백은 이제는 모니터에서는 보이지만 사용자가 침범할 수 없는 '차단된 백색 공간'이 되었다.

이러한 아쉬움에도 불구하고 정보망의 발전이 지식망의 발전으로 나아가면서 언젠가 문자와 관련된 더 큰 혁신이 나타날 가능성이 있을 것이다. '아마도' 우리 한국인들도 언젠가는 현재의 한글이 아니라 새로운 '혁신 한글'로 더 풍부한 지식의 세계를 누릴지도 모를 일이다. 또 쉬운 일은 아니겠지만 전 세계적으로 단일한 통일 문자가 생겨날지도 모를 일이다.

2.13.3 문자 차용 과정

❖ 원어의 음가를 차용

원어를 번역해서 차용

의미와의 관련성 끊는 과정

3

문자와 종교, 문자와 상업, 문자와 매체

❖ 라틴 문자는 카톨릭*

끼릴 문자는 정교회

네스토리우스교와 시리아 문자

구별기호와 문자

문자의 확장

현대에 되살아나는 고대 문자: 블루투스

3.1 필기도구와 필기재료**

❖ 표기에 사용된 재료와 도구의 발달, 문자가 발달한 환경, 학습 가능성. 쐐기문자는 끝이 뾰족한 갈대로 부드러운 점토에 쓰면서 쐐기 모양으로 양식화되었다.

---

* 〈제3장 문자와 종교, 문자와 상업, 문자와 매체〉는 본문 내용이 많지 않고 메모도 특히 적은 부분이다. 저자의 견해를 충분히 알 수 없어서 아쉬운 점이 있지만, 초고에 담긴 저자의 의도를 존중하여 그대로 실었다. -편집자

** 3장의 첫 번째 부분에서 필기도구와 필기재료에 대해 서술한 저자의 의도를 정확히 파악하기 어렵다. 그러나 저자의 의도를 존중하여 초고에 제시되어 있는 그대로 3장에 실었다. -편집자

문자를 사용한다는 것은 가장 널리 사용되는 '필기도구'가 있다는 말이다. 그러면 동시에 어떠한 물질에다가 글자를 적느냐 하는 궁금증이 생긴다. 즉, '필기재료'에 관한 것이다. 문자의 생김새와 쓰임새는 주위 환경의 영향을 받게 마련이다. 그래서 주변에서 가장 구하기 쉬운 것으로 문자 사용의 환경을 조성했다.

이집트 상형문자인 성각문자는 왕의 위업을 나타내는 건축물에 많이 쓰였다. 당연히 돌로 된 건축 자재에 글을 써야 하기 때문에 돌이라는 필기재료와 망치와 정이라는 필기도구를 전제하지 않을 수 없었다. 그러나 이 성각문자의 필기체에 해당하는 사제문자는 돌붙이라는 필기재료를 극복하고 파피루스라는 또 다른 필기재료와 갈대 펜이라는 간편한 필기도구에 적용된 문자였다. 그래서 손 글씨의 특징인 '비교적 자유로운 손놀림'을 보여준다. 그래서 성각문자는 주로 건축물에, 사제문자는 주로 공문서나 종교 문서에 사용되었다. 더 나아가 이른바 초서체에 해당하는 민중 문자는 더욱 손 글씨에 적용되어 더 이상 돌붙이에 새기기에는 적합하지 않은 문자가 되었다. 이 문자는 이집트가 그리스에 정복되면서 그리스 표음문자의 영향으로 콥트 문자(Coptic alphabet)로 진화되어 나갔다.

메소포타미아의 쐐기문자는 주로 찰흙으로 빚은 점토판이라는 필기재료에 끝이 뾰족한 끌 같은 필기도구를 이용해 기록했다. 그리스에서는 비석이나 도자기 조각도 사용했지만 책으로는 파피루스 두루마리를 사용했다. 중국에서는 처음에는 천에다가 글을 쓴 경우도 있었으나 곧 종이가 발명되면서 가장 유용한 필기재료가 되었다. 잘 알려져 있다시피 필기도구는 짐승의 털을 이용한 붓이었다. 인도 지역에서는 불경을 베껴 쓰면서 일종의 야자나무에 속한 나뭇잎을 이용하는 경우가 많았다. 불교에서는 그것을 패엽경(貝葉經)이라고 한다. 잎사귀에 뾰족한 막대로 글을 새기고, 그 위에 먹 같은 색채를 묻혀 글자가 또렷하게 보이게 하는 방식이다. 잎사귀에 적는 문자는 대개 원과 곡선이 많다. 각이 지면 자칫 나뭇잎이 찢어지기 때문이다.

고대사회를 지나면서 그리스 문자에서 파생된 키릴 문자를 사용하게 된 슬라브인들은 자작나무 껍질에 문서를 작성하기도 했다. 그들의 자연환경에서 가장 구하기 쉬운 것이기 때문이었다. 또, 유럽인들은 양의 가죽을 잘 무두질해 양피지라는 필기재료를 오랫동안 이용하기도 했다. 그러나 이것은 값이 비싼 편이어서 이것을 이용한 문서나 책은 성스러운 종교 서적에 이용되든지 아니면 가장자리에 여백 없이 빽빽하게 꽉 채워 쓴 것들이 대부분이다. 뒤늦게 완성된 편인 몽골 문자는 끝이 얇고 넓적한 나무에 먹을 묻혀 글을 썼기 때문에, 몽골 문자와 그의 영향을 받은 만주 문자는 세로획은 굵고 가로획은 가늘다는 특징이 있다.

문자의 사용은 뒤이어 '인쇄'와 '출판'이라는 또 다른 문화를 창출해냈다. 중국을 중심으로 한 동아시아에서는 이를 위해 오랜 세월 목판으로 책을 만들어왔다. 목판은 그것을 새기는 데는 많은 수고가 들기는 하지만 일단 완성해놓으면 장기간 이용할 수 있고, 책의 판형이 반듯해서 매우 편리했다. 그러나 중국처럼 대량 출판을 하는 곳에서는 목판이 유리하지만, 발행 부수가 적은 고려나

조선에서는 다른 대안이 필요했다. 여기에서 '활자'라는 새로운 필기도구가 탄생하게 되었다. 시기적으로는 동아시아의 활자가 훨씬 빨랐으나 활자를 이용한 사회 변혁의 성과는 서유럽이 더 빨랐다. 활자는 지식을 급속히 광범위하게 퍼뜨리는 데 대단히 큰 역할을 했고, 유럽의 종교개혁, 근대화 등에서 결정적 계기라고 인정받고 있다.

세계의 문자 가운데 가장 늦게 만들어진 한국의 훈민정음은 특이하게도 태어나면서부터 '활자'라는 필기도구의 신세를 졌다. 그래서 첫 번째 인쇄에서 드러난 글자의 모양은 손 글씨처럼 자연스럽지 못하고 이상하리만치 기하학적이다. 즉, 원, 직선, 동그란 점 등 일반적인 문자에 잘 쓰이지 않는 필획이 많이 사용되었다. 창제 당시부터 활자 사용을 염두에 둔 것이다. 500년 남짓 발전을 해오면서 일부 서예나 활자체 등에서는 차근차근 모습을 갖추어왔지만, 아직도 한글 손 글씨의 완성도는 매우 취약한 편이다.

❖ 나무

룬 문자는 가로획이 없다. 이는 나무에 새겼기 때문으로 보인다.

한자는 세로쓰기로 바뀌었다. 이 역시 나무. 목간.

습서(연습으로 서명이나 본문의 어구를 쓰기도 하고 그 가운데의 한자를 반복해서 몇 번이나 쓰기도 한 것. 목간은 깎아서 몇 번이라도 사용할 수 있기 때문에 연습용으로 알맞았다).

❖ 점토

점토

❖ 나뭇잎
둥근 문자

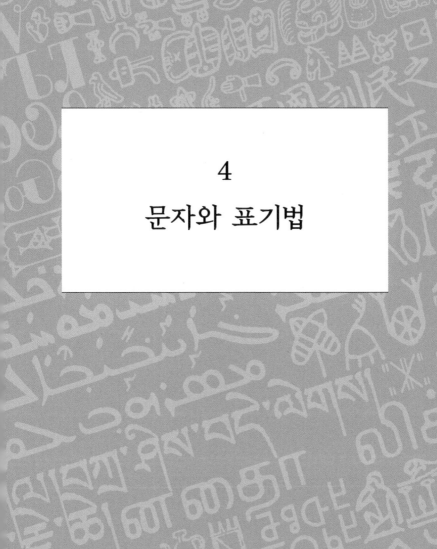

4

문자와 표기법

❖ 문자와 언어와의 관계.

발음되는데 표기하지 않는다.

발음도 안 되는데 표기한다. knight, debt

'문자와 표기법'에서는 언어를 문자화하는 도구인 표기법이 가진 원리들을 비교한다. 즉, 문자가 다중을 위한 원활한 소통 체계로 기능하려면 사회 또는 국가가 공인하는 정서법이 필요하며, 이러한 표기법이 그 공동체에 도입되고 확산되는 과정에 표음문자가 어떻게 기여하는지 살펴본다. 특히 언어의 특성이 문자의 속성에 반영될 수밖에 없음을 자세히 기술한다.

표음문자(表音文字)는 말 그대로 겉에 소리가 드러나 있는 문자로서, 인간 언어의 두 요소인 음성과 의미 중에서 음성을 먼저 나타내는 문자다. 따라서 어떤 문자가 특정 언어에서 표음문자로 사용된다면,* 그 언어를 기록할 때 필요한 표음문자의 수효는 원칙적으로 그 언어가 가진 음소의 수효와 같거나 비슷해야 하며, 소리를 그

---

* 어떤 문자가 표음문자인가 표의문자인가 하는 것은 문자의 기본적 속성이 아니라, 그 문자가 특정 언어에서 어떻게 사용되는가에 있다. 예를 들어, 高爾夫球(골프), 紐約(뉴욕), 肯尼迪(케네디) 등과 같은 단어에 쓰인 한자들은 모두 표음문자로 사용된 것으로 이해할 수 있다.

대로 문자로 옮기면 정서법적으로 올바른 표기가 되어야 한다. 그러나 현실은 그렇지 않다. 현재 표음문자를 이용하여 표기되고 있는 어떤 언어도 이러한 원칙을 철저하게 만족하는 경우는 없다고 해도 좋다. 즉, 언어를 표기할 때 지켜야 할 정서법 없이는 그 언어를 제대로 표기할 수 없는 경우가 대부분이다. 그런 의미에서 온전한 표음문자는 이상일 뿐이며, 대부분의 표음문자는 본래 가진 표음성을 잃고 하나의 문자가 두 개 이상의 소리를 대표하게 되는 경우가 많다.

그렇다면 표음문자가 원래 가지고 있던 표음성을 잃게 되는 원인은 무엇이며, 표음성을 잃기까지 어떠한 과정을 거치는가. 다시 말하면 표음문자를 사용하는 표기법이 복잡하게 되는 원인과 과정은 무엇인가. 그리고 이를 타개할 방법은 없는지, 앞으로 표기법은 어떻게 변해갈 것인지 등을 이 장에서 살펴본다. 이를 통해 한글맞춤법을 비롯한 여러 표기법이 앞으로 어떻게 변화할지 어느 정도 예측할 수 있으며, 표기법들을 정비하는 데 도움을 받을 수 있을 것이다.

4.1 표음문자의 환상

4.1.1 표음문자의 이상

앞서 언급했듯이 이상적인 표음문자의 경우 하나의 소리에 대응하는 문자는 하나만 있어야 한다. 음성을 문자로 옮기는 과정에 소리 하나를 두 개 이상의 문자로 적을 수 있는 순간 이미 표음문자의 본질은 상실되었다고 할 수 있다. 언어를 문자로 옮기는 규범인 〈한글맞춤법〉, 〈외래어 표기법〉 및 〈국어의 로마자 표기법〉에 모두 다음과 같은 내용이 들어 있는(또는 있었던) 것은 이 세 표기법에서 도구가 되는 문자인 한글 및 로마자가 모두 표음문자이기 때문이다.*

- 한글맞춤법은 표준어를 소리대로 적되, … 〈한글맞춤법 제1장 제1항〉
- 외래어의 1 음운은 … 1 기호만 적는다. 〈외래어 표기법 제1장 제2항〉
- 1 음운 1 기호의 표기를 … 〈국어의 로마자 표기법 1984년 고시본 제1장 제3항〉**

외래어 표기법이나 로마자 표기법에 들어 있는 "1 음운 1 기호"이라는 표현은 하나의 소리는 하나의 문자로 적겠다는 선언이다.

---

* 이 글에서 제시되는 여러 조항에서 밑줄은 저자가 그은 것이다.

** 2000년 새로 고시된 〈국어의 로마자 표기법〉에서는 이 조항이 삭제되었다. 하지만 이는 표기법의 본질을 도외시한 결정이다. 로마자 표기법의 제3장 '표기상의 유의점'에는 실제 "1 음운 1 기호"를 지키지 않는 다양한 예외들이 있기는 하지만, 이는 "1 음운 1 기호"라는 원칙이 잘못이어서가 아니라, 표음문자가 가진 한계 또는 표음문자가 표음성을 100퍼센트 정확하게 나타날 수 없기 때문이다. 이에 대하여 논의하는 것이 본고의 목적이다. "1 음운 1 기호"에 어긋나 보이는 예외가 아무리 많이 있더라도 대원칙은 반드시 천명되어야 그 예외가 예외로서 가치가 유지되는 것이다. 또한, 제2장 표기 일람에 나열된 대응표가 "1 음운 1 기호"를 대신 표현하고 있다고 할 수도 있겠지만, 이는 예시일 뿐, 예시가 원칙이 되는 것은 아니다.

이를 풀어쓰면 각각 다음과 같다.

- 외래어의 [k]는 ㄱ으로 적고, [a]는 ㅏ로 적는다. 등
- 한국어의 [ㄱ]는 k로 적고, [ㅏ]는 a로 적는다. 등

이러한 내용을 구체화한 것이 외래어 표기법과 로마자 표기법의
제2장 '표기 일람(표)'이다. 아래에 모음의 경우로 각각 예를 든다.

i	y	e	ø	ɛ̃	œ	œ̃	æ	…	
이	위	에	외	에	앵	외	욍	애	…

ㅏ	ㅓ	ㅗ	ㅜ	ㅡ	ㅣ	ㅐ	ㅔ	ㅚ	…
a	eo	o	u	eu	i	ae	e	oe	…

사실 한글맞춤법에서도 위와 동일한 규정이나 '표기 일람(표)'가
다음과 같이 필요하다.

한국어의 [ㄱ]는 'ㄱ'으로 적고 [ㅏ]는 'ㅏ'로 적는다.

[ㅏ]	[ㅓ]	[ㅗ]	[ㅜ]	[ㅡ]	[ㅣ]	[ㅐ]	[ㅔ]	[ㅚ]
ㅏ	ㅓ	ㅗ	ㅜ	ㅡ	ㅣ	ㅐ	ㅔ	ㅚ

예를 들어, [ㅎㅝㄹㅆㅣㄴ]이라고 발음했을 때, 각 소리에 대응
된 문자로 바로 적으면 'ㅎㅝㄹㅆㅣㄴ'이 될 것이고, 이를 모아쓰기

를 하여 적으면 '훨씬'이 된다. 이 단계에서 (모아쓰기를 하겠다는 것 외에) 원칙적으로 한글맞춤법의 역할은 불필요하다. 그런데, 위에 제시한 표에서 각각 윗줄의 [ㅏ], [ㅓ] 등이 소리(즉, 언어)를 표상하고, 아랫줄의 ㅏ, ㅓ 등이 문자를 표상하고 있음에도, 언어와 문자의 차이를 구별하기 어려운 일반인들은 동일한 내용이 반복되고 있어 불필요하다고 오해하게 될 수가 있다. 그런 이유로 위의 내용을 한마디로 다르게 표현한 것이 한글맞춤법의 '소리대로'라는 표현이다.*

어쨌든, 표음문자인 한글과 로마자가 이상적으로 쓰였다면, 현행세 개의 표기법은 지금까지 살펴본 것과 같이 '표기 일람(표)'가 포함된 한두 개의 조항이면 충분하게 된다. 이처럼 소리와 표기가 일대일로 대응할 때 각 문자에 해당되는 소릿값만 이해한다면, 더 이상의 표기규범은 불필요하다. 이것이 표음문자가 가진 본질이며 이상이다.

4.1.2 표음문자의 현실

어떤 언어를 100퍼센트 소리대로 적을 수 있는 문자는 없다고 해도 과언이 아니다. 한 언어의 모든 소리를 각각 단 하나의 기호만을 대응시키겠다는 것은 말 그대로 이상에 불과하며, 여기에서 표음문자의 이상과 현실이 어긋나게 된다.** 소리와 문자가 1:1로 대응되지 않는다는 사실은 우리나라의 세 가지 표기법에서 다음과 같은 단

---

* "소리대로"의 의미에 대해서는 다른 의견도 있다.

서 기술에 반영되어 있다.

- 한글맞춤법은 표준어를 소리대로 적되, 어법에 맞도록 함을 원칙으로 한다. 〈한글맞춤법 제1항〉
- 외래어의 1 음운은 원칙적으로 1 기호로 적는다. 〈외래어 표기법 제2항〉
- 1 음운 1 기호의 표기를 원칙으로 한다. 〈국어의 로마자 표기법 1984년 고시본 제3항〉

예를 들어, 외래어 표기법에서 [p] [t] [k]는 그 소리의 위치에 따라 한글로는 'ㅍ, ㅂ, 프' 'ㅌ, ㅅ, 트' 'ㅋ, ㄱ, 크'와 같이 다양하게 적어야 한다. 또한, 한글로 '프'로 적힌 것이 어떤 경우에 [p]이며 어떤 경우에 [f]인지를 알려주는 정보는 없으므로 일일이 암기하여야 한다. 로마자 표기법에서도 [ㄱ] [ㄷ] [ㅍ]가 그 위치에 따라 'g, k' 'd, t' 'b, p'로 다르게 적히고 있으며, hangmun이 '학문'인지 '항문'인지를 알려주는 정보는 없다. 그렇기에 외래어 표기법과 로마자 표기법에서 각각 제2장 '표기 일람(표)'에 예외를 설정하거나 제3장 '표기 세칙' '표기상의 유의점'을 길게 설정하여 놓은 것이다. 여기에서 표음문자의 기본 원칙이 유보되며, 이와 같은 고민이 "원칙적으로" 또는 "원칙으로"라는 표현에 담겨 있다.

** 현존하는 모든 언어의 소리를 독자적이고 정확하면서 표준적인 방법으로 표시하는 것을 목적으로 한 국제음성문자(IPA) 정도 되어야 표음문자의 이상을 만족한다고 할 수 있다. 그러나 이 문자는 실제 생활에서 사용되지 않는다.

한글맞춤법의 경우에서도, "어법에 맞도록" 한다는 말은 형태음소적 원리를 따른다는 뜻이다. 즉, 형태소가 다른 형태소와 결합할 때 그 음소가 달라지더라도, 그 교체형 즉 바뀐 소리대로 적지 않겠다는 선언이다. 예를 들어, 어간 '먹-'의 발음이 [먹꼬, 머그니, 멍는데]에서처럼 때에 따라 달라지더라도 이들을 '먹고, 먹으니, 먹는데'라고 적음으로써, 어느 경우에도 '먹'이라는 형태가 고정되도록 한다는 뜻이다. 그러므로 [먹, 머ㄱ, 멍]과 같이 서로 다른 발음은 "어법에 맞도록" 하나의 표기인 '먹'으로 고정된다.

이처럼 표음문자인 한글 또는 로마자를 이용하여 적는 한글맞춤법, 외래어 표기법, 국어의 로마자 표기법에서 모두 "1 음운 1 기호"의 원칙은 유보되며, 표음문자는 현실적으로 소리를 정확하게 반영하지 못하게 된다.

❖ 표음문자는 발음의 변화가 표기에 더 잘 반영된다. 맞춤법 변천사 참고. 프랑스에서도 자음군 s + p t k는 13세기에 사라졌다. s는 소실되었지만, 표기는 유지되었다. 프랑스 학술원사전 3판에서 s를 없애도 악센트 기호로 대치하였다. beste bête, chasteau-château, escole-école로 적었다. 표기의 보수성을 잘 보여준다(싱글턴David Singleton(2000), Language and the Lexicon: An Introduction, London: Arnold ; 배주채 역(2008), 《언어의 중심, 어휘》, 삼경문화사, 180 인용).

4.2 표음성과 표기법

문자의 표음성이란 문자와 소리의 대응 정도를 나타내는 말로서, 어떤 문자와 그 문자가 기록하는 언어가 음성 차원에서 일치하는 정도 또는 문자가 언어의 소릿값을 표상하는 정도라고 정의할 수 있다. 표음성은 문자와 언어의 상관관계이므로 특정 문자의 속성은 아니다. 이상적이고 온전한 표음문자라면 표음성은 100퍼센트가 될 것이고, 문자를 통해 그 발음을 전혀 예측할 없는 문자라면 그 문자의 표음성은 0퍼센트가 된다. 표음문자를 통해 기록하는 여러 언어는 대부분의 문자와 부분적으로 일치하여 기록하게 되며, 그 일치의 정도가 어느 정도인가의 차이만 있을 뿐이다. 앞서 살펴본 여러 표기법에서처럼 문자가 소리를 정확하게 표기하지 못한다면, 그 표음성은 100퍼센트가 아님을 알 수 있다. 즉, 표음문자의 이상은 100퍼센트의 표음성을 가지는 것이지만, 현실에서는 그보다 적은 정도의 표음성을 가진다. 표음성을 측정할 수 있는 표준적인 방법은 아직 없으며 현재로서는 상대적인 개념으로 사용될 뿐이다.

4.2.1 표음성이 높은 경우

표음성이 높다는 것은 기본적으로 '문자와 발음에 대한 표기 일람표'만 알면 되고, 이 상관관계에 맞지 않는 표기법만 따로 암기하면 되는 것이다. 그러기에 소수의 규칙이 필요하다. 이 경우 필요한 규칙은 소수이므로, 이론적으로 모든 문자를 일일이 암기해야 하는 표의문자와는 다르다.

현행 한글맞춤법은 모두 57개의 조항으로 이루어져 있다. 따라서 논리적으로는 그리고 맞춤법의 이상으로서 이 57개의 조항들만 있으면, 모든 한국어를 적을 수 있다.* 그러나 이러한 규칙은 소수에 불과하다.

예를 들어, 한국어 부사 [훨씬]과 [몹씨]에는 모두 된소리 [ㅆ]이 들어 있으며, 이를 다르게 표기할 언어학적 근거는 전혀 없다. 그럼에도 이를 표기할 때에는 각각 '훨씬'과 '몹시'로 되어 각각 표기가 달라진다. 따라서 이 같은 구별된 표기를 위해서는 한글맞춤법에서 다음과 같은 규칙이 설정되어 있다.

한 단어 안에서 뚜렷한 까닭 없이 나는 된소리는 다음 음절의 첫소리를 된소리로 적는다. 다만, 'ㄱ, ㅂ' 받침 뒤에서 나는 된소리는, 같은 음절이나 비슷한 음절이 겹쳐 나는 경우가 아니면 된소리로 적지 아니한다. 〈한글맞춤법 제5항〉

즉, [몹씨]라고 발음되지만, '몹시'라고 적는 이유는 'ㄱ, ㅂ' 받침 뒤에서 나는 된소리를 특정 경우가 아니라면 된소리 글자로 적지 않겠다는 조항이 필요한 것이다. 이는 뚜렷한 까닭이 없는 경우이기에 하나의 약속에 불과하다. 또 다른 예로 '젓가락'과 '숟가락'을

---

* 물론 현실적으로 이는 사실이 아니다. 이는 한글맞춤법이 가지고 있는 한계 때문이지, 한글이라는 표음문자 때문은 아니다. 즉, 57개 조항이 아니라 좀 더 정밀하게 정련된 조항이 필요하다.

예로 들 수 있다. [전까락] [순까락]과 같이 발음은 같지만, '젓가락' '숟가락'에서처럼 각각 'ㅅ'과 'ㄷ'으로 달리 표기된다. 여기에도 다음과 같은 조항의 힘을 빌리게 된다.

끝소리가 'ㄹ'인 말과 딴 말이 어울릴 적에 'ㄹ' 소리가 'ㄷ' 소리로 나는 것은 'ㄷ'으로 적는다. 〈한글맞춤법 제29항〉

❖ 외래어 표기법에서도
국어의 로마자 표기법에서는
로마자 표기법의 보수성
외래어 표기법의 보수성
바하, 뽀빠이, 하위징아(호이징가), 세비야(세빌리아)

이 외에 표음문자를 사용하고 있는 언어 중에서 일본어 및 영어, 독일어, 프랑스어를 바탕으로 상대적인 표음성을 논할 수 있다.

❖ 일본어의 경우
일본어를 적는 가나 문자 역시 표음문자이므로 기본적으로는 표기법이 필요 없다. 그러나 소수의 규칙으로 언어를 적게 된다. 일본어 표기법 現代仮名遣い에 의하면, [wa], [o]라는 발음은 원칙적으로 わ, お로 표기하지만, 조사의 경우에는 각각 は, を로 적는 것도 소리와 문자가 일치하지 않는 예다. 또한, [oto:to]와 같이 장모음으로 나는 발음을 おとおと 또는 おとーと가 아니라 おとうと로 적는다.

❖ 독일어의 경우

표기와 발음이 부분 일치하는 또 다른 경우는 독일어다. 독일어는 독일어에 설정된 로마자로 대부분 적을 수 있다. 그러나 다음과 같은 몇 가지 예가 있어서, 독일어 사전에는 따로 발음 표기가 없게 되는 것이다. 독일어에는 다음과 같은 표기 규칙이 있다.

연구개마찰음 [x]는 ch로 적는다.
어말의 연구개파열음 [k]는 g로 적는다.
하향이중모음 [ɔj]는 eu 또는 äu로 적는다.

이 같은 규칙에 따라, [naxt]를 naxt가 아니라 nacht로, [zuk]는 Zuk가 아니라 Zug로, [frɔjlain]는 Froylein이 아니라 Fräulein으로 적어야 하는 것이다. 그러나 이러한 규칙은 소수다. 그래서 처음 독일어를 배울 때 이러한 몇 가지 예외 규칙만 배운다면, 독일어 발음을 그대로 로마자로 표기할 수 있다.

4.2.2 표음성이 낮은 경우

표음성이 낮다는 것은 발음과 표기의 일치의 정도가 낮기 때문에, 많은 경우에 그 철자를 일일이 암기해야 한다는 뜻이다. 영어는 그 일치의 정도가 비교적 낮은 단계에 있는 언어다.

다음은 좀 극단적인 경우이지만, 문자 'a'가 얼마나 다양한 발음으로 나는지 보여주고 있다.

[a] (car) [aː] (calm) [æ] (cat) [ei] (able) [ɔː](all) [ə] (sofa)

[i] (palace) [u](road) [eə] (software) [ɛ] (care) [무음] (crystal)

또한 [iː] 소리 하나를 적기 위해 사용되는 문자도 다음과 같이
여러 가지다.

e (region), ee (keep), ea (teach), ei (seize), ie (niece), ey (key), ay (quay)

그러므로 [rait]라고 발음할 때 이것이 right, rite, write, wright 중
어느 것인지를 알기 위해서는 철자를 암기하는 과정이 선행되어야
한다.*

영어권에서 농담 삼아 일컬어지는 다음과 같은 potato 철자 바꾸
기 놀이는 영어 철자가 얼마나 이해하기 어려운 일인지 반증해주는
예다.

Hiccough에서는 GH가 P 소리이고

Dough에서는 OUGH가 O 소리이고

Phthisis에서는 PHTH가 T 소리이고

Neighbour에서는 EIGH가 A 소리이고

Gazette에서는 TTE가 T 소리이고

---

* 문맥을 통해 알 수 있다고 생각할 수도 있다. 하지만 문맥을 통해 이해하는 것은
[rait]의 의미일 뿐이다. 그 의미의 단어를 어떻게 표기할지는 철자를 암기하는 영역일
뿐이다.

Plateau에서는 EAU가 O 소리이므로

POTATO의 철자는 다음과 같이 바뀔 수 있겠네:

GHOUGHPHTHEIGHTTEEAU

또한, 프랑스어도 영어보다 표음성이 더 낮다. 예를 들어, aller, manger 등은 실제 발음되지 않는 철자 r이 포함되어 있고, nous, plat, chaud 등의 어말 자음 s, t, d 등 역시 그 발음만으로는 예측하기 어렵다. 하지만 이러한 발음 규칙은 그 수가 한정되어 있다.

❖ 존맨 150쪽 이하 읽을 것.

아직도 영어권 일각에서 철자 간소화 운동이 벌어지고 있는 것도 이와 같은 고민의 결과다.* 어쨌든 각 언어에 사용되는 표음성의 정도를 정도화할 수는 없다. 하지만 충족도에 가까울수록, 해당 언어를 배울 때 철자에 대하여 고민할 필요가 없다.

4.3 표기법의 보수성

4.3.1 보수성의 원인과 과정

앞에서, 표음문자의 본질과 이상은 100퍼센트의 표음성을 지향

---

* 철자 간소화 운동에 대해서는 http://online.wsj.com/article/SB121209937893330739.html 참고

하고 있지만 현재 사용되는 대부분의 표음문자들이 이를 만족시키지 못하는 상황을 살펴보았다. 이러한 일이 발생하는 가장 큰 이유는 언어는 시간의 흐름에 따라 끊임없이 변하는데, 그러한 변화의 속도를 문자가 제대로 따라가지 못하기 때문이다. 즉, 언어 변화의 결과 음소가 사라지거나 새로 생겨나지만, 이러한 변화가 표기에 반영되지 않을 때 문자와 그 문자의 발음은 괴리된다. 언어의 변화를 표기법이 제대로 따라가지 못하는 것이다.*

이처럼 언어의 변화에도 불구하고 앞선 시기의 표기법이 그대로 유지되는 것을 표기법의 보수성이라 하며, 이는 표음문자의 표음성과 대조되는 개념이 된다. 이러한 보수화 과정을 다음과 같은 예로써 구체화할 수 있다.

현대 한국어에서 이중모음 [ㅖ] [ㅢ]는 단모음화되어 [ㅔ] [ㅣ]로 변하였지만 이러한 변화는 다음 규정에서 보듯이 표기에 전혀 반영되지 않는다.

- '계, 례, 몌, 폐, 혜'의 'ㅖ'는 'ㅔ'로 소리 나는 경우가 있더라도 'ㅖ'로 적는다. 〈한글맞춤법 제8항〉
- '의'나, 자음을 첫소리로 가지고 있는 음절의 'ㅢ'는 'ㅣ'로 소리나는 경우가 있더라도 'ㅢ'로 적는다. 〈한글맞춤법 제9항〉

따라서 '지혜, 혜택 / 강의, 희망' 등 단어들의 철자에는 이전 시기

---

* 이 외에 영어의 표기법이 보수화된 까닭은 허웅(1981)을 참고.

의 발음의 흔적이 남아 있다고 하겠다. 즉, 언어는 변하였으나 이러한 변화가 표기에 반영되지 않고 보수적인 표기법을 그대로 사용한다.

시대A	[지혜, 강의]	지혜, 강의
시대B	[지혜, 강이]	지혜, 강의
	언어 변함	표기 변화 없음

또한 서로 다른 발음이었던 [ㅐ]와 [ㅔ]가 하나의 음소로 합류된 변화 역시 표기에 반영되지 않아서, '돼/되, 왠/웬, 결재/결제' 등 혼동을 낳는 것도 표기법의 보수성에 기인한 것이다.

다른 언어에서 예를 들어보면 다음과 같다. 중세 영어에서 '밤(夜)'을 의미하는 단어는 [nixt]와 비슷하게 발음되었고, 그 발음대로 night로 표기되었다.* 이후 이 단어의 발음이 변화하여 [naɪt]로 바뀌었지만, 그 표기에는 발음되지 않는 -gh-가 그대로 남았다. 즉, 실제로 [x]라는 발음을 위해 -gh-를 사용하여 표기하였다가, 그 발음이 사라졌음에 표기에는 이전 시기의 흔적이 그대로 남은 것이다.

---

* 중세 영어의 서사 관습에서는 -t- 앞에 오는 이른바 '강한 h (hard H)'는 -gh-로 표기된다.
http://www.nativlang.com/middle-english/middle-english-pronunciation.php 참고.
당시 어중의 -gh-가 발음되었다는 근거는 동원어인 독일어의 Nacht [naxt]를 참고할 수 있다.

시대A	[nixt]	night
	↓	‖
시대B	[naɪt]	night
	언어 변함	표기 변화 없음

또한 autumn, know, sign, bomb 등과 같이 현대에는 발음되지 않는 철자가 포함된 단어들 역시 모두 표기법의 보수성의 결과 생겨난 것들이며, 그 이전 시기에는 그 철자가 실제 발음되었다는 증거는 쉽게 찾을 수 있다.

autumn [ɔːtəm]   cf. autumnal [ɔtʌmnəl]

know [noʊ]   cf. ignorant [ɪgnərənt]

sign [saɪn]   cf. signature [sɪgnəʃə(r)]

bomb [bɑm]   cf. bombard [bɑmbɑrd]

4.3.2 표음성과 보수성

표기법의 보수성이 가지는 가장 큰 단점은 (논리적으로는) 모든 단어의 철자를 암기해야 한다는 점이다. 발음과 철자가 괴리되어 있으므로 언중들은 그 발음에서 자동적으로 단어의 표기 형태를 유추해낼 수 없게 된다. 표음문자를 사용하고 있지만 문자 생활이 어려워지는 것이다.

따라서 이러한 학습의 어려움은 표음문자의 표음성에 따라 달라진다. 표음성이 높은 문자보다 낮은 문자를 사용할 때, 당연하게도 암기해야 할 것이 더 많다. 이를테면, 한글로 한국어를 표기할 때가 로마자로 영어를 표기할 때보다 훨씬 더 작은 노력이 필요한 까닭은 전자가 후자보다 표음성이 더 높기 때문이다. 앞서 살펴보았듯이, 한글로 한국어를 적을 때는 정해진 수의 규칙만 필요하지만, 로마자로 영어를 표기할 때는 따로 표기법을 정하기 어려운 까닭이 바로 여기에 있다. 영어를 표기할 때에는 단어마다 철자법을 암기해야 한다. 영어를 학습하는 이들이 겪는 어려움이 여기에 있다. 예를 들어, [wenzdeɪ]라는 발음에서 Wednesday를 표기할 공시적인 근거가 없기 때문에, 암기에 의존할 수밖에 없다.

흔히 영어를 모국어로 하는 사람은 이러한 철자 암기의 과정을 겪지 않는다고 오해하기도 하지만, 이는 전적으로 사실이 아니다. 일상생활에서 해당 표기가 눈에 익어서 외국어로서 학습하는 이들보다는 조금은 쉽게 느껴질 뿐이지, 모국어 화자들 역시 문자 생활을 위해서는 암기 과정을 똑같이 거쳐야 한다. 표음문자인 로마자를 사용하지만 철자를 암기해야 하는 것은 표음문자가 표음성을 잃어가고 있기 때문이지, 특정 언어의 모국어 화자인지 아닌지는 관련이 없다. 다음 만화는 모국어 화자들도 같은 고민을 하고 있음을 보여주고 있다.

이상에서 살펴본 바와 같이, 이른 시기의 표기를 유지하는 한, 표기법의 역할은 축소되고

김하수·연규동(2015), 《문자의 발달》.

언중들의 부담은 점점 커지게 된다. 실제 ㅂ을 발음하지도 않으면서 '여덟'이라고 써야 하므로 언중들은 자신의 발음에서 사라진 소리를 표기하기 위해 그 철자를 외울 수밖에 없게 된다. 언중들이 자주 틀리는 맞춤법 실수들 역시 거의 다 발음과 철자의 차이를 제대로 외우지 못하고 있기 때문이다.

이처럼 소리가 바뀌었는데도 표기를 그대로 사용하게 된다면, 현대 국어 화자들도 예전처럼 '텰도' '긔챠'라고 표기하고 이를 각각 [철도] [기차]라고 읽어야 한다. 표기를 보고 발음을 예측할 수 없으므로, 단어마다 그 발음은 별도의 암기사항이 된다. 또한, [철]이라는 발음을 표기할 때도 이것이 '철'인지 또는 '텰'인지 문맥에 따라 고민하지 않으면 안 된다. 이렇게 될 때, 거꾸로 '텰도' '긔챠' '디구'라고 써진 문서를 읽을 때 표기와는 거리가 있는 [철도] [기차] [지구]라고 읽어야 한다. 이는 발음은 이미 [가을]로 바뀌었는데 표기는 그대로 'ㄱ·ㅿ·ㄹ'을 써야 할 때, 발음되지 않는 ·나 ㅿ을 써야 하는 상황과 유사한 것이다.

이러한 보수성 때문에 일차적으로 고통을 겪는 이들은 주로 표기법을 새로 학습해야 하는 젊은 세대이며, 이미 철자법에 익숙한 성인들은 그 어려움의 정도가 덜하다. 젊은 세대들마저 발음과 표기가 어긋난 철자법이 눈에 익으면 문자와 발음의 괴리는 정착되는 것이다. 표음문자의 표음성을 잃고 보수화된다고 할 수 있다.

❖ 외국인

문맥을 통해 구분하면 된다고 오해하기도 한다. 하지만 이는 일단 해당의 표기를 암기한 이후의 일일 뿐이다.

개정할 수 있을까.

4.3.3 보수성과 표음성의 충돌

만약 표음문자의 본질과 이상에 맞추려고 언어의 소리가 바뀔 때마다 그 표기법을 바꾼다고 가정하여 보자.

최근 한국어에서 수사 '여덟'이 모음으로 시작하는 조사와 결합할 때 음절말 ㅂ이 발음되지 않는 경향이 있어서, '(올해 내 나이가) 열여덟이야'의 발음은 [열여덜비야]가 아니라 [열여더리야]이 된다. 이때 아예 표기법을 바꾸어서 어떤 경우든지 '여덜'로 적도록 바꾸었다고 가정하여 보자.

이처럼 소리가 바뀌면 표기도 따라서 바꾸는 작업은 아주 큰 장점이 있다. 표음문자의 본질과 이상을 충족시키는 표기법이 되므로 철자를 암기할 필요가 없다.

영어에서 through, night 등을 thru, nite 등으로 표기하려는 시도가 생기는 것도 표음문자의 표음성을 반영하려는 의지가 반영된 것이다. 철자법 개정 운동도 마찬가지다.

따라서 소리의 변화를 표기에 바로 적용하는 일은 언중들에게 표기법의 부담을 크게 줄여준다. 우리가 한글맞춤법 57개의 항만 가지고 우리의 문자 생활을 영위할 수 있는 것은 예전에 쓰던 표기법을 그대로 쓰기 때문이 아니라, 발음이 바뀌었을 때 표기를 바꾸었기 때문인 것이다. 표기법을 암기할 필요가 없다.

하지만 소리가 바뀜에 따라 표기를 바꾸는 작업은 매우 큰 난관에 봉착하게 된다. 예를 들어, 현대 국어에서 '지혜' '희망' '개' '나의 조국' '흙' 등이 점차 [지혜] [히망] [게] [나에 조국] [흑]으로 발음되는 현상*이 고정되어 표기법이 그에 따라 바뀌었다면, [지혜롭게 흐글 모아 새로운 지블 진는다는 히망에 들떠 있다]라고 읽히는 문장은 '지혜롭게 흑을 모아 새로운 집을 진는다는 히망에 들떠 있다'라고 써야 한다. 한국인의 이름에서 흔한 '경희' '은혜' 등을 '경히' '은혜'라고 써야 한다면 이를 처음부터 흔쾌히 받아들일 당사자들이 얼마나 될지 생각해보면, 표기법을 바꾸는 일의 어려움이 쉽게 예측된다.**

우선 정착되어 익숙한 표기를 바꾸는 것에 대한 사회적 저항이 생겨날 수 있으며, 또한 표기를 바꾸는 데도 막대한 사회적 비용이 소요될 것이다. 표기법이 아직 정착되지 않은 사회라면 그 반발이나 비용은 크게 문제가 되지 않겠지만, 이미 문자 문화가 널리 퍼진

---

* 표준발음법에 의하면 '개'를 [게]로 발음하는 것만 제외하고는 모두 허용되는 발음이다.

** 우리는 이미 '국어연구소 개정 시안(1987년 4월)'에서 '메, 케, 페, 혜'를 '메, 케, 페, 혜'로 적으려던 시도가 불발로 끝난 것을 알고 있다.

사회라면 상황이 달라진다.* 단순히 익숙함, 낯섦의 문제만이 아니다. 교과서, 사전을 비롯한 대부분의 서적을 모두 새로운 표기법에 따라 바꾸어야 한다. 상호, 상품명, 간판은 물론 정렬을 위한 한글 코드까지 바꾸어야 하며, 도서관에서 가나다순으로 배열되어 있는 책들의 배열 순서까지 모두 바꾸어야 한다.

정리하면, 소리가 바뀔 때 표기를 함께 바꾸는 일은 표기법을 암기할 필요가 없다는 장점이 있지만, 기존의 문자 생활을 상당 부분 포기해야 한다는 단점을 갖는다. 따라서 발음이 바뀌면 표기도 따라서 바꾸어야 한다는 생각은 '쇼년' '텰도' '긔챠' '디구' '돐' 등을 '소년' '철도' '기차' '지구' '돌'로 바꿀 때는 당연한 것처럼 느껴지지만, '지혜' '희망' '개' '나의 조국' '흙'을 '지헤' '히망' '게' '나에 조국' '흑'으로 바꾸어야 하는 상황에 다다르면 쉽게 받아들이기 어렵게 된다. 그러므로 언어 현실에 따라 표기를 바꾸어야 할지, 아니면 계속 동일한 표기를 유지해야 할지 결정하는 일은 쉽지 않다. 전자는 '소리대로'의 원칙을 따르는 것으로, 이 원칙에 따라 '亽샹' '미일' '쇼년' '셰계' 대신 '사상' '매일' '소년' '세계' 등으로 표기하는 것이다. 그러나 이 원칙을 계속 준수하면, [ㅖ] 음이 사라지면 '게수' '차레' '폐품' '은헤'로 적어야 할 것이다. 후자는 '관습에 따라서'의 원칙을 따르는 것으로, '계수' '차례' '폐품' '은혜'의 표기는 지금과 같이 유지되는 것이다.

---

* '짜장면'이 '자장면'으로 되었지만, 결국 언중이 이겼다.

표기를 그대로 둔다	표기를 바꾼다
쇼년, 텰도, 긔챠, 디구, 돓	소년, 철도, 기차, 지구, 돌
지혜, 희망, 개, 나의 조국, 흙	지혜, 히망, 게, 나에 조국, 흑

현재 우리가 '소년' '철도' '기차' '지구' '돌'과 '지혜' '희망' '개' '나의 조국' '흙'을 같이 쓰고 있다는 것은, 표기를 바꾸는 입장과 표기를 그대로 두는 입장 둘을 모두 지지하고 있다는 사실을 보여준다. 문자 생활이 활성화된 현대에서 모든 표기법은 당연히 보수성을 띨 수밖에 없으며, 이러한 경향은 시간이 흐를수록 더 강화된다.

이런 의미에서, 언어가 변화함에 따라 '소리대로'와 '관습에 따라서'를 어떻게 조화시킬지는 늘 문제가 될 수 있다.

지금까지 우리는 표음문자가 보수화되는 원인과 과정을 살펴보았다. 이러한 논의를 간단하게 요약하면 다음과 같다.

표음문자는 원칙적으로 문자가 소리를 먼저 나타내는 것으로서, 이상적인 표음문자라면 그 문자를 사용하는 언어에서 하나의 음소는 단지 하나의 기호로만 표기되어 규범화된 정서법이 불필요하게 된다. 하지만 표기법이 발음의 변화를 제대로 담지 못하게 되면, 점차로 표기와 발음은 거리가 생기게 된다. 그렇다고 이 둘을 일치시키기 위해 발음이 바뀔 때마다 표기법을 따라서 바꾸게 된다면, 현대와 같이 문자 생활이 정착된 시대에는 더 큰 혼란을 야기하게 된다. 이 같은 혼란은 문자 생활이 정착되어 갈수록 더 어려워진다.

따라서 표음문자를 사용하는 언어의 표기법이라 할지라도 그 표기법은 점차 보수화되기 마련이며, 이제는 표기를 암기하는 부담은 점차로 늘어가게 될 것이다.

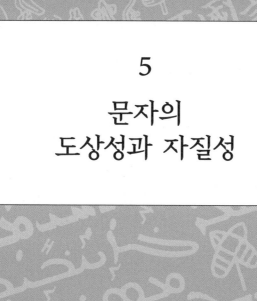

5

문자의
도상성과 자질성

기호와 현실 세계가 우연한 관계에 있는지, 아니면 필연적이고 논리적인 관계에 있는지는 오랫동안 논쟁이 되어온 문제다. 하지만 소쉬르가 구조주의 언어학의 기반 위에서 언어 형태와 의미가 자의적(恣意的, arbitrary) 관계에 있음을 천명한 이래, 언어기호의 형식과 내용 사이에는 유사성이 존재하지 않는다는 생각이 널리 받아들여졌다.[*]

그러나 철학자 퍼스(Charles Sanders Peirce)가 기호와 대상물 사이의 유연성(有緣性)에 근거하여 기호를 세분하면서 도상성(圖像性, iconicity)은 다시 주목을 받게 되었다. 퍼스에 따르면 기호는 도상(icon), 지표(index), 상징(symbol)으로 구분된다. 도상은 기호의 형식과 내용 간에 '닮음'이 존재하는 관계로서 가장 유연성이 높으며, 상징은 기호의 형식과 내용이 '관습'에 의한 기호로서 유연성이 없으며, 지표는 기호의 형식과 내용 간에 '자연적 관계'가 존재하는 관계이며 유연성은 중간 위치에 놓인다.

도상성이란 기호 형태와 기호가 가리키는 대상 사이에 자연적인 닮음 또는 유추 관계가 있음을 가리키는 용어다. 도상성의 하위 유

---

[*] 여기서부터 '5.4 문자 도상성의 속성' 이전까지의 내용은 연규동(2019)과 거의 동일함을 밝혀둔다. 연규동(2019), 〈문자의 도상성과 훈민정음〉, 《한글》 80-1, 한글학회:37-67.

형은 학자에 따라 다양하지만, 도상성을 크게 '모방적 도상성'과 '구조적 도상성'으로 구분하는 것이 일반적이다(임지룡, 2004:178 이하 참고).

모방적 도상성이란 도상성이 보여주는 일차적인 것으로서 매개물과 외적 형태가 유사함에 따라 발생하는 도상성을 가리킨다. 구조적 도상성은 이차적인 것으로서 내적 구조에 보이는 체계성 및 유사성을 바탕으로 도상성을 설명하는 개념이다. 구조적 도상성은 다시 양적 도상성, 순서적 도상성, 거리적 도상성 세 가지로 구분된다. 양적 도상성은 개념적 내용이 복잡할수록 표현의 길이가 길어진다는 것이고, 순서적 도상성은 시간적 순서나 우선성의 정도가 언어 구조에 반영되어 있는 것이며, 거리적 도상성은 개념적 거리와 언어적 거리가 비례 관계에 있다는 것이다. 이를 다음과 같이 간단하게 요약할 수 있다.

도상성	
모방적 도상성	구조적 도상성
	양적 도상성 순서적 도상성 거리적 도상성

언어 분석에서 도상성에 대한 관심이 늘어나고 있는 데 비해, 문자의 도상성은 그동안 그다지 크게 관심을 받지 못했다. 굳이 도상성이라는 용어를 사용하지 않더라도 문자의 도상성 개념 자체는 문자학 논저에서 오래전부터 언급되기는 했지만, 문자학에서 도상 및

도상성을 따로 기술하고 정의한 것은 다음에 제시한 것 정도에 불과하다.

(a) 문자체계의 낱자가 그것이 표상하는 음성언어 단위와 맺는 관계의 자연스러움(the relationship between the graphs of a writing system and the spoken-language units they represent) (샘슨, 1985:34~35/43~44 ; 2015:26~27)*

(b) 기호와 기호가 가리키는 대상 사이에 일치하는 정도(iconicity: degree of correspondence between symbol and thing it depicts)(드프랜시스, 1989:279)

(c) 지시하는 것과 비관습적이며 시각적 관계를 가진 기호(iconic of a sign, bearing some nonconventional, visual relationship to what is referred to)(다니 엘스·브라이트, 1996:xlii)

(d) 자신이 지시하는 대상과 물리적으로 닮은 기호(icon: a sign which bears physical resemblance with the object to which it refers)(쿨마스, 1996:221~2)

이 글에서는 기호의 도상성이 문자에 어떻게 반영되는지를 본격적으로 검토할 것이다. 언어 형태와 의미 사이에 나타나는 유사성(언어의 도상성)을 바탕으로 해서, 문자기호의 형태와 기호의 의미 사이에 나타나는 유사성(문자의 도상성)을 살펴보는 것을 목적으로 한다. 기호의 도상성이 문자기호에는 어떻게 적용되며, 또 문자기호

---

* 샘슨은 '도상성(iconic)' 대신 '유연성(有緣性) 있는(motivated)'이라는 용어를 선호한다.

에만 보이는 도상성은 무엇인지 검토한 후에, 훈민정음에서 발견되는 도상성 문제를 논한다. 이를 통해 훈민정음이 일반문자학 이론 형성에 기여할 수 있을 것으로 생각한다.

5.1 문자의 도상성과 의미

5.1.1 기호 형태와 사물 형태의 상관성

문자의 도상성을 판단하는 첫 번째 기준은 문자기호의 형태와 의미 사이에 '닮음'이 있는지 여부다. 따라서 도상성을 가장 잘 보여주는 기호는 바로 사물을 본떠 그린 그림문자(picture writing, pictography)다. 그림은 사물을 있는 그대로 그리는 것에서 시작해서 문자로 발달하게 된다. 문자와 그림이 분리되지 않았던 문자의 초기 단계라고 볼 수 있는 동굴 벽화 등은 대상의 특성을 직관적으로 보여준다는 점에서 도상성이 매우 강하다고 할 수 있다.

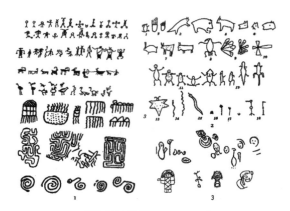

그림문자의 도상성(Diringer, 1951:25)

초기 단계의 그림문자를 그림과 구분하여 'iconography'(도상문자?)라고 부르는 경우도 있다는 사실(Diringer, 1951:25)을 통해서도 그림문자의 도상성을 찾아볼 수 있다. 또한, 메소아메리카에서 발달한 올멕(Olmec) 문자와 마야 문자 역시 'iconography'로 기술된 바 있다(다니엘스·브라이트, 1996:172 ; 그나나데시칸, 2009:89). 이 용어는 그림이 문자로 발달하는 과정에서 그림보다는 양식화되었지만 문자의 단계에는 아직 이르지 못해 상징화하지 않은 기호를 가리킨다.

초기 단계의 그림문자는 사물과의 유사성에 바탕을 둔 모방적 도상성은 드러내고 있지만, 구조적 도상성은 찾아보기 어렵다. 즉, 그림문자가 나타내는 내용은 발화 순서와 그림 순서가 반드시 일치하지는 않는다는 점에서, 순서적 도상성이 부족하다. 게다가 그림문자는 발화될 수 있는 내용을 모두 기호로 표현하는 것은 아니어서 때로는 중의적이거나 때로는 불명확하다는 점에서, 양적 도상성을 보여주지 않는다. 그렇기에 그림문자를 보는(읽는) 이에 따라 실제 언어내용은 다르게 이해될 수 있다.

이처럼 그림문자가 구조적 도상성에 한계를 드러내고 있으므로, 전통적으로 언어학에서 그림문자를 '온전한 의미의 문자'로 받아들이지 않았다. 블룸필드는 진정한 문자는 한정된 수의 관습적 기호를 사용하며 언어형식과 일정한 관계가 있어야 한다는 점에서 그림문자를 문자체계로서 처리하지 않았으며(블룸필드, 1933:283), 겔브 역시 그림문자는 관습적 기호체계가 아니어서 그것을 그린 사람이나 그 사건을 들은 가족 또는 가까운 친구들만 이해할 수 있다는 점에서 그림문자라는 용어를 거부했다(겔브, 1962:29/36).

그림문자가 온전한 문자(full writing)가 아니라는 관점을 강조한 용어가 '의미 표기체계(semasiography)'다(겔브, 1962:191/ 219). 의미 표기체계는 발화된 언어기호(즉, 음성)와 직접 연결되지 않는 기호체계를 지칭한다. 기호가 언어형식을 통하지 않고, 눈에 보이는 모양 자체가 가진 모방적 도상성을 바탕으로 바로 의미를 드러내는 것이다. 이는 '언어 표기체계(glottography)'*로 분류되는 현대의 문자들이 대부분 발화의 순서대로 기호를 배열하고 누가 읽든지 언제나 동일한 언어내용을 유지하는 것과 비교될 수 있다.**

5.1.2 상형문자와 도상성

초기 단계의 그림문자에서는 언어형식과 의미가 고정됨에 따라 언어학적 의미의 문자가 발생한다. 거의 모든 문자는 발생 초기 단계에 대부분 사물을 상형해 만들어지며, 기본적으로 모방적 도상성을 가진다. 따라서 전통적으로 상형문자라고 불리는 문자들(다시 말해서 상형 원리로 만들어진 문자들)은 모두 전형적으로 도상성을 가진다. 사물이나 현상의 모양을 그대로 본떠 문자를 만들었으므로, 표현하려는 내용과 그것을 나타내는 방법 사이의 관계가 보다 직관

---

* 겔브는 '음성 표기체계(phonography)'라는 용어를 사용한다(겔브, 1962).

** "도상에서 상징으로(from icon to symbol)"(쿨마스, 1989:2장 제목), "언어와 유리된 정보는 문자의 시작이 아니다(information separate from language is not the place to begin writing)"(그나나데시칸, 2009:6) 등과 같은 기술에도 그림문자를 바라보는 언어학자들의 시각이 잘 드러나 있다.

적이고 직접적이므로 내용의 이해가 훨씬 쉽기 때문이다.

'상형'이라는 단어는 동양 문자학에서 기호와 사물의 유사함을 설명하려고 오래전부터 사용되어왔는데, 서양 문자학에서는 상형을 직접적으로 나타내는 용어가 따로 제시되어 있지 않다. 단지 기호가 표상하는 사물의 모양에서 의미를 파악할 수 있음을 나타내려고 'pictographic basis' 'pictorial quality' 'pictorial meaning' 등과 같은 용어로써 상형의 의미를 표현하고 있을 뿐이다.

5.1.3 기호 형태와 의미 구성 요소의 상관성

문자 합성과 도상성

두 개 이상의 글자가 하나의 문자로 합성되어 개별 글자가 나타내는 의미의 결합을 문자로 표현하는 경우를 '문자 합성' 또는 회의 (會意)라고 한다. 이렇게 합성된 문자의 의미는 구성하고 있는 두 문자의 의미의 합과 같으므로, 개별 문자의 의미를 알면 회의 원리로 형성된 문자의 의미가 투명해진다. 따라서 이러한 문자 합성을 통해 의미를 유추할 수 있는 투명성은 문자가 가진 도상성의 특징으로 볼 수 있다. 문자의 형태와 의미가 개별적인 언어 단위가 아니라, 여러 언어 단위가 결합 또는 배열되는 방식으로 나타나는 것이다. 합성어의 구성 요소를 통해서 합성어의 의미를 유추할 수 있듯이, 하나의 문자를 이루는 글자들의 관계를 통해 전체 의미를 이해하게 된다.

예를 들어, 쐐기문자에서 '먹다'라는 뜻을 가진 글자는 '입'을 나타내는 글자와 '음식, 그릇'을 나타내는 글자의 결합으로 이루어진다. 마찬가지로 '여자 노예'를 가리키는 문자는 '여자'를 나타내는 문자와 '노예'를 나타내는 문자가 결합해 생겨난다. 이 같은 문자 합성의 원리는 이집트 문자, 히타이트 문자, 한자, 마야 문자 등 많은 문자체계에서 발견된다. 페니키아 문자 ⊗가 ✕와 ◯의 결합이라는 사실을 이해하는 것도 문자 합성에 의한 도상성의 결과라고 볼 수 있다.

의미표시자와 도상성

의미표시자(semantic indicator)는 문자기호에 그 의미를 나타내는 요소를 덧붙이는 기능 요소다. 여러 의미를 가진 기호들과 결합해 그 의미를 분화해 새로운 합성 기호를 만든다. 따라서 두 개 이상의 문자기호에 공통으로 들어 있는 의미표시자는 각 문자의 의미 범주를 나타낸다.

'나무'라는 뜻을 가진 쐐기문자 ⟅가 공통으로 들어 있는 ⟅⟆⟇ '쟁기'와 ⟅⟆⟇ '화살'은 모두 나무로 만든 도구라는 사실을 보여준다는 점에서 도상적이다. 이집트 문자에서도 ⟐⟑ '아들', ⟒⟑ '필경사', ⟓⟑ '주인'에는 모두 '사람'을 의미하는 의미표시자 ⟑가 포함되어 있다.

의미표시자 기능을 가진 한자의 부수(部首) 역시 도상적이다. 조(鳥)가 '새'를 의미한다는 사실을 알고 있는 것만으로도 다음 글자들이 모두 새와 관련된 의미를 가진다는 것을 바로 알게 된다. 한자 텍스트 가운데 이러한 글자들이 나오면 정확한 음과 뜻은 모르더라도 새 종류라고 해석해서 대략적인 의미를 파악할 수 있게 된다.*

鳴 鴄 鳶 鳴 鶵 鴇 鴟 鷗 祮 鷴 鳭 鴋 鷁 鴣 焻 鳶 鳶 梟
鳱 鴨 鳩 鳳 鴒 鳭 鴉 鷄 鴄 鴫 瑦 碼 鳩 鳶 鳶 鷗 鷄 鳩
鴃 鳴 鳩 焻 鴾 鳫 鴉 鷗 鴉 鴵 鳩 驪 鳲 鵳 鴂 鴂 鳪 鳩
鶡 鷹 鴂 鳮 鴈 鳮 鴟 鴟 碼 鷔 鷗 鴂 鴂 鴵 鼅 嶋 鴃
鴂 皅 鵬 鮑 鴾 鳩 鴀 鳮 鴝 鴝 鳺 鵾 鴄 鳩 鷗 鴄 鴃 鴃
鴒 鳩 鳭 鴕 鷗 鴀 鶔 鳩 鴄 鴄 鴀 鴝 鴂 鳩 鴨 鴂 鴅
鶄 鴨 鳭 鴒 鴄 鵁 鴐 鴐 鴇 鴃 鴈 鴲 鴆 鵳 鴼 鵂 鷤 鴇
鴂 鵳 鵳 鳩 鴂 鴂 鳱 鴧 鳶 鴄 鴼 鴼 鳱 鴓 鴂 鴂 鴂 鴃
鴄 鵳 鴻 鵿 鴀 鵓 鴀 鵀 鵑 鴀 鴹 鵈 鴹 鴼 鴄 鴼 鴈 鴃
鴈 鴝 鴂 鴈 衙 鴳 鴁 鴞 鴨 鵬 鶱 鵳 鵉 鴹 鴐 鴂 鴈 鴈
鴕 鴂 鴈 鴄 鴁 鴽 鴂 鴅 鶢 鵊 鴅 鵴 鵉 鵅 鵚 鴼 鵉 鴄
鴂 鵏 鴂 鴁 鵳 鴵 鴨 鴀 鵕 鵄 鷘 鴂 鵈 鴼 鵇 鵇 鴂 鴈
鵳 鵓 鵖 鵊 鴂 鴽 鴽 鴈 鴈 鴨 鴀 鵅 鵄 鷛 鴄 鴄 鴂 鴈
鴄 鵬 鵉 鴂 鴨 鴵 雛 鴄 鷚 鴂 鴟 鴂 鵚 鴈 鴼 鴈 鵾 鵝
鴻 鴃 鵬 鵬 鴹 鵄 鳩 鴷 鴽 鴟 鴼 鴈 鴀 鴂 鵅 鵂 鵳 鵑
鷗 鴼 鴨 鵀 鵾 鵌 鷄 鴼 鵾 鴼 鴻 鵜 鵬 鴷 鷚 鷛 鵜 鵅
鴷 鴽 鴝 鴄 鴼 鵉 鴼 鵉 鴼 鵇 鴧 鴼 鷛 鴈 鴄 鴂 鵅 鴈

* 한자는 간체자가 되면서 도상성이 사라지기도 한다. 예를 들어, 번체자 **擊**은 손으로
친다는 의미와의 유연성이 부수 手로 드러나 있지만, 이 글자를 간화한 击은 그러한 의
미적인 투명성이 소멸되었다.

� these are hundreds of bird-radical kanji arranged in a grid.

鴉 鷗 鷦 鴶 鶎 鵲 鶡 鵣 鷟 鶗 鵬 鷭 鷗 鷳 鴶 鶒 鴨

鴟 鶯 鵁 鵽 鷥 鶸 鵶 鶵 鷟 鴻 鶴 鵤 鶢 鶢 鴫 鷥 鷥

鵤 鷥 鷥 鶱 鵼 鵼 鴗 鶸 鴿 鷟 鶍 鶯 鵣 鶱 鵵 鶔 鶴 鶘

鶋 鵲 鵵 鶺 鶴 鵵 鵼 翰 鷟 鶸 鵼 鶵 鶙 鶏 鵣 鵳 鷇

鶵 鷳 鶍 馬 鶏 鵵 萬 鵵 鷩 鵵 鶵 鷁 鷽 鵵 鵼 鵤 鷦

鷶 鶵 鷹 鷹 鷹 鶵 鵵 鶵 鷹 鶴 鶺 鶪 鵼 鶴 鵵 鷟 鷹

鷟 鷗 鷟 鷟 鷑 鵬 鷗 鴨 鷭 鷟 鷑 鶔 鶸 鷑 鵼 鵬 鶲 鶌

鷁 鶺 鷈 鷁 鶓 鷑 鵼 鶏 鷑 鶏 鮉 鷹 鶴 鴨 鷟 鳥

鶵 鵼 鵵 罵 鶵 鷒 鵼 鷒 鵟 鴬 鵼 鷢 鵼 鶯 鶯 鶘 鵵 鵼

鶵 鷇 鶵 鷨 鶖 鷇 鷗 鵼 鵼 鷇 鷁 鵼 鶺 鴬 鷑 鶷 鵣 鷩

鷹 鷽 鷒 鵼 鵶 鵼 贏 灣 鷪 鷩 鵼 鵼 鷟 鷹 鵼 鷑 鷲 鷹

鷶 鷹 鶷 鷹 鶵 鵼 黑 鷇 鵼 鷟 鵵 鷪 鶷 鵼 鷇 鵵 鵴 鶘

鶴 鷽 鶵 鴬 鵼 鵣 鶴 鶴 鷹 鵼 鷟 鷽 鷇 鷪 鷑

5.1.3 기호 형태와 어휘 종류의 상관성

일본의 가타가나는 소리만을 표상하는 표음문자이지만, 문자기
호를 통해 그 문자가 표기하는 단어의 종류에 관한 정보를 제공하
는 경우가 있다. 이때 기호 형태는 어종(語種)을 도상적으로 표현하
는 것이다. 옆의 그림에서 가타가나로 표기된 단어는 일본어 고유
어가 아니라 외래어라는 사실이 시각적으로 표현되어 있다. 이 외
에도 가타가나는 일본어 단어가 본래의 목적에서 조금 벗어난 발
음을 나타내기도 하고 어떤 특별한 감정을 동반한 문맥이라는 사
실을 표현하기도 한다.

ディジタル化のしくみ　音の表現

◆コンパクトディスクの音のディジタル化について，1秒
あたり何キロバイトのデータになるか計算せよ。
ただし，CDのサンプリング周波数を44100Hz，量子
化レベル数を2B，チャンネル数を2で計算せよ。

◆650MBのCDに，ラジオの番組を1日15分，サンプリン
グ周波数22050HZ，量子化レベル数8ビット，モノラル
でディジタル録音する場合，何日分の番組を録音でき
るか。

가타가나의 도상성

독일어의 문자 표기에서도 이와 유사한 도상성을 찾아볼 수 있다. 독일어에서는 외래어가 수용되면 [k]는 K로, [ts]는 Z로 적는다. 그래서 Accusativ, Centrum, Copie, Penicillin, Spectrum으로 적던 단어가 외래어라는 의식이 사라지면 각각 Akkusativ, Zentrum, Kopie, Penizillin, Spektrum으로 적힌다. 그러므로 Comback, Comics, Cornflakes와 같이 [k]를 K가 아니라 C로 적는 단어는 아직 완전히 독일어에 동화되지 않았음을 보여준다(싱글턴, 2003:99/136~137 참고). 게다가 Zigaretten, Zirkus 대신에 일부러 Cigaretten, Circus를 써서 이국적인 느낌을 주기도 한다. 문자기호 C가 특정한 어휘 항목의 유형, 즉 외래어와 관련되어 있지 않다면 이런 표기 전략이 있을 수 없다는 점에서 문자기호의 도상성을 잘 보여준다.

5.2 문자의 도상성과 소리

도상성은 기본적으로 시각적인 속성으로 볼 수 있지만, 문자기호가 소리와 일정한 상관관계를 가지는 것도 도상성의 확장으로 이해할 수 있다. 구조적 도상성을 드러내는 것이다.

5.2.1 기호 형태와 발음기관 모양과의 상관성

표음문자와 도상성

표음문자는 의미가 아니라 소리와 일차적이며 직접적인 관계를 맺는 문자로서, 문자기호를 통해 음성에 대한 정보만 알 수 있게 되어 있을 뿐, 의미에 관한 정보는 포함되어 있지 않다. 따라서 표음문자는 전통적으로 도상성과는 관련이 없는 것으로 생각되었다. 예를 들어, 라틴 문자의 경우 개별 글자와 그것이 표상하는 언어 단위와의 관계는 도상적이 아니다. 라틴 문자의 k, a 등 기호의 모양은 그것이 나타내는 소리 [k], [a]와 아무 관련이 없다. 이러한 관계는 학습을 통해 일일이 배워야 한다는 점에서 자의적이다.

하지만 표음문자이면서 기호의 모양을 통해 그 기호가 표상하는 소리를 추론해낼 수 있는 문자가 재발견,

히브리 문자 '멤', n (쿨마스, 1996:224)

소개되면서, 표음문자의 도상성도 문자학의 관심사가 되었다. 예를 들어, 히브리 문자기호가 "글자의 모양이 그 글자가 표상하는 소리를 낼 때의 심리적 조건과 관련"이 있도록 고안된 것이라는 주장은, 문자기호가 그 기호를 발음하는 조음 기관과 관련 있어야 한다는 생각에서 나온 것이다(쿨마스, 1996:223~224 ; 2003:26~30/55~60). 또한, '생리학적 문자' '보이는 말(Visible speech)' 등도 조음의 생리학을 기초로 해서 언어음을 과학적으로 기술하고 표상해야 한다는 생각을 바탕으로 만든 문자다.

'보이는 말'과 도상성

이 중 1867년 벨이 만든 '보이는 말(Visible Speech)'은 소리를 시각적으로 상징화한 기호 중 가장 발달한 것으로, 이 기호들은 조음 위치와 조음 방법, 발성을 나타내기 위해 조음 기관을 도상화한 것이다.* 기호의 모양을 통해 소리의 조음 특징을 도상적으로 구분할 수 있게 된다.

예를 들어, 발음할 때 입천장에 닿는 혀의 위치(또는 입술 위치)를 그린 C, ∩, U, ∩ 기호 각각에 성대 모양을 그린 I가 결합하면 각각 해당 조음 위치의 유성음이 되며, 코 모양을 그린 기호 ʃ을 사용해서 각 기호들의 열려 있는 방향을 닫으면 해당 조음 위치에서 발음되는 비음이 되는 식이다.

---

* 다니엘스·브라이트는 '보이는 음성'을 '도상 표기법(iconic notation)' 중 하나로 기술한다(다니엘스·브라이트, 1996:838).

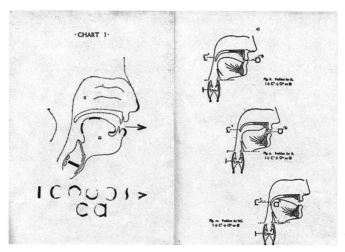

보이는 말(연규동(2019), 〈문자의 도상성과 훈민정음〉, 《한글》 80-1, 한글학회, 49쪽)

	연구개음	경구개음	치조음	양순음
기본자	C [x]	∩ [ç]	U [ɾ]	Ɔ [ɸ]
I 결합	Є [ɣ]	⋒ [j]	ɯ [r]	Ɛ [β]
ʃ 결합	ჩ [ŋ]	ℚ [ɲ]	ʊ̋ [n]	ϑ [m]

5.2.2 기호 형태와 소릿값의 상관성

표기법과 도상성

표기법에서도 문자의 도상성을 파악할 수 있다. 예를 들어, 핀란드어, 스페인어, 독일어, 베트남어 등과 같이 표기된 철자를 보고 해당 언어의 발음을 유추하기 쉬운 언어가 있고, 영어와 같이 철자만으로 발음을 유추하기 어려운 언어도 있다. 이때 전자에 속하는 언어는 후자에 속하는 언어보다 표기법의 도상성이 있다고 말할 수 있다.

예를 들어 영어 표기법에서는 다음과 같이 다양한 발음을 동일한 문자 'a'로 표기한다.

[a] (car), [aː] (calm), [æ] (cat), [ei] (able), [ɔː](all), [ə] (sofa), [i] (palace), [ʊ] (road), [e] (care), [무음] (crystal)

또한 [iː] 소리 하나를 적기 위해 사용되는 문자도 다음과 같이 여러 가지다.

e (region), ee (keep), ea (teach), ei (seize), ie (niece), ey (key), ay (quay)

그러므로 [rait]라고 발음할 때에 이것이 'right, rite, write, wright' 중 어느 것인지를 알기 위해서는 철자를 암기하는 과정이 선행되어야 한다. 표기법의 도상성이 낮기 때문이다.

반면, 라틴 문자로 기록된 역사가 짧거나 근대에 표기법을 개혁한 언어들은 표기법의 도상성이 높은 편이다. 핀란드어는 문자기호 하나가 음소 하나에 대응되는 매우 규칙적인 표기법을 가지고 있다. 핀란드어 표기와 발음을 비교해 보면 이러한 규칙성이 잘 드러난다.

Kaikki ihmiset syntyvät vapaina ja tasavertaisina arvoltaan ja oikeuksiltaan.

[kaikːi içmiset syntyvæt vapaina ja tasavertajsina arvoltaːn ja ojkewksiltaːn] (모든 인간은 태어날 때부터 자유로우며 그 존엄과 권리에 있어 동등하다.)

또한, 억양과 같은 초분절음소의 경우도 다음 (a)가 아니라 (b)처럼 표기하면 도상성이 더 잘 드러날 수 있다(다니엘스·브라이트, 1996:828).

(a)

I \don't think °they'll be ˘pleased.

[aɪ \doʊnt θɪŋk °ðeɪl bɪ ˘pliːzd]

(b)

a ɪ d ᵒ ᵘ n t   θ ɪ ŋ k   ð e ɪ l   b ɪ   p ˡ ⁱ ː z d

문자 표기를 달리해서 다른 의미를 가진 단어임을 나타내는 경우도 있다. 이 역시 표기를 보고 의미를 예측할 수 있기 때문에 도상성을 잘 보여주는 것이다. 영국 영어에서 'program' 'disk'라고 표기하면 각각 '컴퓨터 프로그램'과 '디스크'라는 의미를 가지지만, 예를 들어 '연구 계획, 텔레비전 프로그램' '원판, 시디'라는 의미를 나타낼 때에는 'programme' 'disc'를 그대로 쓰기도 한다(싱글턴, 2003:141/182). 'flower'와 'flour'도 어원적으로 모두 flour '꽃'에서 온 단어이지만 의미 차이를 보여주기 위해서 표기를 분리한 것이다. 중세 국어 'ㄱㄹ치다'가 현대 표기법에서 '가르치다'와 '가리키다'로 분화한 것도 마찬가지로 도상성을 드러내는 장치라고 할 수 있다.

소리 표시자와 도상성

소리 표시자는 문자기호에 그 소릿값을 나타내는 요소를 덧붙이는 방법이다. 따라서 문자기호 안에 소리 정보가 들어 있다는 점에서 도상성을 다룰 수 있다. 한자에서도 형성자를 이루는 글자들은 같은 음을 가진다고 예측이 가능하다. 실제로 음을 모르는 한자를 읽을 때 이러한 도상성을 활용하게 된다(박경송, 2010:453~454).

共(한가지 공) ─ 供(이바지할 공), 恭(공손할 공), 拱(팔짱낄 공), 輂(수갑 공), 珙(옥 공), 栱(말뚝 공), 艅(작은 배 공)

昏(어두울 혼) ─ 惛(흐릴 혼), 脗(어두울 혼), 婚(혼인할 혼), 楿(자귀나무 혼)

이러한 도상성은 영어에서 fl-의 연쇄가 flimmer, flicker, flame, flare처럼 '빛의 발산'과 연관되고, -ash는 bash, brash, clash, crash, dash, fash, gash, gnash, hash, lash, mash, pash, rash, slash, smash, splash, thrash, trash처럼 '격렬함'과 '속력'과 연관되는 것과 대응된다(권희상, 2005:5).

5.2.3 기호의 배열 순서와 문장 순서의 상관성

언어 표기체계 내의 문자들은 문자의 선형성이라는 구조적 도상을 가진다. 선형성(線形性, linearity)*이란 문자의 개별 기호들이 연속적으로 배열되어 있는 속성을 가리키는 말이다. 세계의 많은 문자는 발화 순서와 기호 순서가 일치하고 있다는 점에서 순서적 도상성을 보여준다. 공간적으로 앞서는 기호는 실제 발화에서도 먼저 나오게 된다.

앞서 살펴본 바와 같이 언어 표기체계에 속하는 대부분의 문자들이 문자의 선형성이라는 구조적 도상을 가지고 있듯이, 대부분의 표음문자는 또 다른 구조적 도상성을 가지는데, 자음자와 모음자가 동등한 위상을 가지고 발화하는 순서대로 연속적으로 표기되는 순서적 도상성을 보인다.**

---

* 하지만 선형성(線形性)은 아직 국어사전에 등재되지 않았다. 선형성(線型性)만이 등재되었다. linearity를 단선성이라고도 하지만 굳이 單線을 강조할 필요는 없기 때문에 이 용어는 채택하지 않았으며, 제일 좋은 용어는 '선조성(線條性)'이다. '요소들이 연결되어 하나의 줄'처럼 된다는 뜻이 잘 드러나 있다. 사전에도 등재되어 있다. "요소들이 줄을 이루어 이어지는 성질"(《고려》). 용어가 어려울 듯하여 일단은 선형성을 선택한다.

** 훈민정음을 비롯하여 인도계 문자, 마야 문자 등은 비선형적 특징을 가진 문자이다. 선형성을 가진 문자의 기본 단위는 letter라고 하며, 비선형성을 가진 문자의 낱자는 glyph라고 한다.

5.3 훈민정음의 도상성

5.3.1 훈민정음의 도상성과 의미

5.3.2 훈민정음 모음자와 사물 형태의 상관성

훈민정음 모음자의 기본자 ·, ㅡ, ㅣ는 각각 하늘, 땅, 인간의 모양을 도상한 것이다. 훈민정음 모음자 자형의 도상성에 대해서는 《훈민정음》 해례본에 다음과 같이 기술되어 있다. 해례본에서 제시한 설명은 주관적일 수 있지만, 대응을 예측할 수 있다는 점에서 도상적이다.

> · … 모양이 둥근 것은 하늘을 본뜬 것이다[形之圓 象乎天也].
> ㅡ … 모양이 평평한 것은 땅을 본뜬 것이다[形之平 象乎地也].
> ㅣ … 서 있는 모양인 것은 사람을 본뜬 것이다[形之立 象乎人也].

5.3.3 훈민정음의 도상성과 소리

훈민정음의 도상성은 의미보다 소리의 측면에서 두드러진다. 이러한 점에서 훈민정음은 표음문자가 이룰 수 있는 극상의 완성품이라고 말할 수 있다.

자음자와 모음자의 구별

훈민정음의 자음자와 모음자가 개념적으로 그리고 자형이라는 관점에서 다르게 구성되어 있는 것은 훈민정음이 가진 도상성의 하나다. 세계의 여러 문자 중에서 자음자와 모음자의 제자 원리가 다르고 이를 시각적으로 구분할 수 있는 문자는 훈민정음이 유일하다고 할 수 있다. 예를 들어, 라틴 문자는 기원적으로 상형 원리로 생겨난 문자이기 때문에 자음자와 모음자가 도형적으로 구분되지 않는다.

E   I   O   U

F   J   Q   V

훈민정음 자음자와 발음기관 모양과의 상관성

앞서, 표음문자의 도상성은 기호의 모양과 소리가 상관관계를 드러내는 것임을 살펴보았다. 이러한 표음문자의 도상성이 문자학의 주요 주제가 된 것은 바로 훈민정음이 세계 언어학계에 소개되면서부터다. 글자 모양과 소리의 상관관계에서 보이는 도상성은 훈민정음의 가장 대표적인 특징이라고 할 수 있다.

훈민정음 자음 기본자의 자형이 해당 글자를 발음할 때 발음기관의 모양을 상형했다는 사실은《훈민정음》해례본에 다음과 같이 기술되어 있다.

- 어금닛소리 ㄱ은 혀뿌리가 목구멍을 막는 모양을 본떴다[牙音ㄱ 象舌根閉喉之形].
- 혓소리 ㄴ은 혀끝이 윗잇몸에 닿는 모양을 본떴다[舌音ㄴ 象舌附 上齶之形].

- 입술소리 ㅁ은 입 모양을 본떴다[脣音ㅁ 象口形].
- 잇소리 ㅅ은 이의 모양을 본떴다[齒音ㅅ 象齒形].
- 목구멍소리 ㅇ은 목구멍 모양을 본떴다[喉音ㅇ 象喉形].

이와 같이 유연성 있는 표음 기호를 발명하기 위해 발음기관의 활동을 의식하는 일은 매우 정교한 지적 업적으로 인정되며(샘슨, 1985:34~5·125/43·169 ; 2015:26·148), 인간이 만든 문자가 누릴 수 있는 호사(grammatological luxury)라는 상찬을 받은 것도 훈민정음의 도상성에 기인한 것이다. 시각기호와 조음기관의 위치 사이에 있는 도상성을 통해, 서로 독립된 세계의 두 영역에서 언어를 시각적으로 드러나게 할 수 있다고 생각되었다(쿨마스, 2003:28/56~7).

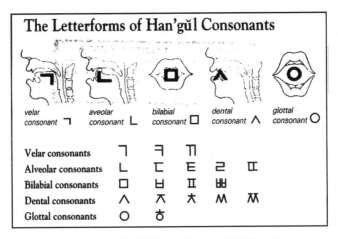

문자와 소리 사이의 도상성(쿨마스(Coulmas, F.)(2003), p.27)

5.3.4 훈민정음 자음자 확장과 음성 자질의 상관성

훈민정음이 가진 도상적 특징은 더 나아가 자질성(資質性, featural system)에 이른다. 훈민정음의 자질적 도상성은 샘슨이 강력하게 주장한 이래로 이후 많은 논저에서 수용되었다(샘슨, 1985:126/170 ; 2015:148~9).

훈민정음의 자질적 도상성은 비슷한 음소는 비슷한 모양을 가지고 있다는 점에 잘 드러난다. 단지 음소만을 인식하고 있는 서양의 여러 문자와는 대조적으로, 훈민정음은 음소보다 작은 단위에 대한 음운론적 정보를 보여주게 된다. 기호의 구성 성분이 음성 자질까지 섬세하고 표현하고 있다.

《훈민정음》해례본에서 자음자 사이에 보이는 도상성을 기술한 부분은 다음과 같다.

- ㅋ은 ㄱ에 비하여 소리 나는 것이 조금 센 까닭에 획을 더하였다. ㄴ이 ㄷ, ㄷ이 ㅌ, ㅁ이 ㅂ, ㅂ이 ㅍ, ㅅ이 ㅈ, ㅈ이 ㅊ, ㅇ이 ㆆ, ㆆ이 ㅎ으로 그 소리에 따라 획을 더한 뜻은 모두 같다.
- [ㅋ比ㄱ 聲出稍厲 故加劃. ㄴ而ㄷ, ㄷ而ㅌ, ㅁ而ㅂ, ㅂ而ㅍ, ㅅ而ㅈ, ㅈ而ㅊ, ㅇ而ㆆ, ㆆ而ㅎ 其因聲加劃之義皆同]
- 전청을 나란히 쓰면 곧 전탁이 되는데, 이는 그 전청 소리가 엉기면 전탁이 되기 때문이다.

  [全清並書則爲全濁, 以其全淸之聲凝則爲全濁也]

예를 들어, 같은 모양을 가진 ㄱ, ㅋ, ㄲ은 연구개음이라는 음성학적 자질을 공유한다. 또한, 기본자 ㄱ에 획을 더해서 유기음 글자 ㅋ를 만드는 것을 유기성이라는 자질이 획으로 더해진 것이다. ㄱ 두 개를 나란히 쓰면 경음성을 가진 ㄲ이 만들어진다.

기본자	가획[폐쇄성]	가획[유기성]	병서[경음성]
ㄱ		ㅋ	ㄲ
ㄴ	ㄷ	ㅌ	ㄸ
ㅁ	ㅂ	ㅍ	ㅃ
ㅅ	ㅈ	ㅊ	ㅆ, ㅉ
ㅇ	ㆆ	ㅎ	ㆅ

한편, 라틴 문자의 문자소 사이에도 획을 더하거나 변형시킨 관계를 발견할 수 있지만, 체계적인 도상성을 보여주지는 않는다.

C   B   S   M   V   R
G   P   Z   N   W   B

5.3.5 훈민정음 모음자 확장과 음성 자질의 상관성

훈민정음 세 개의 기본 모음자에서 점(또는 획)을 첨가하여 이중 모음을 포함한 모든 모음이 생성되는 것 또한 도상성을 보인다.

이러한 모음자 사이에 보이는 도상성 역시 《훈민정음》 해례본에서 이미 인식되었다.

기본자	초출		재출		
· ─ ㅣ	ㅗ	ㅏ	ㅛ	ㅑ	[양성모음]
	ㅜ	ㅓ	ㅠ	ㅕ	[음성모음]
	오므림	폄	오므림	폄	
	[단모음]		[이중모음]		

ㅗ는 ·와 같으나 입을 오므린다[ㅗ與·同而口蹙].

ㅏ는 ·와 같으나 입을 편다[ㅏ與·同而口張].

ㅜ는 ─와 같으나 입을 오므린다[ㅜ與─同而口蹙].

ㅓ는 ─와 같으나 입을 편다[ㅓ與─同而口張].

ㅗ ㅏ ㅜ ㅓ는 하늘과 땅에서 비롯하여, 처음 생긴 것이다[ㅗ ㅏ ㅜ ㅓ 始於天地, 爲初出也].

ㅛ ㅑ ㅕ ㅠ ㅕ는 ㅣ에서 일어나 사람을 겸하여, 두 번째로 생긴 것이다[ㅛ ㅑ ㅕ ㅠ ㅕ 起於ㅣ 而兼乎人, 爲再出也].

5.3.6 훈민정음 음절자와 음절 구조의 상관성

훈민정음 낱자의 복잡한 정도가 음절 모양에 그대로 반영되어 있다는 사실도 도상성으로 이해할 수 있다. 구조적 도상성 중 양적 도상성을 보여준다. 즉, 간단한 음절은 기호도 간단하고 복잡한 음절은 기호도 복잡하다. 예를 들어, '산'과 '뷁'에 보이는 기호 구조의 복잡성은 실제 음절 구조의 복잡성을 그대로 반영한다. 반면 'shout' 'night'에서는 그러한 대응을 찾아볼 수 없다.

5.3.7 마무리

도상성(圖像性, iconicity)이란 훈민정음 기본자의 자형이 해당 글자를 발음할 때의 발음기관의 모양과 상관관계가 있다는 것을 의미한다. 도상성은 훈민정음의 가장 대표적인 특징이며, 국내 학계에서 훈민정음에 대해 크게 자부심을 가지고 있는 것이 바로 이러한 부분이다. 이러한 특징은 레드야드가 '문자학적 호사(grammatological luxury)'라고 부른 이래, 거의 대부분의 관련 논저에서 언급되고 있다(샘슨, 1985:34~5·125/43·169, 2015:26·148 ; 드프랜시스, 1989:194~6 ; 킹, 1996:220 ; Gaur, 2000:107 ; 로빈슨, 2000:157/157 ; 쿨마스, 2003:26~7·157~61/56~7·229~34 ; 피셔, 2004:190·192/251·253 ; 로저스, 2005:71 ; 그나데시칸, 2009:197 ; 스프로트, 2010:66~7).

샘슨은 이러한 도상성을 설명하기 위해, 문자를 '유연성(有緣性) 있는(motivated)' 것과 '자의적인(arbitrary)' 것으로 구분한다. 즉, 단어 문자의 경우 문자의 모양으로 의미를 파악할 수 있거나, 표음문자의 경우 문자의 모양으로 소리를 파악할 수 있을 때 유연성 있는 문자라고 보며, 이를 다른 말로 '도상성이 있다(iconic)'고 본다. 특히 글자의 모양이 그 글자에 해당하는 소리를 낼 때 발음기관의 위치와 관련 있도록 표음문자를 만들 수 있는데, 음성학에서 전사 체계 외에 일반 국가 표기법에 존재하는 경우가 바로 훈민정음이라는 것이다. 특히 샘슨의 초판본에서는 유연성 있는 표음 기호를 발명하기 위해서 발음기관의 활동을 의식하는 일은 매우 정교한 지적 업적이라고까지 평하고 있다(샘슨, 1985:36/45).

또한, 피셔는 훈민정음이 가진 주요한 아름다움으로 발음기관 상형을 언급하고 있다. 아울러 쿨마스는 이와 같은 기본자의 모양과 혀의 위치와의 관계를 "문자와 소리 사이의 도상적 관계"라고 하면서, '외적 형태(outer form)'와 '내적 형태(inner form)'의 조응을 통해 발음되는 요소와 그에 상응하는 부호 사이의 시각적 관계에 의해 사상(寫像)된다고 지적한다. 특히 쿨마스는 이러한 도상적 관계에서 한층 더 나아가 훈민정음 낱자의 복잡한 정도가 음절 모양에 그대로 반영되어 있다는 사실도 도상성으로 이해한다. 즉, 간단한 음절은 기호도 간단하고 복잡한 음절은 기호도 복잡하게 되는 것에 주목하는 것이다. 또한 기본자에 획을 더하면 특정 속성 예를 들어 '세기'가 더 세지는 경우 역시 도상성의 예로 이해한다(이는 보통 자질성에서 설명되기도 한다). 이러한 설명을 통해 쿨마스는 훈민정음 글자가 소리를 충실하게 전사하는 데 가까이 갔다는 사실을 높이 사고 있다. 로저스는 《훈민정음 해례》에서 자음자 모양의 음성적 원리가 기술되어 있다고 설명한다.

도상적 관계를 대부분 자음의 제자 원리로만 기술하는 다른 논저들과는 달리 드프랜시스와 스프로트는 자음은 물론 모음에 대해서도 도상성을 명시하면서, ㅡ는 땅의 모양을, ㅣ는 인간의 모양을 도상한 것으로 구체화한다는 점에서 한층 발전된 시각을 보여준다. 아울러 드프랜시스는 모음을 음양으로 설명한 것이 실제 원리라기보다는 당시 지식인들의 반발을 무마하기 위해 유교 원리를 도입한 것이라는 입장을 취한다.

5.4 문자 도상성의 속성

지금까지 살펴본 문자의 도상성 및 훈민정음의 도상성을 바탕으로 해서 문자의 도상성이 가지는 몇 가지 특징을 정리해보자. 이러한 특징은 도상성의 일반적인 속성이 문자의 도상성에서 반복되는 것이라고 이해할 수 있다.

5.4.1 도상성은 낱자의 속성이다

도상성은 특정 문자체계 전체가 가지는 속성이 아니라, 문자 체계를 이루는 글자의 속성이다. 문자 체계에 속하는 글자 중에서 얼마나 많은 수의 글자가 도상성을 가지느냐에 따라 문자체계의 도상성을 논할 수도 있겠지만, 하나의 문자체계 안에는 도상적인 글자가 있을 수도 있고, 도상적이지 않은(즉 자의적인, 상징적인) 글자도 있을 수 있다. 그러므로 문자체계 자체가 상형의 원리를 따른다 하더라도 개별 기호들을 모두 도상적으로 설명할 수 있는 것은 아니다.

예를 들어, 다음과 같은 인더스 문자의 몇 기호를 보면 도상성을 예측할 수 있는 것과 예측하기 어려운 것으로 구분된다.

인더스 문자기호

수메르 문자에서도 '양'의 의미를 갖는 ⊞은 양과 유사성을 찾기 쉽지 않다. 아라비아 숫자 0은 '비어 있는 구멍', 1은 '획 하나'라고 본다면 도상적일 수 있지만, 그 외의 숫자는 이러한 도상성을 찾을 수 없다. 대부분의 표의문자(및 단어문자)는 ☎, ☞, 👫 등과 같이 문자기호의 모양이 실제 사물의 형상과 관련이 있으므로 도상성이 있지만, ×, &, $ 등과 같은 표의문자는 기호의 모양과 의미 사이에 상관관계를 찾기 어려우므로 도상성이 있다고 말할 수 없다.

5.4.2 도상성은 문화적이다

문자기호가 대상을 어떻게 도상하는지는 문화나 개인에 따라 달라진다. 문화권마다 대상을 보고 강조하고 주목하는 부분이 달라질 수 있으므로 도상성의 양상 역시 문화마다 변한다.

의미	수메르 문자	이집트 문자	히타이트 문자	한자	마야 문자
산					
물					
여자					

문화권에 따라 달라지는 도상성

따라서 해당 문화권에 대한 정보를 제대로 알지 못하면 도상성을 제대로 인식하지 못할 수도 있다. 예를 들어, 페니키아 문자 ◁가 '문'을 도상한 것이라는 사실은 당시의 가옥 구조가 지금의 천막과 같은 구조를 가졌다는 사실을 알아야 쉽게 이해할 수 있다.

인더스 문자기호 𝖀를 지금의 관점에서 파악하면, 손잡이가 달린 토기라고 볼 수도 있고, 뿔난 소의 머리를 앞에서 본 모양으로 이해할 수도 있으며, 인도에서 흔히 볼 수 있는 보리수나무를 그린 것이라고 해석할 수도 있다. 하지만 당시 하라파 문명 유적에서 이와 같은 모양을 한 토기가 발견되지 않는다는 사실을 고려하면 첫 번째 해석은 근거를 잃게 된다.

5.4.3 도상성은 시대적이다

문자의 발생 초기에는 어떤 사물을 본뜬 것인지 짐작할 수 있을 정도로 도상성을 파악하기 쉽다. 하지만 문자가 확산되어 문자문화가 활성화되면 도상성을 유지하는 일은 시간이 걸리며 정확하게 표현하기도 어렵게 된다. 따라서 시간이 흐름에 따라 문자는 점차 모양이 양식화되고 단순화, 추상화되어 도상성이 약화된다.* 따라서 어떤 글자가 도상적인지 아닌지는 시대에 따라 변하게 된다.

예를 들어, 페니키아 문자 𐤀와 𐤒는 각각 황소의 머리와 유인원을 상형한 것이지만, 이제 이 글자에서 원래 대상을 읽어내기란 쉽지 않다. 다음 그림은 각각 수메르 문자와 이집트 문자가 도상성을 잃어가는 과정을 보여주고 있다.

라틴 문자는 현대에 사용되는 가장 대표적인 표음문자이지만,

---

* 예외가 있기도 하다. 이집트 신성문자는 기호가 대상을 가리키는 원래 기능을 상실하고 표음기호가 되었지만 모양의 도상성은 그대로 유지된다. 예를 들어, 🦉와 ⌒은 각각 올빼미와 바구니를 상형한 것이지만, 음가 [m]과 [k]를 표상하는 기호로 쓰인다.

새				
물고기				
당나귀				
황소				
해				
곡식				
과수원				
쟁기				
부메랑				
발				

수메르 문자의 도상성이 약화되는 과정(겔브, 1962:70/82)

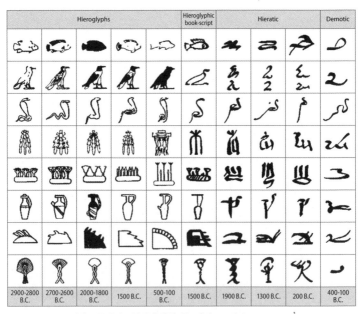

이집트 문자의 도상성이 약화되는 과정(드프랜시스, 1989:156)

기원적으로는 상형의 원리에 따라 생성된 문자다. 이집트 문자에 기원을 둔 단어문자가 자음문자인 원시 시나이 문자, 페니키아 문자로 발전하였다가, 그리스 문자에서 표음문자가 되어 로마를 통해 세계로 퍼지면서 라틴 문자가 된 것이다. 따라서 라틴 문자는 기원적으로 도상성을 가진 문자라고 할 수 있다. 하지만, 현대의 라틴 문자가 도상성을 가지고 있다고는 말할 수 없다는 사실은 두말할 나위 없이 명료하다.

도상성이 있는 문자의 첫 번째 기능은 문자가 표상하는 대상을

이집트	원시 시나이	페니키아	초기 그리스	그리스	라틴
𓃾	𐤀	𐤀	A	A	A
𓉐	□	𐤁	𐤁	B	B
𓌙	∟	𐤂	𐤂	Γ	G
𓀠	𐤄	𐤄	𐤄	E	E
𓂧	𐤊	Υ	𐤊	K	K
𓈖	∼∼∼	𐤌	𐤌	M	M
𓆓	𐤍	𐤍	𐤍	N	N
𓁹	𐤏	⊙	⊙	O	O
𓁶	𐤓	𐤓	𐤓	P	R
✝	+	✕	T	T	T
𓈗	ω	W	∫	⟨	S

라틴 문자의 기원적 도상성(피셔, 2004:48/61)

직접 가리키는 것이다. 하지만 도상성이 약화되면 이제 문자는 대상이 아니라 언어를 직접 표상하게 된다. 또한, 문자가 도상성을 유지하고 있을 때는 기호가 대상과 얼마나 유사한지가 주 관심사이지만, 도상성을 잃으면 이제는 다른 기호와 얼마나 구별되는지가 관심이 될 수밖에 없다. 이때부터 문자의 기능은 미적인 면보다는 '서로 구별하기 쉬운가' '쉽게 기억하고 빠르게 쓰기 쉬운가' 등이 기준이 되면서 도상적 특징은 더욱 빠르게 사라진다.

도상성에 기반이 되었던 해당 대상이 더 이상 존재하지 않는 경우에도 도상성을 파악하기 어렵거나 오해될 수도 있다. 이집트 신성문자 기호 가운데 음가는 알아도 어떤 대상과 관련이 있는 알 수 없는 기호도 있고(⬤[m], ⬤[ḥ]), 아예 소리와 뜻을 모두 알 수 없는 기호도 있다(ᴧᴧ, ⬤ 등).

도상성은 문자가 발달하는 과정에서 변별하기 어렵게 되기도 한다. 예를 들어, 인더스 문자 ⃟[min]은 '물고기'라는 뜻을 가진 것으로 해독될 수 있지만, 때로 이 글자는 동음어로서 '별'이라는 뜻으로 해독할 수도 있다. 이처럼 동음기호 원리(Rebus)에 따라 원래의 의미는 사라지고 가차(假借)된 의미만 남게 된다면 도상성을 유추하기는 더욱 쉽지 않게 된다.

5.4.4 도상성은 정도성이 있다

사진과 그림의 도상성에는 차이가 있듯이, 도상성은 유무가 아니라 정도의 문제다. 기호와 대상 사이의 유사성이 어느 정도 밀접한가에 따라 도상성의 정도는 달라진다. 그러므로 어떤 문자기호가

"도상성이 강하다" "도상성을 보인다" "부분적으로 도상적이다" "도상성이 없다" 등으로 표현할 수 있다. 앞서 드프랜시스가 도상성을 정의할 때 "일치하는 정도"라고 한 것도 참고된다.

때로는 해석을 보고 도상성을 이해할 수 있는 경우도 생긴다. 예를 들어, 페니키아 문자에서 **ㅓ**는 낙타의 혹이 양식화된 문자이지만, 이 문자가 '낙타'를 도상한 것임을 문자 자체만으로는 쉽게 파악하기 어렵다. 하지만 페니키아 글자 목록 전체를 주고 이 중에 낙타를 상형한 것을 골라야 한다면 이 글자밖에는 남지 않게 된다. 게다가 이 문자는 작은 짐승을 사냥하는 데 사용된 부메랑과 같은 '던지는 지팡이'라고 보는 경우도 있다(삭스, 2003:16/22).

이제까지 살펴본 바와 같이, 문자의 도상성은 일차적으로 기호와 대상의 유사성에 바탕을 두고 있으며, 전통적으로 상형으로 이해되어온 것과 동일한 개념이다. 하지만 모방적 도상성을 넘어서 구조적 도상성을 바탕으로 문자의 도상성 개념을 확대할 수 있다. 즉, 문자기호가 유연성(有緣性)을 가지면 도상성과 관련을 맺는 것이다. 이러한 예들로, 문자기호의 구조와 개념 구조가 관련 있는 예들 또는 기호 형태가 개념 형태를 사상하는 예들을 찾아볼 수 있다.

이제까지 한국 학계에서 이루어진 훈민정음에 관한 연구는 매우 깊이 있고 폭넓게 진행되어왔다. 또한, 일반문자학의 연구 결과를 받아들여 훈민정음의 가치를 새롭게 발견했던 경우도 있었으며, 그중 가장 대표적인 것이 '자질문자'와 같은 개념이다.

아울러 훈민정음의 속성과 독창성에 기반을 둔 연구를 통해서 일반문자학 이론에도 기여할 수 있도록 연구의 폭을 넓힐 필요가

있다. 우리는 문자의 도상성이 바로 그중 하나가 될 수 있다고 생각
한다.

5.5 도시 간판의 도상성

❖ 도시 간판에 문자의 도상성이 어떻게 반영되었는지를 기술

  예를 들어, 서울의 도시 간판에 반영된 한글의 도상성

5.6 문자의 자질성

5.6.1 자질성이라는 개념

자질문자(資質文字, featural writing)는 하나의 문자기호가 하나의
음성적 특징, 즉 '자질'을 나타내는 문자체계다. 자질문자에서는 자
질이 독자적인 자소 기능을 하게 된다. 음소문자가 모여 그보다 상
위 단계의 언어 요소인 음절을 나타내듯이, 자질문자가 모이면 그
보다 상위 단계의 언어 요소인 음소를 형성하게 된다.

언어 요소	자질	음소	음절	단어
문자	자질문자	음소문자	음절문자	단어문자

언어 요소와 문자의 관계

5.6.2 여러 문자의 자질성

어떤 문자가 자질문자적인 성격을 가지려면 문자기호들이 일관

성 있게 음성적 특징을 반영해야 한다. 예를 들어, 다음의 세 개의 문자기호는 기본적으로는 동일한 모양이며, 점의 유무나 점에 위치만이 조금씩 다르다. 만약 이 문자가 자질문자적인 성격이 있는 문자라면 이 세 개의 문자들은 비슷한 음성적 자질을 가지고 있을 것으로 예측된다.

ﺡ ﺥ ﺝ

하지만 이 글자들은 아랍어에서 각각 유성 구개치조파찰음 [dʒ], 무성 인두마찰음 [ħ], 무성 연구개마찰음 [x]을 나타내고 있어서 공통된 음성적 특징을 찾을 수 없다. 따라서 아랍 문자는 자질문자적인 특징이 있다고 말하기 힘들다.

라틴 문자의 경우도 자질문자적 특성은 매우 약하다. 예를 들어, 다음 두 쌍의 문자기호들은 서로 유사한 모양을 가지고 있지만, 그 음가는 전혀 공통성을 찾을 수 없다.

E   F
I   J
O   Q

그러나 대부분의 문자는 일반적으로 선, 점, 원 등 기하학적 요소들을 결합하여 만들기 때문에, 정도의 차이가 있을 뿐 대부분 자질문자의 특징을 가지고 있다고 할 수 있다. 일본 문자의 경우, 다

음과 같이 따옴표를 닮은 두 개의 점(˝, 니고리)이 있으면 그 글자가
[유성음]의 자질을 가진다는 점에서 자질성이 있다고 할 수 있다.

か　[ka]　　　　が　[ga]

ひ　[hi]　　　　び　[bi]

す　[su]　　　　ず　[zu]

と　[to]　　　　ど　[do]

만주 문자 역시 다음과 같이 점(ʹ)이나 동그라미(°)를 붙여서 문
자의 자질을 변화시키므로, 자질문자적인 속성이 있다.

◂　[a]　　　　◂ᐧ　[e]

◁　[o]　　　　◁ᐧ　[u]

φ　[t]　　　　φ.　[d]

�figure　[ke]　　　ᛐᐧ　[ge]　　　　ᛐ°　[he]

따라서 대부분의 문자들은 어느 정도 자질문자적인 속성을 가지
고 있다고 할 수 있다. 다만, 자질성의 정도가 다를 뿐이다.

자질문자의 예로서, 앞서 언급했던 '보이는 음성(Visible Speech)'이

	후설	전설	혀끝	입술
기본 기호	ᴄ	ᴐ	ᴐ	ᴐ
폐쇄성	ɑ [k]	ᴑ [ʧ]	ᴖ [t]	ᴅ [p]
유성성	ᴇ [g]	ᴓ [ʥ]	ᴡ [d]	ᴓ [b]

자질문자 '보이는 음성'

258

라는 문자를 들 수 있다. 이 문자에는 개별적인 자질을 나타내는 기호들이 따로 있으며, 이 기호들이 결합해 하나의 음소를 나타낸다.

즉, 이 문자에는 각각 후설(C), 전설(ᒥ), 혀끝(ᑌ), 입술(ᑐ)을 나타내는 기본 기호와 [폐쇄성](l), [유성성](ɪ)을 나타내는 자질 기호 등이 있다. 하나의 문자기호가 하나의 자질을 나타내는 것이다. 그래서 후설(C)에 [폐쇄성](l)이 더해진 ᗡ 는 후설을 막아 발음되는 (무성) 연구개파열음 [k]를 나타내며, 또 여기에 [유성성](ɪ)이 추가된 ᗡ는 유성 연구개파열음 [g]가 되는 식이다. 다른 자음이나 모음도 따로 준비된 기호들을 결합해 일관성 있게 나타낸다.

이 문자는 청각장애인들에게 소리를 가르치려고 발음기관의 위치와 움직임을 추상화한 것이다. 비장애인들이 말을 배울 때는 상대방의 발음과 자신의 발음을 비교해가면서 스스로의 발음을 구축해가지만, 청각장애인들은 소리를 듣지 못하므로 발음을 배우기가 매우 어렵게 된다. 그러므로 '보이는 음성'을 통해 구강 내 여러 발음기관의 움직임을 눈으로 이해하면서 발음 훈련을 하게 된다.

	양순음	순치음	치음	치경음	후치경음	권설음	경구개음	연구개음	구개수음	인두음	성문음
파열음	ᗡ ᗡ		ᗡ)	ᗡ ᗡ ᗡ⟨	ᗡᑕ�᙮ᑕ	ᗡ ᗡ	ᗡ⟩ ᗡ⟩	ᗡ ᗡ	ᗡ⟨		χ
비음	ᗡ ᗱ			ᗙ	ᗙᑕ	ᗙ	ᗙ⟩	ᗙ			
전동음	ᗡᢖ			ᗶ ᙮					ᗶᢖ		
탄음				ᑌ		ᑌᑕ					
마찰음	C C ᗴ	ᗱ ᗱ	ᗴ ᗴ	ᗙ ᗙ	ᗙ ᗙ	ᗟ ᗟ	ᗳᑕ ᗳᑕ	ᑎ ᗝ	C⟩ ᗴ⟩	C ᗴ	C⟨ᗴ⟨	ᗝ ᗝ
설측마찰음				ᙩ ᙩ							
접근음		ᗱᢣ		ᗙᢣ	ᗙᑕᢣ	ᗝᢣ	ᗴᢣ				
설측접근음				ᗙ	ᗙᑕ	ᗝ	ᗴ				

'보이는 음성'으로 만든 국제음성기호
http://www.omniglot.com/writing/visiblespeech.htm

텡과르(Tengwar) 문자도 동일한 음성적 특징을 가지는 문자들은 비슷한 모양을 하고 있어서, 문자의 모양만으로도 그 문자가 가진 자질을 예측할 수 있는 자질문자다.

아래 그림에서 제1열에 있는 문자들은 모두 세로선 오른쪽에 반원이 있는 모양을 하고 있는데 이들은 모두 치음 계열이다. 반면, 제3열에 있는 문자들은 모두 세로선 왼쪽에 반원이 있는 모양을 하고 있으며 이들은 모두 구개음 계열의 소리를 대표하고 있다. 또한, 세로선 중간 윗부분에 반원이 붙어 있는 제1행, 제2행의 문자들은 세로선 중간 아랫부분에 원이 있는 제3행, 제4행의 문자와는 서로 다른 음성적 자질이 있는 문자임을 알 수 있으며, 이들은 각각 파열음 계열과 마찰음 계열을 나타낸다. 세로선에 반원이 두 개씩 붙어 있는 제2행, 제4행, 제5행의 문자들은 유성음이다.

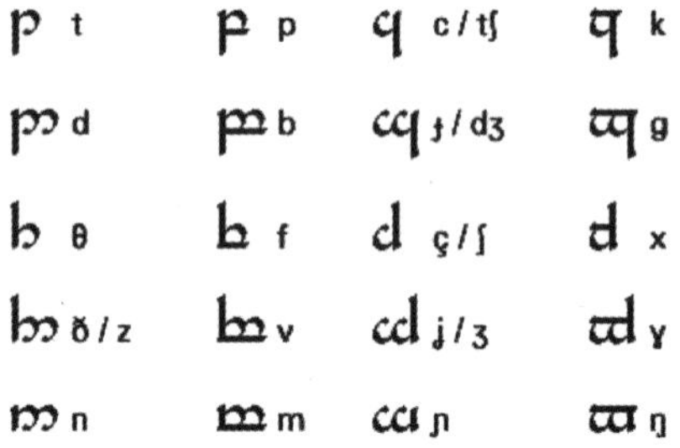

p t	p p	q c/tʃ	q k
pɔ d	pɔ b	cq ɟ/dʒ	ʊq g
b θ	b f	d ç/ʃ	d x
bɔ ð/z	bɔ v	cd ʝ/ʒ	ɒd ɣ
ɱ n	ɱ m	ca ɲ	ɒ ŋ

텡과르 문자

'보이는 음성'과 텡과르 문자가 자질문자의 개념을 잘 보여주고 있기는 하지만, 이 문자들은 일상의 문자 생활에서 사용되는 문자는 아니다. '보이는 음성'은 특수학교 교사였던 벨(Bell)이 1867년에

고안한 특수교육용 문자이고, 텡과르 문자는 작가이자 언어학 교수
였던 톨킨(John Ronald Reuel Tolkien)이 1954년에 출간한 판타지 소설
《반지의 제왕》안에서 고안한 문자일 뿐이다. 이러한 문자 외에 실
생활에서 널리 사용된 자질문자는 이제까지 없었다.

5.6.3 훈민정음의 자질성

앞서 몇 차례 언급했듯이, 자질문자라는 개념은 샘슨(1985)에서
처음 제안되었다. 샘슨은 자질문자의 유일한 예로서 세종대왕이
1443년에 창제한 '훈민정음'을 소개한다. 훈민정음은 ㄱ, ㄴ, ㅁ, ㅅ,
ㅇ의 다섯 개의 기본자를 바탕으로 해서, 기본자에 가로획을 한 번
그으면 [폐쇄성]을 갖고, 두 번 그으면 [유기성]을 가지며, 기본자
를 중복하면 [경음성]을 갖게 된다. 아래 표를 보면, 엄밀하지는 않
지만, 행과 열에 모인 문자기호들이 동일한 음성적 특징을 나타내
고 있음을 알 수 있다. 예를 들어 ㅋ은 ㄱ보다 거센소리이며, ㅂ은
ㅁ보다, ㅍ은 ㅂ보다 거세다. 이 '거세다'는 특징을 획을 더함(가획)으
로써 나타낸다.

기본자	1차 가획[폐쇄성]	2차 가획[유기성]	중복[경음성]
ㄱ		ㅋ	ㄲ
ㄴ	ㄷ	ㅌ	ㄸ
ㅁ	ㅂ	ㅍ	ㅃ
ㅅ	ㅈ	ㅊ	ㅆ, ㅉ
ㅇ	ㆆ	ㅎ	ㆅ

훈민정음 자음 기호의 자질문자적 성격

모음자 또한 마찬가지다. 각각 하늘, 땅, 사람을 나타내는 세 개의
기본자 •, ㅡ, ㅣ를 이용해 ㅡ의 위쪽과 아래쪽, ㅣ의 오른쪽과 왼쪽
에 •를 배열하면 각각 ㅗ, ㅜ, ㅏ, ㅓ의 네 모음이 만들어진다(1차 결
합). 또한 같은 방법으로 •를 두 번 배열하면 각각 ㅛ, ㅠ, ㅑ, ㅕ 네
개의 모음이 만들어진다(2차 결합). 즉, •가 한 번 배열된 모음과 •
가 두 번 결합된 모음들은 각각 단모음과 이중모음이라는 음성적
특징으로 구분된다.

기본자	1차 결합		2차 결합		자질
•	ㅗ	ㅏ	ㅛ	ㅑ	[양성모음]
ㅡ	ㅜ	ㅓ	ㅠ	ㅕ	[음성모음]
ㅣ	[단모음]		[이중모음]		

훈민정음 모음 기호의 자질문자적 성격

또한 •가 ㅡ, ㅣ의 위쪽이나 오른쪽에 배열된 ㅗ, ㅏ, ㅛ, ㅑ는 양
성모음의 특징을 가지고, 아래쪽이나 왼쪽에 배열된 ㅜ, ㅓ, ㅠ, ㅕ는
음성모음의 특징을 갖는다는 점에서 자질문자적인 성격을 아주 잘
드러내고 있다.

자음 기호와 모음 기호의 제자 원리가 다른 것도 한글의 자질문자
적인 속성을 잘 보여준다. 세계의 많은 문자가 자음자와 모음자를 구
별하고 있지 않다는 점과 비교한다면, 이러한 특징은 특기할 만하다.

훈민정음의 과학성은 바로 훈민정음이 가진 자질문자적 성격에
서 비롯된다. 이러한 과학성 및 자질문자적 성격을 현대에 가장 잘

활용한 것이 휴대전화 한글 자판이다.

아래 왼쪽 그림에 제시된 자판은 훈민정음 자음 기호의 자질문자적인 성격을 이용한 것이다. * 자리에 '획추가'가, # 자리에 '쌍자음'이 표시되어 있어서, ㄱ을 누르고 *을 누르면 획이 추가되어 ㅋ이 되며, ㄱ을 누르고 #을 누르면 쌍자음 ㄲ이 만들어진다. 또한, ㄴ을 누르고 *을 누르면 ㄷ이 만들어지고, 다시 #을 누르면 ㄸ이 된다.

아래 오른쪽 그림에 제시된 자판은 모음 기호의 자질문자적 성격을 이용한 것이다. 자판 첫 행에 'ㅣ, ·, ㅡ' 세 개의 기본자가 배열되어 있어서, ㅣ를 누른 후 ·를 누르면 ㅏ가 되고, ·를 두 번 누르면 ㅑ가 된다.

훈민정음의 자질문자적 성격을 활용한 자판

다른 어떤 문자들보다 훈민정음이 자질문자에 가깝기는 하지만, 훈민정음을 온전한 자질문자로 보기에는 몇 가지 어려운 점이 있다. 자질문자 기호가 결합해 음소를 나타내는 기호가 된다는 원리에 정확하게 들어맞지 않으며, 자음 기호의 기본자인 ㄱ, ㄴ, ㅁ, ㅅ, ㅇ 등이 공통된 음성적 특징을 가지고 있지 않기 때문이다. 또한, 가획의 원리도 일관성 있게 적용되지는 않는다.

인류의 역사상 실제 사용된 적이 있거나 지금 사용되는 문자 중에서 자질문자의 속성을 완벽하게 보여주는 자질문자는 없다. 하지만 자질문자의 개념을 폭넓게 이해하자면, 훈민정음을 자질문자에 넣지 못할 까닭도 없다. 자질문자를 어떻게 정의할지에 관한 문제이기는 하지만, 어쨌든 이제까지 인류가 만든 수많은 문자 중 자질문자적인 성격이 매우 강한 문자가 훈민정음이라고 말하는 데는 부족함이 없다.

5.6.4 자질문자의 한계

비슷한 음성적 특징을 가진 문자들의 모양을 유사하게 만든 자질문자는 매우 합리적이며 과학적이라고 할 수 있다. 하지만 어떤 문자가 과학적이라는 것과 그 문자가 일상생활에서 사용하기 편하다는 것이 반드시 대응되지는 않는다. 특히 일반 대중이 '전설, 후설, 폐쇄, 유성, 유기' 등 언어학적 개념을 이해한 후, 이러한 '자질' 또는 음성적 특징을 활용하여 문자를 사용하기란 쉽지 않은 일이다.

또한, 자질문자적 성격이 강한 문자일수록 모양이 비슷한 글자가 너무 많아져서, 문자기호 사이에 변별성이 떨어진다. 문자의 기본 기능인 시각적인 정보 전달에 방해 요소가 되는 것이다. 예를 들어 '믈, 물; 긋, 굿; 숭, 승; 흥, 훙, 흉' 등은 시각적으로 혼동하기 쉽다.

❖ 표음문자의 종류
음절문자 : 1 문자 - 1 음절
음소문자 : 1 문자 - 1 음소
자질문자 : 1 문자 - 1 자질

음절문자

1 문자 – 1 음절

음절의 수만큼 글자가 필요

❖ 선문자B(Linear B)

체로키 음절문자[*]

❖ 음절문자

음절 구조가 단순한 언어에 적합

일본어 : 초성 10 x 중성 5 = 50

cf. 한국어 : 19 x 21 x 8 = 3,192

cf. 19 x 21 x 28 = 11,172

❖ 한글 음절 개수

초성자(19)

기본 자음(14) ㄱ ㄴ ㄷ ㄹ ㅁ ㅂ ㅅ ㅇ ㅈ ㅊ ㅋ ㅌ ㅍ ㅎ

쌍자음(5) ㄲ ㄸ ㅃ ㅆ ㅉ

중성자(21)

기본 모음(10) ㅏ ㅑ ㅓ ㅕ ㅗ ㅛ ㅜ ㅠ ㅡ ㅣ

이중 모음(11) ㅐ ㅒ ㅔ ㅖ ㅘ ㅙ ㅚ ㅝ ㅞ ㅟ ㅢ

---

[*] 선문자B와 체로키 문자에 대해서는 연규동(2023)을 참고할 수 있다. 연규동(2023), 《세계의 문자 사전》, 도서출판 따비. -편집자

종성자(27)

기본 자음(14) ㄱ ㄴ ㄷ ㄹ ㅁ ㅂ ㅅ ㅇ ㅈ ㅊ ㅋ ㅌ ㅍ ㅎ

쌍자음(2) ㄲ ㅆ

겹자음(11) ㄳ ㄵ ㄶ ㄺ ㄻ ㄼ ㄽ ㄾ ㄿ ㅀ ㅄ

한글 음절자 11,172자

초성(19) × 중성(21) × 종성(27+1)

음소문자

자질문자

음소문자

1 문자 - 1 음소

음소의 수만큼 글자가 필요

한글 자모 24개

로마자 자모 26개

ㄱ ㅋ

ㄴ ㄷ ㅌ

ㅁ ㅂ ㅍ

ㅅ ㅈ ㅊ

ㅏ ㅑ ㅐ ㅘ ㅙ

ㅓ ㅕ ㅖ ㅝ ㅞ

ㅗ ㅛ

ㅜ ㅠ

문자의 자질성

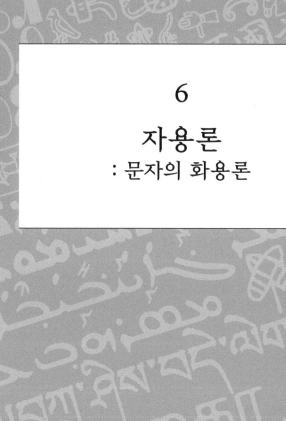

6

자용론

: 문자의 화용론

'자용론(字用論): 문자의 화용론'에서는 언어를 기록한 문자가, 쓴 이와 읽은 이의 관계에 따라, 즉 그 상황적 맥락에 따라 문자의 기능이 어떻게 바뀌는지, 쓴 이의 의도와 문자의 의미는 어떻게 다를 수 있는지를 다룬다. 예를 들어, 글자의 모습과 배열을 타이포그래피의 하나로만 이해한다면 언어학의 영역이라고 볼 수 없겠지만, 모습과 배열이 다른 글자를 통해 기록자의 다른 의도를 읽어낼 수 있다면, 이를 문자의 화용론, 즉 '자용론'이라고 할 수 있다.

자용론은 문자의 본질을 재검토함으로써 이루어질 수 있을 뿐만 아니라, 언어학을 넘어 문학, 미학, 매체학 등 인접 학문의 연구 성과를 참고해서 기술할 계획이다. 트루베츠코이(Nikolai Sergeevich Trubetskoi)는 표현적 자질을 다루는 것을 '음의 문체론(phonostylistics)'이라고 불렀다.(이에 대해서는 야콥슨·할레, 1951:14-15, 1956:9) 따라서 문자의 화용론은 '글자의 문체론'이라고도 할 수 있겠다.

인간의 의사소통은 의미를 전달하는 과정이다. 의미의 전달은 일차적으로 '언어'를 통하여 이루어지는데, 의미를 전달하는 매체가 음성이냐 문자이냐에 따라 음성언어와 문자언어로 구분된다. 그러므로 음성언어와 문자언어는 전달 과정의 차이만 있을 뿐, 논리적으로 동등한 가치를 지녀야 할 것이다.

하지만, 언어학에서는 전통적으로 문자언어를 음성언어의 아래에 위치시켰으며, 문자언어는 음성언어를 충실히 반영해 줄 때에만 그 존재 가치가 있다고 생각하여왔다. 문자의 존재 이유가 언어를 표상하는 데 있다고 주장한 언어학자 소쉬르를 비롯하여*, 문자는 눈에 보이는 표식으로써 언어를 기록하는 방식일 뿐 언어가 아니라고 생각한 블룸필드 등의 관점**이 오랫동안 언어학의 주류가 되어 왔다. 이른바 언어의 특성을 논하는 자리에서 언어는 소리와 의미로 구성되어 있으며, 소리와 의미 사이에는 아무런 필연성이 없다는 등의 언급도 모두 문자를 염두에 두지 않은 기술이다.

문자에 대하여 새로운 인식을 보여준 이는 겔브로서, 그는 '문자에 대한 새로운 학문'의 필요성을 강조하며 이를 '그라마톨로지'라고 제안하였다. 이 용어는 이후 프랑스의 철학자 데리다가 받아들여《그라마톨로지》라는 저작으로 완성된다. 데리다는 문자의 역할을 음성언어에 대하여 부차적인 것으로 처리하여온 서양의 전통을 플라톤에서 라이프니츠를 거쳐 헤겔에 이르는 서양의 형이상학의 기본적 자세라고 보며 이를 문제 삼고 반박하였다. 아울러 구술문화와 문자문화를 비교하여, 문자 텍스트에 구술적인 이야기와 대

---

* 이러한 생각은 다음과 같은 인용문들에 잘 나타나 있다. "언어와 문자법은 별개의 두 기호체계입니다. 후자의 유일한 존재 이유는 전자를 표상하는 것입니다. … 이 후자 단독으로도 언어학의 대상을 구성할 수 있습니다."(Saussure, 1916:50), "문자법이 언어의 시야를 은폐한다는 것입니다. 그리하여 문자법은 언어의 의복이 아니라 오히려 그 위장술입니다."(62)

** "Writing is not language, but merely a way of recording language by means of visible marks"(Bloomfield, 1933:21). 또한 "For the linguist, writing is … merely an external device, like the use of a phonograph"(282)도 참고 된다.

등적인 지위를 부여한 옹(Ong)*이나 해블록 등 매체학자들을 통해서 문자는 인간이 체계적인 사고를 가능하게 한 도구이며 역사 진행의 원동력으로 이해된다.**

'의미를 바꾸는 문자'에서는 음성적인 외현은 동일하더라도 문자의 형상 등에 따라 언어의 의미가 달라질 수 있음을 보인다. 즉, 문자는 음성을 옮긴 것이지만, 문자의 시각적인 특성을 통해서 음성으로 환원되지 않는 의미를 가질 수 있다. 문자로 형성된 의미를 정확하게 파악하려면 문자가 이루는 시각적 형상을 고려해야 한다. 문자는 단지 음성을 기록하는 도구 이상의 의미를 갖게 되며, 문자가 구현하는 내용 외에 문자의 외적 형상에도 문자를 기록하는 이의 의도가 담길 수 있다는 것이다. 이는 특히 현대에 와서 두드러진 현상으로, 단지 음성을 뛰어넘어 시각적인 요소가 의사소통에 중요한 역할을 할 수 있음을 밝히고자 한다.

이 장은 다른 학문 분야에서 활발하게 논의되어 온 '문자'에 대한 새로운 관점을 언어학에서 어떻게 수용할 것인가를 살펴보기 위한 개괄적인 시도다. 특히 문자로 쓰인 텍스트가 일차적으로는 그 텍스트가 표상하는 음성언어의 의미 정보를 전달하지만, 그 외에도 문자만이 가지고 있는 특성을 통해 전달되는 또 다른 의미 정보가 있을 수 있음을 구체적인 예를 통하여 보이고자 한다. 이러한 과정

---

* "쓰기는 말하기에 단순히 첨가된 것이 아니다. 왜냐하면 쓰기는 말하기를 구술-청각의 세계에서 새로운 감각의 세계, 즉 시각의 세계로 이동시킴으로써 말하기와 사고를 변화시키기 때문이다."(옹, 1982:138)
** 매체학에서의 구체적인 논의는 정항균(2012), 유현주(2013) 등을 참고할 수 있다.

을 통해 지금까지 다소 소홀하게 다루어왔던 문자의 의미, 즉 '문자를 통해 전달되는 의미'에 대한 관심을 환기할 것이라고 생각한다.

　문자는 돌이나 나무, 종이 등과 같은 물체의 표면에 저장된다는 물질적인 특성을 가지고 있다. 쓰인 기호는 물질적 표면 위에 정해진 순서로 배열되어 눈을 통하여 읽힌 후에 의미를 전달하게 된다. 문자가 단지 언어를 기록하는 부차적인 기호에 불과하다면, 문자는 그것이 나타내고 있는 음성 외에는 어떤 독자적인 의미를 가질 수도 없으며 가져서도 안 될 것이다. 그렇다면, 문자의 시각성과 공간성은 '의미'에 아무런 영향을 끼치지 못하는 것일까. 소쉬르의 언급대로 "문자를 흰색으로 쓰든 검은색으로 쓰든, 음각으로 쓰든 양각으로 쓰든, 펜으로 쓰든 끌로 파든, 그것은 의미작용에 아무런 중요성이 없"(소쉬르, 1916:244)는 것일까.

　우리는 문자 텍스트의 공간성, 시각성 등을 통해 전달되는 '의미'가 있을 수 있다고 생각한다. 선형적인 언어에 비해, 공간에 자유롭게 활용함으로써 언어의 선형성을 뛰어넘는 문자의 특징이 있으며, 이를 통해 문자가 새로운 의미를 창조한다고 본다. 이 장에서는 문자의 외적 형상의 다양성에 따라 의미의 변이를 살펴봄으로써, 언어로는 줄 수 없는 의미 정보가 문자의 가시적인 특징을 통하여 추가되거나 달라질 수 있음을 보이기로 한다.

❖ OED는 최근에 사랑♥을 표제어로 삼았다.

The Oxford-English Dictionary Adds '♥' and 'LOL' as Words

By Erica Ho @ericamhoMarch 25, 2011

The Oxford-English Dictionary just added 45,436 new phrases as words, and among them is the first symbol to ever grace the volume, '♥.'

The tome that often sets the English language apparently likes to stay current, adding words every three months. Some frequent online acronyms are also now approved by The Authority, giving instant relief to word nazis during instant message conversations all across the world. Phrases like FYI, OMG and LOL? They're totally legit now.

So, why add ♥ as a word? A spokesperson clarified, "While symbols do become spelt-out words relatively frequently, it is usually only with a mundane meaning as the name of the symbol⋯ It's very unusual for it to happen in such an evocative and tangential way."

There is also some new, not-quite-as-fun words getting some recognition in the dictionary. The other ones include 'muffin top', 'singledom' (something usually noticed on Valentine's day), 'banh mi' (a Vietnamese sandwich), and 'dotbomb' (see the late 90s for reference).

6.1 문자의 시각성*

6.1.1 문자의 크기

문자의 크기를 다른 부분보다 크기를 크게 또는 작게 함으로써, 새로운 의미가 부가되는 경우다. 옆 그림에서 문자 '암'을 다른 문자보다 크게 하면, 독자는 다른 어느 부분보다도 직관적으로 '암'이라는 정보를 전달받게 된다. 이는 음성으로 표현할 때 목소리를 크게 하는 것과 대비될 수 있다.

신문의 헤드라인 역시 크게 쓰인 것이 작게 쓰인 것보다 먼저 전달되기를 원하는 기본적인 정보라고 할 수 있다. 다음 그림의 왼쪽 신문은 신문의 제호를 제외하고는 모든 기사가 대부분 동일한 크기로 되어 있다. 반면, 오른쪽 신문은 특정 정보를 가진 부분의 헤드라인의 크기를 다른 부분보다 크게 함으로써, 신문의 편집자가 가지고 있는 기사 내용에 대한 가치 판단이 문자의 크기에 잘 반영되어 있음을 알 수 있다. 문자의 크기를 통해서 어떤 정보가 먼저 전달되기를 바라고 있는지를 보여주는 것이다.

---

* 이 부분의 내용은 연규동(2014)의 내용과 일부 중복됨을 밝혀둔다. 연규동(2014), 〈Meanings of Writing〉,《언어학》68, (사)한국언어학회:175-196.

　아래 그림에서는 멀리서 바라보거나 얼핏 바라볼 때는 크게 기록된 문자만 보이지만, 일부러 자세히 보도록 유도해, 작게 쓰인 문자가 보이도록 구성되어 있다. 즉, 크게 쓰인 글자는 '기분 좋은 눈치작전'으로 읽히는데, 부정적인 어감을 주는 '눈치작전'이 왜 '기분 좋은' 일이 되는지 독자들은 의아하게 생각한다. 하지만 작게 쓰인 문자를 넣어서 읽으면 '기분 좋은 눈치우기 작전'이 되며, 이처럼 호기심을 자아내기 위해서 문자의 크기를 이용한 것이다.

　또한, 보험 광고 등에서 소비자에게 크게 이득이 되지 않는 정보를 일부러 작게 표기하는 것도 문자의 크기를 통하여 전달되는 의사소통이라고 볼 수 있다. 이 경우 작은 문자로 쓰인 것이, 소비자의 입장에서는 반드시 놓쳐서는 안 되는 중요한 정보인 것이다. 음성언어에서 그 내용을 알리기 꺼리는 경우뿐만 아니라, 은밀하거나 더 중요하게

생각되는 경우에도 작은 목소리를 내는 것과 비교할 수 있다.

6.1.2 문자의 색깔

하나의 텍스트를 구성하는 여러 개의 문자 중에서 그 일부분의
색깔을 달리해서, 음성으로 발화될 때와는 다른 추가 정보를 줄 수
도 있다. 엘리베이터 입구에 다음 그림(지하4층 정보만 주황색)과 같은
게시물이 게시되어 있다면, 문자의 색깔을 통해 현재 이 게시물을
읽고 있는 이가 몇 층에 있는지를 전달할 수 있다. 게시물의 아랫부
분에 '현재 층은 지하4층입니다'라는 정보가 있기는 하지만, 이는
잉여적이다.

또한, 왼쪽 그림의 메뉴에는 음식의 매운 정도가 서로 다른 색깔
로 표현되어 있다. 즉, 음식이 점점 매울수록 그 음식의 이름도 연
한 주황에서 진한 빨강으로 변하고 있다. 이 경우에는 '화끈한' '매
콤달콤' '순한'이라는 부가 정보가 포함되어 있기는 하지만, 이 단어

들의 뜻을 모른다 할지라도 이 단어들이 기록된 문자의 색깔(첫 줄
은 진홍색, 다음 줄은 연한 빨간색, 마지막은 주황색)을 보고 그 매운 정도
를 파악하게 되는 것이다. 약국 간판에서도 '약' 글자의 색을 빨간
색으로 달리해서 독자에게 '약국'이라는 정보를 빠르게 전달하고
있다.

6.1.3 문자의 농담(濃淡)

색의 농도, 즉 짙음과 옅음을 통해서도 의미 정보를 더할 수
있다. 아래 그림에서는 한자 애(愛), 친(親)을 구성하는 심(心)과 견
(見)을 옅게 씀으로써, 마음[心]이 없는 사랑[愛], 어버이[親]를 찾
아뵙지[見] 않는 현상을 부정적으로 비판하고 있다. 그러므로 여
기에서는 문자의 농담으로써 '부정'의 의미를 도상적으로 나타내고
있는 것이다.

왼쪽 그림에서는 '헌혈'이라는 단어의
첫소리 글자 'ㅎㅎ'만을 남기고 다른 부
분을 옅게 표현함으로써, 'ㅎㅎ'를 강조하
고 있는 것이다. 'ㅎㅎ'는 웃음소리를 나
타내는 이모티콘이므로, 헌혈은 즐거운
일이고 기분 좋은 일이라는 정보가 아울
러 전달된다.

6.1.4 문자의 폰트

문자의 폰트로 주어지는 정보도 있다. 아래 그림에서는 일반적으
로 사용되는 폰트가 아니라 다소 예스러워 보이는 폰트를 사용함
으로써, 이 광고의 내용을 두드러지게 하고 있다. 폰트의 선택으로
훨씬 더 정보의 주목도를 높인 것이다.

다음 그림의 간판은 얼핏 보면 일본 가나 문자인 것으로 보이지
만, 이것은 'go! sushi'라는 라틴 문자를 마치 가나 문자처럼 보이도

록 쓴 것이다. 이처럼 라틴 문자의 글꼴을 마치 가나 문자처럼 변형함으로써 이 점포에서 취급하는 물품이 일본과 관련되어 있다는 사실을 아울러 전달하게 되는 것이다. 그 아래 그림 역시 'la fin de la faim'이라는 내용의 라틴 문자를 아랍 문자처럼 변형하여 기록함으로써, 이 점포가 어떤 식으로든 아랍과 관련이 있음을 드러내고 있다. 이러한 부가 의미 정보를 음성언어로 표현하려면, 더 구체적으로 추가 설명을 하는 수밖에 없을 것이다.

　다음 그림에서는 동일한 내용이 서로 다른 글꼴로 쓰여 있다. 이는 음성적으로는 서로 같은 말을 하고 있지만, 그들이 이해하고 있는 내용은 서로 다를 수 있음을 비유적으로 보여주는 것이다.

만화의 말풍선 같은 데서도 정상적인 목소리가 아니라, 귀신이 들린 듯한 목소리를 내고 있음을 표현하기 위해서 글꼴을 달리 표현하기도 한다.

6.1.5 문자의 장식

문자 장식이란 문자의 굵기(볼드체), 기울기(이탤릭체), 밑줄 등을 통해 문자의 모양에 변형을 주는 것을 가리킨다. 문자가 표상하고 있는 음성언어는 동일하지만, 문자 장식을 달리 함으로써 그 내용에 다른 뜻이 들어 있음을 보여준다.

아래 그림은 일부를 이탤릭체로 표시함으로써 화자 또는 필자가 이 부분을 강조하고 있음을 나타낸다. 또는 등장인물이 말을 하지만, 이는 속으로 하는 말이거나 혼잣말이어서 독자만이 들을 수(읽을 수) 있는 것을 나타내는 데도 이탤릭체가 사용되기도 한다.

to walk. No speculation or best cause will change it.
A view of organic wholeness and lastingness versus the passing show, puts again a bit of eternity into design, which has so often become related only to the current and next issue of the fashion journal! No, *we* are not quite "so different."
Of course we want to be good naturalists of post-Darwin-

6.2 문자의 공간성

6.2.1 문자의 배열

뉴스의 온라인판 헤드라인과 종이신문 헤드라인에서 문자의 배열이 달라져 다른 정보를 주는 경우도 있다. 아래에서 보듯이, 온라인 판에서는 '악 소리 나게 훈련 마지막에 웃었다'라는 헤드라인이 그 자체만의 의미를 가지고 있지만, 종이신문에서는 이를 두 줄로 배열하고 각 줄의 첫 번째 음절 '악'과 '마'를 강조하여 표현함으로써 이 감독이 마치 '악마'처럼 훈련을 시켰다는 정보가 더 추가되어 있다.

악소리 나게 훈련 마지막에 웃었다

악소리 나게 훈련
마지막에 웃었다

6.2.2 문자 읽는 순서

다음 대자보의 일부 내용(왼쪽 단 앞부분)을 옮기면 다음과 같다 (번호는 필자가 붙인 것이다).

① 모든 것이 잘못 되었습니다
② 학교의 주장은 결국
③ 정당한 것입니다
④ 청소노동자들의 학내파업행위는
⑤ 잘못입니다
⑥ TNS(용역업체)가
⑦ 청소노동자들의 실 사용자입니다
⑧ 사실상 학교가
…

이를 쓰여 있는 순서대로 읽으면, 학교의 주장이 정당하고 학내 파업 행위가 잘못인 것으로 이해되지만, 이를 다음과 같이 거꾸로 읽게 되면 그 내용은 정반대가 되어 버린다. 청각을 통해서 전달되는 음성언어로서는 표현하기 어려운 문자언어만의 특징이라고 할 수 있다.

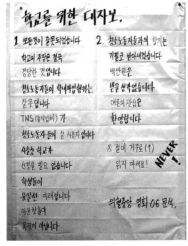

'어느 대학 대자보에 쓰였던' 거꾸로 읽기의 예

…

⑧ 사실상 학교가

⑦ 청소노동자들의 실 사용자입니다

⑥ TNS(용역업체)가

⑤ 잘못입니다

④ 청소노동자들의 학내파업행위는

③ 정당한 것입니다

② 학교의 주장은 결국

① 모든 것이 잘못되었습니다

6.3 문자기호를 활용한 의미

6.3.1 문자의 종류

다른 문자체계를 활용해서 부가적인 의미를 전달하는 경우도 있다. 외국에서 들어온 체인점들은 아래 그림의 왼쪽 간판처럼 일반적으로 라틴 문자를 사용해서 간판을 제작하지만, 외국 관광객이 많이 찾는 전통거리에서는 라틴 문자로 된 간판이 허용되지 않아 오른쪽 간판처럼 한글을 써야 한다. 따라서 사용된 문자체계의 종류만으로도, '전통거리'라는 특정 지역에 관한 정보가 수반되는 것이다. 두 간판의 내용을 음성으로 발화하였을 때는 이 같은 정보를 얻을 수 없다.

다음 왼쪽 그림은 한자로 된 상호 '朝花夕拾' 아래에 한글로 된 문구 '검색 결과가 없습니다'가 쓰여 있는 간판이다. 여기서 한글 문구는 한자 상호와는 실제로는 아무 상관이 없는 내용으로서, 전혀 쓸모없이 잘못 붙여진 것처럼 보이기도 한다. 하지만 이 상점이 위치하고 있는 곳이 한글을 사용하는 지역이 아닌 외국이라면 상황이 달라진다. 즉, 이 상점에서는 한자 상호 아래에 한글을 병기함으로써 문자체계 한글을 사용하는 한국에서 수입한 물건을 취급하고 있음을 드러내고 있다. 이때 한글로 된 문구는 그 내용과 관계없이 이 상점이 취급하고 있는 물품이나 상점이 원하는 고객의 지향점을 더불어 보여주는 기능을 하고 있는 것이다.

아래 오른쪽 그림에서도 한글로 쓰여 있는 부분은 실제 그 한국어 단어의 의미보다는 한글 자체가 주는 권위에 의존하고 있는 것이다. 이때에도 이 과자가 외국에서 만들어진 것임을 보이려는 의도를 가지고 있다.

한 만화에서 한국인 업주가 외국인 노동자에게 손찌검을 하면서 내뱉는 말풍선에 "Ttokbarohae!!" "Aigu- jeogeo onji eolma doindago…"라고 돼 있는데, 라틴 문자로 쓰인 대사를 음성언어로 읽어보면 각각 '똑바로 해', '아이구~ 저거 온지 얼마나 된다고'라는 한국어다. 하지만 이를 굳이 라틴 문자로 적은 이유는 만화 속의 외국인 노동자는 이 말을 아직 알아듣지 못하고 있음을 나타내기 위한 것이다. 역시 문자체계의 종류를 다르게 함으로써 음성언어로 읽어서는 전달되지 않는 정보를 전달하고 있는 것이다.

6.3.2 표의성의 활용

"서울시와 함께 일어서自!"라는 광고 카피를 보자. '일어서자'라는 한국어의 마지막 음절 '자'를 같은 음을 가진 한자 '자(自)'로 대치하여 쓴 것인데, 음성언어로 읽으면 한글로 썼든 한자로 썼든 아무런 차이가 없다. 하지만 굳이 한자를 이용하여 적음으로써 한자 자(自)가 가진 의미까지 아울러 전달하고 있다. 즉, '일어서자'는 일어서자는 단순한 권유이지만, '일어서自'는 '스스로 일어서자'라는 의미까지 포함된 것으로 이해된다. '자립'의 의미를 주게 되는 것이다.

"얼굴이 美치다"라는 카피 역시 마찬가지다. 한글로만 "얼굴이 미치다"라고 했을 때 음성 연쇄로서는 줄 수 없는 의미가 한자 '미(美)'를 통해 추가된다. 또한, '에너지'의 첫음절을 비슷한 음을 가진 한자 '애(愛)'로 바꾸어 넣음으로서, 에너지를 어떻게 나누고 사용해야 하는지에 대한 의미 정보가 추가됨을 알 수 있다.

이처럼 한글로 표기되는 문장의 일부 음절을 한자로 바꾸어 표현함으로써, 한글로만 읽었을 때 줄 수 없는 새로운 의미를 추가하여 전달하게 된다.

아래 광고에서는 한자 '효(孝)'를 구성하고 있는 '자(子)' 자를 뒤집어 그려 넣음으로써, '등 돌린 자식'이라는 개념을 표의적으로 나타내고 있다.

6.3.3 보조기호 사용

아래 왼쪽 그림에서는 문자 위에 점을 찍음으로써, 화자의 단호함 또는 내용의 강조를 보여준다. 또한 오른쪽 그림에서는 문자

의 일부에 줄을 그음으로써, 부정에서 긍정으로 바뀌는 상황을 시각적으로 잘 드러내고 있다. 문자가 취소되어 있으므로 이를 음성으로 옮기면 'affordable degree'로밖에는 읽을 수 없고, 이럴 경우 'unaffordable'에서 'affordable'로 변했다는 역동적인 의미를 전혀 느낄 수 없게 된다.

아래 기사는 "동갑내기 라이벌 마오의 탄식"이라는 원래 헤드라인의 일부인 '라이벌'을 X로 지운 상태로 되어 있는 헤드라인이다. 일반적으로 X는 "그 말을 듣는 순간 XXX라는 말이 목구멍까지 치밀었다"에서처럼, 알면서도 고의로 드러내지 않음을 나타낼 때 사용되는 부호다. 만약 '라이벌'이 잘못된 글이어서 X를 한 것이라면, 굳이 이처럼 표현할 필요가 없이 '동갑내기 마오의 탄식'과 같이 아예 해당 단어를 빼버리면 될 것이다. 그럼에도 이처럼 원래 단어를 그대로 둔 채, 그 위에 X 부호를 덧붙인 것은 부가되는 다른 뜻

《경향신문》 2013년 3월 18일 26면

이 있음을 나타내려는 의도가
있다고 볼 수 있다. 이 경우에는
'예전에는 라이벌이었지만 이
제는 더 이상 라이벌이 아니다'
라는 의미를 보조기호를 사용
함으로써 잘 표현하고 있는 것
이다.

옆 그림도 같은 식으로 해석
할 수 있다. 이 사진은 마르틴 루터 킹 목사가 연설 중에 말한 "나에
게는 꿈이 있습니다(I have a dream)"라는 제목의 연설을 기념하는 행
진에 등장한 플래카드다. 'Am' 아래에 놓인 두 줄의 빗금(═)을 음
성언어로 옮긴다면 '내가 (그가 말한 바로) 그 꿈이다' 정도로 이해될
수 있을 것이다. 부호가 가진 독자적인 의미를 가지고 있음을 아주
잘 보여주고 있다.

영어권에서 자신의 말을 강조할 때 허공에 인용부호를 하는 것
처럼 손동작을 하는 이른바 air quotes도 보조기호를 시각적으로
보여주려는 문자적 현상이라 할 수 있다.

이 장에서 우리는 문자가 음성을 단순히 이차적으로 표상하는
것 이상의 의미를 가질 수 있음을 살펴보았다. 소리를 문자로 옮기
는 과정에서 의미는 그대로 옮아가지만, 그 문자를 구성하는 물질
적이고 가시적인 형상을 어떻게 구성하느냐에 따라 음성으로는 전
해지지 않은 또 다른 의미가 문자에 부여될 수 있는 것이다. 전통적

인 언어학에서는 입과 귀를 통하여 전달되는 의미를 중요하게 취급해왔지만, 시각적인 정보를 통해 전달되는 언어의 의미도 있을 수 있음을 보인 것이다. 청각적으로는 동일한 음성을 표현하지만 시각적으로는 다른 의미를 수반할 수도 있는 문자의 속성을 도외시할 수 없는 까닭이 여기에 있다.

요약하자면, 문자는 음성을 옮긴 것이지만, 문자의 시각적인 특성을 통해 음성으로 환원되지 않는 의미를 가질 수 있다. 문자로 형성된 의미를 정확하게 파악하기 위해서는 문자가 이루는 시각적 형상을 고려해야 한다. 문자는 단지 음성을 기록하는 도구 이상의 의미를 갖게 되며, 문자가 구현하는 내용 외에 문자의 외적 형상에도 문자를 기록하는 이의 의도가 담길 수 있다.

그렇다고 해서 문자가 언어학의 영역에서 벗어나 이미지의 연구로 들어가는 것은 아니다. 이미 다른 학문 분야에서는 문자 예술, 구체시, 문자 형상성, 타이포그래피 등으로 문자의 시각성, 물질성에 대한 관심을 넓혀왔다. 하지만 이런 분야에서는 '의사소통'에 대한 관심보다는 문자 자체의 시각성에 관심을 두고 있다면, 언어학에 다루는 문자는 문자의 물질성, 시각성이 주는 '의미'라는 관점에 더 방점을 찍는다고 할 수 있다. 다른 분야에서 문자의 시각성에 대한 관심이 "기의에 대한 중시로부터 기표에 대한 관심으로서의 전환"(유현주, 2013:320)이라면, 언어학에서 새롭게 관심을 가져야 하는 문자 이론은 "기표의 외형적 특징이나 물질성에 따라 기의가 변이하는 과정"을 탐구하는 것이라 할 수 있겠다.

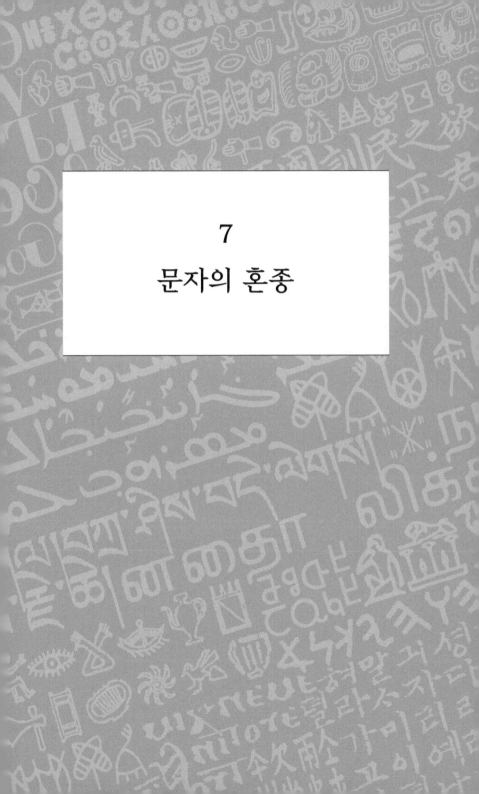

7
문자의 혼종

'문자의 혼종(hybrid)'에서는 언어의 변이가 문자에 따라 어떻게 달라지는지를 살펴본다. 이를테면 영어권의 고유명사 Harry Potter 를 같은 표음문자를 쓰는 프랑스어에서 받아들일 때와, 한글이라는 표음문자를 쓰는 한국어에서, 가나라는 표음문자를 쓰는 일본에서, 한자라는 단어문자에서 받아들일 때 일어나는 다양한 변이현상을 다룬다. 이를 우리는 문자의 혼종(hybrid)이라고 명명한다. 이러한 혼종 현상은 예를 들어 일제 강점기 시대에 일본 문자가 널리 사용되면서, 또는 해방 초기에 알파벳이 들어옴으로써 일상에 크게 영향을 끼친 바 있다. 또한, 이미 한자가 한국의 일상생활에서는 널리 사용되지 않게 되었지만, 이제 한자는 단순히 언어정보를 전달하는 도구가 아니라 문자사회학적으로 독자적인 새로운 기능을 확보하고 있음을 보여준다.

현대 한국에서의 문자 생활은 이제 거의 한글 전용이 대세가 되었다. 하지만 한글이 처음부터 지금과 같은 위치에 이른 것은 아니다. 기원전 2세기경 한자가 처음 한국에 전래된 이래 줄곧 한자는 주요 문자로서의 위치를 놓치지 않았다. 지금부터 50년 전만 하더라도 대부분의 문서는 한글과 한자가 뒤섞인 국한문혼용체였던 것을 고려하면 현재의 한글 전용은 놀랍기까지 하다. 한글로만 글을 쓰는 시대에 앞으로 한자는 어떻게 될까. 마지막까지 저항하다가 그저 잊힌 문자가 되어버릴까? 우리의 관찰에 의하면, 현대 한국 사회에서 일상 문자로서의 기능을 잃어가는 한자가 새로운 문자 사회학적 기능을 획득하고 있는 것으로 보인다.

하나의 사회 또는 하나의 텍스트에서 두 개 이상의 문자를 사용하는 이문자 사용(digraphia) 현상이 일어날 때 하나의 문자가 주(主)가 되고 또 하나의 문자가 종(從)이 되는 경우가 일반적이다. 한때 한자가 주가 되고 한글이 종이 되었거나, 현재 한글이 주가 되고 한자가 종이 되는 것이 바로 그것이다. 하지만 현대 한국 사회에서 한글과 한자는 주와 종의 지위가 아니라, 각기 서로 다른 역할을 맡는 경우가 발생하고 있음을 알 수 있다. 하나의 텍스트에서 두 개 이상의 문자가 나란히 쓰여 서로 구별되는 독자적인 기능을 하게 되는 것이다. 이 글에서는 이러한 현상을 문자의 혼종이라고 보고 주로 한글과 한자가 혼종될 때 발생하는 다양한 의미 현상을 몇 가지로 구분하여 탐구하여 보고자 한다.

7.1 문자 혼종의 역사

7.2 한자 전용

한자가 한국에 처음 수용된 때를 정확하게 확정할 수는 없지만, 대략 기원전 2~3세기경 한(漢) 문화의 전래와 동시에 한자 문자 생활이 시작되었던 것으로 추정된다. 이때는 당연히 한자로 글을 쓸 수밖에 없었던 시기다. 삼국에서 간행된 역사책은 물론, 광개토왕

비 등은 외국 문자인 한자를 이용하여, 외국어인 한어로 기록된 자료다. 이후 이두, 구결 등으로 한국어를 직접 표기하려는 노력이 있어왔지만, 이두, 구결 역시 한자를 변형한 문자다.

기원후 15세기에 훈민정음이라는 한국 고유의 문자가 창제되었지만, 한자의 지위는 크게 흔들리지 않았다. 한글은 사적인 편지나 아동의 학습을 위한 도구로 주로 사용되었을 뿐, 개인의 일기는 물론 학술 서적, 역사 기록 등 공식적인 상황에서는 반드시 한자를 이용하여 한문으로 기록되었다.

7.3 한자 혼용: 한주 국종

한편, 한자를 기본으로 하고 문법 형태소에 해당하는 부분만 한글로 적는 이른바 국한혼용체도 한쪽에서 시도되었다. 한문 원문에 대한 번역을 붙인 언해문(諺解文)의 경우에만 한글이 주로 사용되었다. 한글과 한자를 혼용하는 방식으로, 다음과 같이 다양한 방법이 시도되었다.

(1) 海東 六龍이 ᄂᆞ르샤 일마다 天福이시니 古聖이 同符ᄒᆞ시니

(2) 世생尊존이 象썅頭뚱山산애 가샤 龍룡과 鬼귕神씬과 위ᄒᆞ야 說쉃法법ᄒᆞ더시다

(1)과 같이 한자를 쓰고 그 외 고유어에 해당하는 부분은 한글로 적는 방식은 조선시대 여러 문헌에서 가장 많이 사용된 일반적

한자 혼용

인 방식이었다. (2)에서는 한자를 먼저 표기하고 그 음을 한글로 작게 표기하는 방식이다. 현대에 이르기까지 한자를 혼용할 일이 있을 때 (1)과 같은 방식이 널리 사용되어왔다. 이러한 방식은 의미부를 한자로 표기하고 조사, 어미 등 문법 형태소만 한글로 표기하는 것이기에, 기본적으로 핵심은 한자에 있다고 할 수 있다.

7.4 한글 전용

한글이 국가 차원에서 공적인 문자 생활에 등장한 것은 1894년 (고종 31) 갑오개혁이 단행된 이후 칙령 제1호에서 〈공문식(公文式)〉

이 공포된 때부터다. 또한, 1970년대 이후 한글 전용 정책에 영향을 받아 한자의 사용은 본격적으로 대폭 줄어들게 되었으며, 일상생활에서 하루 종일 한자 한 글자 쓰지 않고도 사회생활에 문제가 없게 되었다. 가장 보수적인 매체인 신문에서조차, 국한혼용체 기사에서 한자 사용 비율이 한글보다 높았던 우위가 역전되어 한글 위주의 혼용체가 되었다. 이러한 추세라면 일상생활에서 한자의 실용적 기능이 쇠퇴해, 언젠가는 한자는 일상 문자로서의 기능을 상실할 것처럼 보이기도 한다. 2016년 12월 말 한국의 교육부에서는 초등학교 교과서의 각주에 300개의 한자를 병기하는 방안을 발표하기도 했지만, 그렇다고 한자가 예전과 같은 지위를 회복할 가능성은 없어 보인다. 심지어 한자는 이제 대학에서 극소수의 학문어(學問語)로나 남을 것이라고 전망하는 경우도 있다.

7.5 한자의 새로운 기능

현대 한국에서 한자는 거의 사용되지 않는다. 하지만 현재 한자는 문자 생활의 보조 역할을 새롭게 떠맡은 것으로 보인다. 도도한 역사의 흐름을 막을 수는 없지만 말이다.

7.5.1 동의어 구별

어떤 언어이든 동의어는 있을 수밖에 없다. 일반적으로 이러한 동의어는 문맥을 통해 구분되지만, 문맥을 부과하기 어려운 경우나 또는 문맥 없이 바로 의미를 명확하게 전달하기 위해서는 한자를 함께 기록하게 된다. 예를 들어, 한국어에서 '공약'은 두 가지 의미가 있다. 각각 '公約, public pledge'과 '空約, a hollow promise'가 그것이다. 한글만 적어 놓으면 의미가 명확하지 않은 경우가 생길 수 있다.

'公約과 空約'
(https://www.yeongnam.com/web/view.php?key=20131111.010310707250001)

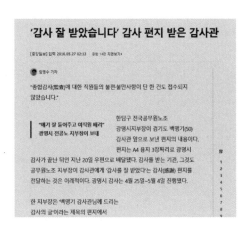

"'감사 잘 받았습니다.' 감사 편지 받은 감사관"처럼 쓸 때, '감사' 도 마찬가지다. 감사(感謝)와 감사(監査)로 구분된다.

7.5.2 의미 명확화

일상에서 널리 사용되지 않는 단어의 경우 그 뜻을 명확하게 밝히기 위해 한자를 부가하게 된다. '판옥선' '치산녹화' 등은 한자에서 유래된 단어로서 한글만으로는 그 뜻을 명확하게 파악하기 어려워, 판옥선(板屋船), 치산녹화(治山綠化)처럼 한자를 병기하면 의미가 명확해진다. 아래 글의 제목에 '동승자'라는 단어에 한자가 부가되어 있다. 사실 '동승'이라는 단어는 그다지 어렵지 않은 단어여서 "같은 연구실을 쓰는 사람들이 한 차에 동승하였다" 같은 문장에서는 그다지 어려운 단어가 아닐 수 있으나, 아래와 같은 철학 관련 글에서 한자 없이 사용될 때 독자들에게 바로 인지되지 않을 가능성을 고려한 것으로 보인다. 최근 한자의 사용이 줄어들면서, 이

'동승자(同乘者)의 타자'
(https://www.khan.co.kr/opinion/column/
article/201303222113095)

기능을 한자 대신 영어나 라틴 문자가 대신하는 경우가 늘어나고
있다.

7.5.3 공간 절약

인터넷 문서의 경우 최근 모바일 환경에
서 글을 쓰는 경우가 늘어나고 있어, 기존
의 개인 컴퓨터와 큰 모니터에 맞춰졌던 인
터넷 문서들을 모바일 환경에 맞추어 새롭
게 디자인하거나 전환하는 경우가 많아지
고 있다. 이때 모바일의 제한된 화면을 효
율적으로 이용하기 위해, 또는 짧은 제목에
많은 양을 담기 위해 한자를 사용하는 것
이다. 다만 이는 문맥을 통해 유추하기 쉽
도록 잘 알려진 고유명사에 제한되는 경우

가 많아 나라이름, 성씨 등이 사용된다. 그렇다고 해서 제목에만 한자를 사용하는 것은 아니다. 제목을 클릭해서 들어간 페이지에도 한자가 그대로 사용된다.

7.5.4 예스러운 분위기 연출

아래 그림처럼 주로 고급음식점 등에서 예스럽고 멋스러운 분위기를 내기 위해 한자를 사용하기도 한다.

《씨올의 소리》나 '흔글' 같은 표기는 사용자가 이렇게 씀으로써 독특한 분위기를 부여하는 것이지, 실제 발음하기 위한 것이 아니다.

7.5.5 비밀 내용

한자를 모르는 세대가 늘어나고 한자 문해력이 제한되면서 오히려 한자를 비밀 문자 기능으로 사용하는 것이다. 흔하지는 않지만 어느 정도 늘어날 가능성이 있다. 한국에서는 크리스마스를 전후해서 유치원 교사가 산타 복장을 하고 각 가정을 방문해서 부모가 미리 준비해 놓은 선물을 아이들에게 나누어 주는 프로그램이 있다. 이와 관련되어 유치원에서 부모에게 보내는 편지에 한자와 라틴글 자가 사용되었다. 이른 시기에 문자 교육이 행해지고 있어서 한글 을 읽을 수 있는 어린이가 많기 때문이다.

7.5.6 음과 훈 동시 이용

한국에서는 기본적으로 한자를 음으로만 이용해왔고, 음과 훈을 모두 이용해서 표기하는 방식은 이미 오래전에 사라졌다. 하지만 최근 원칙적으로는 음으로 읽지만 동시에 그 한자가 가진 훈을 드 러내는 방식이 유행하고 있다.

다음 쪽 왼쪽 그림 또한 '에너지'의 첫 글자를 '愛'로 바꾸어서, '에너지를 사랑하자'라는 정도의 의미를 준다. 이러한 예는 요새 꽤

음과 훈 동시 이용 예

많이 사용되고 있는 방법이다. 오른쪽 그림에서는 '乳'의 뜻을 통해 '우유'를 드러내지만 동시에 음이 '유'이어서 I love you와 같은 의미를 동시에 주고 있다.

음과 훈 동시 이용 예

7.5.7 문자 유희

❖ "고삼은 고삼이다."

한자가 예전과 같은 문자 지위를 다시 얻지 못하게 될 것이라고는 예측할 수 있다. 하지만 위에서 제시한 방법들은 계속 활용될 수 있으리라 본다.

다만 '비밀 내용' '음과 훈 동시 이용' '문자 유희'는 아직 공식적으로 용인되지 않는다. 이와 같은 방법이 용인되지 않는 가장 큰 이유로서는 동일한 텍스트 내에서 한자와 한글을 섞어 쓰는 일은 용인되지만, 동일한 단어 내에서 섞어 쓰는 일은 허용되지 않기 때문이다. 이러한 방법들이 앞으로 어떻게 변화해갈지는 확언하기 어렵다. 하지만, 일본에서는 이러한 방법이 용인되는 것으로 미루어볼 때 시간문제라고 보인다.

한자의 표의성은 부수를 덧붙여서 표현되기도 한다.
❖ 예를 들어, 魔, 袈裟(《번역으로서의 동아시아》, 260쪽 참고)

7.6 표의문자와 단어문자

음성/의미, 단어/음절/음소는 서로 다른 차원의 개념이므로 이에 대응하는 표음문자/표의문자, 단어문자/음절문자/음소문자 등은 다른 기준에 따른 분류가 된다. 따라서 이들을 동일한 층위에서 비교하게 되면 개념상 혼란을 낳게 된다. 특히 오랫동안 표의문자, 단어문자, 상형문자의 상호 관계를 혼동해왔기 때문에 정확하게 구분해 이해할 필요가 있다.

원칙적으로 표의문자는 단어문자와 다르다. 어떤 가상의 문자체계에서 하나의 문자가 하나의 문장을 나타내는 문자, 즉 문장문자를 전제한다면, 표의문자가 곧 단어문자가 될 수 없다. 예를 들어, ⊙과 ■를 각각 "강에 가자" "산에 가자"라는 뜻으로 사용한다고 가정해보자. 이 문자들만 보고도 그 의미를 떠올릴 수 있으므로 표의문자라고 할 수 있지만, 하나의 문자가 하나의 단어를 표상하는 것은 아니므로 단어문자라고는 할 수 없다. 하지만 ⊙과 ■를 각각 '강', '산'이라는 뜻으로 쓴다면('가자'라는 의미는 다른 문자로 나타낸다),

하나의 문자가 하나의 단어를 표상하므로 이들은 단어문자이며, 이 문자만 보고도 그 의미를 떠올릴 수 있으므로 표의문자다.

문자기호	⊙	▣	문자의 종류
의미 1	강에 가자	산에 가자	문장문자
의미 2	강	산	단어문자

문장문자와 단어문자

따라서 표의문자가 어떤 경우든지 단어문자가 되는 것은 아니지만, 단어문자는 모두 표의문자가 된다.

표의문자 ↛ 단어문자
표의문자 ← 단어문자

지금까지 인류에게 알려진 모든 문자 중 표의문자는 곧 단어문자이며, 단어문자는 곧 표의문자다. 표의문자가 단어문자와 혼동되어온 까닭이 여기에 있다. 하지만 표의문자와 단어문자가 가리키는 대상이 결과적으로 동일하다 하더라도, 원칙적으로는 다른 차원의 개념으로 이해되어야 한다는 사실에는 변함이 없다. 또한, 단어문자와 표의문자에 관한 글을 읽을 때는 실제 어느 개념으로 사용되는지 명확하게 구분해야 한다.

7.7 단어문자와 상형문자

단어문자도 흔히 상형문자와 혼동되는 경우가 있다. 상형문자는 사물의 형상을 본뜬 문자이므로 거의 대부분 단어문자다. 하지만 모든 단어문자가 상형 원리로 만들어지는 것은 아니다. 추상적이고 관념적인 개념을 상형문자로 나타내기도 어려울뿐더러, 구체적인 단어라도 상형문자로 만드는 것은 쉬운 일이 아니기 때문이다.

상형문자 → 단어문자
상형문자 ← 단어문자

그런 의미에서 상형문자로써 나타낼 수 있는 단어문자의 수는 필연적으로 한정될 수밖에 없다.《강희자전(康熙字典)》에 4만 8,000여 개의 한자가 수록되어 있지만, 그중 상형 원리로 만들어진 한자는 전체의 1퍼센트에도 못 미치는 고작 600자 미만이라고 한다.

상형문자가 단어문자의 초기 모습이라고 기술하는 것도 오해의 소지가 있다. 현대에 널리 사용되는 그림문자, 로고 등도 상형 원리를 따르는 상형문자이기 때문이다. "초기 단계의 단어문자는 상형문자로 만들어지는 경우가 많다"라고 이해하는 것이 더 정확하다.

8

문자의 미래
: 새로운 문자 연구를 위하여

맥루한(Herbert Marshall McLuhan)은 '구텐베르크 은하'라고 부르는 활자매체 시대의 종언을 얘기한다. 오늘날 구텐베르크 은하 속에 전자적 은하가 깊숙하게 침투하여 병존하게 되었다는 것이다. 이러한 관점은 '새로운 문자 연구'의 시대가 도래했음(또는 도래하고 있음)을 보여주는 것이다. '새로운 문자 연구를 위하여'에서는 현대 미디어 문화 아래에서 문자가 의미하는 바가 무엇이며 앞으로 '문자'가 어떻게 발달할 것인지를 논의하고자 한다. 특히 문자와 문학, 이미지, 매체, 문자 교육 등에 관한 논의를 통해 문자의 미래와 과제를 이야기하고자 한다.

첫째, 언어학의 연구 대상을 넓혀야 한다. 언어학의 관심 영역이 아니었던 타이포그래피, 광고, 디자인, 영상, 출판에 나오는 모든 데이터들도-지금까지 이들을 연구해왔던 다른 학문 분야와 충돌하지 않으면서도- 이제 문자라는 관점에서 언어학의 연구 대상이 될 수 있게 된다.

둘째, 공시언어학의 연구 범위를 넓혀야 한다. 전통적인 언어학에서는 음성/음운, 형태/통사, 의미/화용만이 공시적인 관점이었고, 문자는 주로 역사적인 관점에서만 다루어왔다. 하지만 본 저술을 통해 '문자' 자체가 공시적인 언어 현상 중의 하나라는 사실이 밝혀지게 되어, 언어학의 연구 범위를 새롭게 확립할 수 있다.

셋째, 새로운 학문 분야를 개척해야 한다. 언어의 의미를 다루는 의미론에서 맥락에 따른 언어의 발화 의미에 관심을 넓힘으로써, 화용론이라는 새로운 학문이 발달하게 되었다. 본 저술에서 상황적 맥락에 따라 문자의 기능이 어떻게 달라지는지 밝혀낸다면, 화용론(話用論)에 대비되는 자용론(字用論)이라는 새로운 학문 분야를 개척하는 초석이 될 것이다.

넷째, 현대적 문자 매체에 대한 새로운 인식을 얻을 필요가 있다. 휴대 전화의 문자메시지, 카카오톡, 페이스북 등 인터넷 시대에 새롭게 주목받고 있는 문자 현상들을 언어학적 관점에서 이해하게 된다.

다섯째, 학제간 연구가 필요하다. 기호학, 미학, 매체학, 문화학의 입장에서 바라보는 문자와 언어학에서 바라보는 문자가 상호 배타적인 것이 아니라, 하나의 현상에 대한 다양한 시각이라는 사실이 밝혀지면, 새로운 학제간 연구가 이루어 질 수 있으며, 학문 연구의 선도적 역할을 할 수 있게 된다.

참고문헌

강범모(2005),《언어 – 풀어쓴 언어학 개론》2판(2006), 한국문화사.

강옥미(2008), 〈보이는 음성과 스토우키 표기, 수톤 수화문자의 자질문자적 분석〉, 《언어치료연구》17-3, 한국언어치료학회.

강옥미(2009),《언어여행》, 태학사.

고동호(Dongho Ko)·연규동(Gyudong Yurn)(2011), *A Desciption of Najkhin Nanai*, SNU Press.

권희상(2005), 〈언어의 도상성〉,《언어연구》21, 한국현대언어학회.

김남시(2012), 〈문자 형상성: 문자와 그림의 대립을 넘어서〉,《기초조형학연구》13-4, 한국기초조형학회.

김문창(1998), 〈문자와 표기〉,《새국어생활》8-1, 국립국어원.

김방한(1992),《언어학의 이해》, 민음사.

김슬옹 엮음(2015),《훈민정음(언문·한글) 논저·자료 문헌 목록》, 도서출판 역락.

김정대(2004), 〈외국 학자들의 한글에 대한 평가 연구: 서구 학자들을 중심으로〉, 《국어학》43, 국어학회.

김정대(2008), 〈한글은 자질 문자인가 아닌가?-한글에 대한 자질 문자 공방론〉,《한국어학》41, 한국어학회.

김진우(1985),《언어-그 이론과 응용》, 탑출판사.

김하수·연규동(2014),《남과 북의 맞춤법》, 커뮤니케이션북스.

김하수·연규동(2015),《문자의 발달》, 커뮤니케이션북스.(네이버 '지식백과'에도 올라가 있다.)

김하수·이전경(2015),《한국의 문자들》, 커뮤니케이션북스.

김희영·고광식·김계영·김용석·김중현·류은영·문재은·박우수·박치환·원종익·이종오 ·임경순(2014),《문체론 용어사전》, 한국외국어대학 출판부.

노마 히데키(野間秀樹)(2010),《ハングルの誕生 —音から文字を創る》; 김진아·김기연·박수진 역(2011),《한글의 탄생》, 돌베개.

데이빗 삭스(David Sacks)(2003), *Language Visible*, Toronto: Alfred A. Knopf Canada ; 이건수 역(2010),《재미있는 알파벳 이야기》, 신아사.

데이비드 싱글턴(Singleton, David)(2000), *Language and the Lexicon: An Introduction*, London: Arnold ; 배주채 역(2008),《언어의 중심, 어휘》, 삼경문화사.

로이 헤리스(Roy Harris)(1995), *Signs of Writing* ; 김남시 역(2013),《문자의 기호들》, 연세대학교출판문화원.

박경송(2010),〈자본위 이론과 도상성〉,《동북아문화연구》25, 동북아시아문화학회.

박창원(2011),《한글 박물관》, 책문.

배보은(2004),〈문자의 자질에 대한 연구〉, 경남대학교 석사학위논문.

배보은(2009),〈문자론 용어 문제에 대하여〉,《배달말》45, 배달말학회.

배보은(2013),《문자론 용어와 문자 분류 체계에 관한 연구》, 경남대학교 박사학위논문.

스티븐 로져 피셔(Fischer, S. R.)(2004), *A History of Writing*, London: Reaktion Books ; 박수철 역(2010),《문자의 역사》, 21세기북스.

심경호(2012),《한문기초학사》

안명철(2004),〈훈민정음 자질문자설에 대하여〉,《어문연구》32-3, 한국어문교육연구회.

야콥슨·할레(Jakobson, R., Halle, M.)(1956), Fundamentals of Language ; 박여성 역(2009),《언어의 토대》, 문학과지성사.

에릭 A. 해블록(Havelock, Eric)(1963), *Preface to Plato* ; 이명훈 역(2011),《플라톤 서설 : 구송에서 기록으로, 고대 그리스의 미디어 혁명》, 글항아리.

연규동(2012),〈실학시대의 어휘 연구〉,《한국실학사상연구》3(연세국학총서61), 혜안.

연규동(2014),〈문자의 종류와 개념에 대한 새로운 이해〉,《국어학》72, 국어학회.

연규동(2014),〈표기규범과 문자〉,《한글》304, 한글학회.

연규동(2015),〈문자의 발달 원리와 한자의 육서〉,《언어학》71, (사)한국언어학회.

연규동(2017),〈일반문자학에서 바라본 훈민정음〉,《동방학지》181, 연세대학교출판문화원.

연규동(2018),〈훈민정음 확장 가능성에 대한 일반문자학적 검토〉,《한국어학》80, 한국어학회.

연규동(2019),〈문자의 도상성과 훈민정음〉,《한글》80-1, 한글학회.

연규동(Gyudong Yurn)(2014), 〈Meanings of Writing〉, 《언어학》 68, (사)한국언어학회 ; 延世大 人文學硏究院·復旦大 出土文獻與古文字硏究中心(2015), 《文字與解釋》에 재수록.

연규동·김은희·임영철·공일주·최경은·김미성·신자영·조남신(2014), 《동서양 문자의 성립과 규범화》, 한국문화사.

연규동·이전경(2012), 〈'문자' 관련 어휘의 사전 기술〉, 《한국사전학》 19, 한국사전학회 ; 인문학연구원 HK문자연구사업단(2013), 《문자개념 다시보기》, 연세대학교출판문화원에 재수록.

연규동·이전경·김은희·김남시(2012), 〈조선왕조실록에 나타난 '文字'의 의미〉, 《동방학지》 158 ; 연세대 인문학연구원 HK문자연구사업단(2013), 《문자개념 다시보기》, 연세대학교출판문화원에 재수록.

연규동(2023), 《세계의 문자 사전》, 도서출판 따비.

연세대 인문학연구원 HK문자연구사업단(2016), 《10대에게 권하는 문자 이야기》, 글담출판.

월터 옹(Walter J. Ong)(1982), Orality and Literacy ; 이기우·임명진 역(2000), 《구술문화와 문자문화》, 문예출판사.

유현주(2013), 〈현대 매체이론에서 문자의 개념과 역할 – 캐나다 학파, 플루서, 키틀러의 이론을 중심으로〉, 《인문과학》 97, 연세대학교 인문학연구원

윤희수(1996), 〈언어기호의 유상성〉, 《현대문법연구》 9, 현대문법학회.

이나카이 다카시(2008), 《漢字を飼い慣らす: 日本語の文字の成立史》, 人文書館. ; 류민화 역(2012), 《한자를 길들이다―일본어 문자의 성립사》, 도서출판 인문사.

이승재(1991), 〈훈민정음의 언어학적 이해〉, 《언어》 16-1, 한국언어학회.

이승재(2001), 〈부호자의 문자론적 의의〉, 《국어학》 38, 국어학회.

이승재(2002), 〈옛 문헌의 각종 부호를 찾아서〉, 《새국어생활》 12-4, 국립국어연구원.

이익섭(1971), 〈문자의 기능과 표기법의 이상〉, 《김형규박사 송수기념논총》, 일조각.

이익섭(1985), 《국어학개설》 개정판(2002), 학연사.

이익섭(1992), 《국어표기법연구》, 서울대학교출판부.

이익섭(1997), 《한국의 언어》, 신구문화사.

임지룡(1995), 〈유상성의 인지적 의미분석〉, 《문화와 융합》 16, 문학과언어연구회.

임지룡(2004), 〈국어에 내재한 도상성의 양상과 의미 특성〉, 《한글》 12, 한글학회.

자크 데리다(Jacques Derrida)(1967), *De la grammatologie* ; 김성도 역(2010),《그라마톨로지》, 민음사.

전광진(2001), 〈한자의 성질에 관한 제 학설 탐구〉,《중국언어연구》13, 한국중국언어학회.

제프리 샘슨(Sampson, G.)(1985), *Writing Systems*, London: Hutchinson & Co. ; 신상순 역(2000),《세계의 문자체계》, 한국문화사.

정항균(2012),《"typEmotion"—문자학의 정립을 위하여》, 문학동네.

존 맨(Man, J.)(2000), *Alpha Beta: How 26 Letters Shaped the Western World*, London: Headline Books. ; 남경태 역(2003),《세상을 바꾼 문자, 알파벳》, 예지.

최경봉(2012),《한글민주주의》, 책과함께.

크리스타 뒤르샤이트(Christa Dürscheid)(2006), *Einführung in die Schriftlinguistik.*; 김종수 역(2007),《문자언어학》, 유로서적.

페르디낭 드 소쉬르(Ferdinand de Saussure)(1916), *Cours de linguistique générale* ; 김현권 역(2012),《일반언어학 강의》, 지만지고전천줄.

플로리안 쿨마스(Coulmas, F.)(2003), *Writing Systems: An Introduction to Their Linguistic Analysis*, Cambridge, UK: Cambridge UP ; 연규동 역(2016),《문자의 언어학》, 연세대학교출판문화원.

허버트 마셜 매클루언(Marshall McLuhan)(1962), *The Gutenberg Galaxy* ; 임상원(역)(2001),《구텐베르크 은하계》, 커뮤니케이션북스.

허웅(1966), 〈한글은 과연 과학적인 문자인가〉,《신동아》1966년 8월호, 동아일보사.

허웅(1981),《언어학-그 대상과 방법》, 샘문화사.

홍윤표(2008), 〈훈민정음의 '與文字不相流通'에 대하여〉, 서울대학교 대학원 국어연구회 편,《이숭녕 현대국어학의 개척자》, 태학사.

후나야마 도루(2013), 이향철 역(2018),《번역으로서의 동아시아》, 푸른역사.

Bloomfield, L.(1933), *Language*, London: George Allen & Unwin Ltd..

Coulmas, F.(1996, 1999), *The Blackwell Encyclopedia of Writing Systems*, Oxford: Blackwell.

Coulmas, F.(2003), *Writing Systems*, New York: Cambridge University Press.

Coulmas, F.(1989), *The Writing Systems of the World*, New York and Oxford: Wiley-

Blackwell.

Daniels, P. T. & Bright, W.)(eds)(1996/1999), *The World's Writing Systems*, Oxford University Press.

DeFrancis, J.(1989), *Visible Speech: The Diverse Oneness of Writing Systems*, Honolulu: University of Hawaii Press.

Diringer, D.(1948), *The Alphabet: A Key to the History of Mankind*, reprinted edition(1953), Hutchinson's Scientific and thechnical publications, London.

Gnanadesikan, A. E.(2009), *The Writing Revolution: Cuneiform to the Internet*, New York and Oxford: Wiley-Blackwell.

Hans Henrich Hock & Brian D. Joseph(2009), *Language History*, Language Change, and Language Relationship, 2nd edition.

King, Ross(1996), "Korean Writing," *The World's Writing Systems*, Peter T. Daniels and William Bright Ed. New York: Oxford University Press.

Rogers, H.(2005), *Writing Systems*: A Linguistic Approach, Blackwell Publishing.

Sproat, R.(2000), *A Computational Theory of Writing Systems*, Cambridge University Press.

Sproat, R.(2010), *Language, Technology, and Society*, Oxford University Press.

Taylor, I. & Taylor, M. M.(2014), *Writing and Literacy in Chinese, Korean and Japanese*, Revised edition, Amsterdam/Philadelphia: John Benjamins Publishing Company.

| 사전류 |

국립국어연구원(1999/2000), 《표준국어대사전》, 두산동아. 《《표준》》

김민수·고영근·이승재·임홍빈 편(1991), 《국어대사전》, 금성출판사. 《《금성》》

고려대학교 민족문화연구원 국어사전편찬실(2009), 《고려대 한국어대사전》, 고려 대학교 민족문화연구원. 《《고려》》

연세대학교 언어정보개발연구원 편(1998/2006), 《연세한국어사전》. 《《연세》》

한글학회(1991), 《우리말큰사전》, 어문각. 《《한글》》

김영수(1995), 《조선말사전》, 연변사회과학원 언어연구소, 연변인민출판사. 《《연변》》

연규동 교수 논저 일람

| 저서 |

1998 《통일시대의 한글 맞춤법》, 박이정.
      《한청문감 「한어·청어색인」》(공저), 연세대학교 국학연구원.
1999 《해외동포를 위한 한국어 교재(하)》, 한국방송통신대학교 출판부.
      《서울대인의 언어》, 태학사.
2000 《정조대의 한글문헌》(공저), 태학사.
2003 《인문학을 위한 컴퓨터》(공저), 태학사.
2011 *A Description of Najkhin Nanai*(공저), SNU press.
      《문자의 원리》(번역서), 연세대학교 대학출판문화원.
2013 《문자개념 다시 보기》(공저), 연세대학교 대학출판문화원.
2014 《남과 북의 맞춤법》(공저), 커뮤니케이션북스.
      《동서양 문자의 성립과 규범화》(공저), 한국문화사.
2015 《문자의 발달》(공저), 커뮤니케이션북스.
2016 《10대에게 권하는 문자 이야기: 문자는 세상과 나를 이해하는 열쇠이다》
      (공저), 글담출판.
      《세계인이 바라보는 한글》(공저), 한국문화사.
      《세계의 언어사전》(공저), 한국문화사.
      《문자와 권력: 동서양 공동체의 문자정책과 젠더 정체성》(공저), 한국문화사.
      《말한다는 것: 연규동 선생님의 언어와 소통 이야기》, 너머학교.
      《문자의 언어학》(번역서), 연세대학교 대학출판문화원.
      《각필의 문화사: 보이지 않는 문자를 읽다》(공저), 한국문화사.

| 논문 |

1987   〈방언집석〉의 우리말 풀이 연구, 서울대학교 언어학과 문학석사학위 논
        문.
1991   중세어 어미의 형태분석에 대하여,《언어연구》3: 37-46, 서울대학교 언
        어학과 언어연구회.
1993   용·비어천가의 한자어에 대하여,《언어학》15: 241-251, 한국언어학회.
1994   만주어의 계량언어학적 연구―한청문감을 중심으로,《알타이학보》4:
        67-96, 한국알타이학회.
1995   近代韓國語の漢語について, 동경외국어대학 연구생 논문.
        동문유해와 몽어유해의 비교 ―표제어를 중심으로,《언어학》17: 183-
        202, 한국언어학회.
        역어유해 현존본에 대한 일고찰,《국어학》26: 293-316, 국어학회.
1996   근대국어 어휘집 연구―유해류 역학서를 중심으로, 서울대학교 언어학
        과 문학박사학위 논문.
1997   한자 특수 자형 연구―유해류 역학서를 중심으로,《언어연구》15·16:
        21-60, 서울대학교 언어학과 언어연구회.
        한글 맞춤법을 다시 읽는다,《언어학》21: 157-184, 한국언어학회.
1998   노걸대의 모음조화,《한글》242: 31-46, 한글학회.
1999   동문유해와 방언유석 대역만주어의 비교―한어 표제어가 동일한 어휘
        를 중심으로,《언어의 역사》: 381-423, 태학사.
        몽어노걸대 간행 시기에 관한 몇 문제,《알타이학보》9: 135-146, 한국
        알타이학회.
2000   중앙아시아 한인들의 한국어 연구(공저),《한글》247: 5-72, 한글학회.
2001   근대국어의 낱말밭―유해류 역학서의 부류 배열 순서를 중심으로,《언
        어학》28: 101-128, 한국언어학회.
2003   북한의 외래어―〈조선말대사전〉을 중심으로,《언어학》37: 169-195, 한
        국언어학회.
        조음 위치에 따른 우리말 배열사전 편찬을 위한 기초적 연구―의성의태
        어를 중심으로,《언어연구》23: 1-30, 서울대학교 언어학과 언어연구회.

2005	'힐후다' 의미 연구, 《한국어의미학》 18: 49-71, 한국어의미학회.
	'-힐후다' 계열 동사들의 의미에 대하여, 《언어학》 43: 165-187, 한국언어학회.
2006	'짜장면'을 위한 변명―외래어 표기법을 다시 읽는다, 《한국어학》 30: 181-205, 한국어학회.
	만주어의 친족 명칭 연구, 《알타이학보》 16: 53-76, 한국알타이학회.
2011	만주어 색채 관련 부가어 연구, 《언어학》 61: 185-209, (사)한국언어학회.
2012	실학시대의 어휘 연구, 《한국실학사상연구》 3(연세국학총서 61): 485-545, 연세대학교 국학연구원.
	만주어의 원망법, 《언어학》 62: 3-33, (사)한국언어학회.
	'문자' 관련 어휘의 사전 기술(공저), 《한국사전학》 19: 91-133, 한국사전학회.
	조선왕조실록에 나타난 '文字'의 의미(공저), 《동방학지》 158: 143-182, 연세대학교 국학연구원.
	만주어의 색채어, 《알타이학보》 22: 63-92, 한국알타이학회.
	조선왕조실록 국역본에 나타난 '文字'의 번역 문제(공저), 《인문과학》 96: 45-65, 연세대학교 인문학연구원.
2013	〈대청전서〉 런던대 SOAS도서관 소장본에 보이는 붉은색 가필의 가치, 《민족문화연구》 58: 507-551, 고려대학교 민족문화연구원.
	런던에 있는 『大淸全書』의 이본들, 《대동문화연구》 81: 423-457, 성균관대학교 대동문화연구원.
	만주어와 만주문자, 《만주이야기》: 69-106, 동북아역사재단.
	만주어 동사 mutembi에 대하여, *Current Trends in Altaic Linguistics*: 291-302, Altaic Society of Korea.
2014	A Translation of the Bible in Manchu―With Focus on Christian Terms, 《인문과학》 100: 131-159, 연세대학교 인문학연구원.
	Meanings of Writing, 《언어학》 68: 175-196, (사)한국언어학회.
	표기 규범과 문자―한자어의 표기 원리, 《한글》 304: 141-176, 한글학회.
	문자의 종류와 개념에 대한 새로운 이해, 《국어학》 72: 155-181, 국어학회.

2015	문자의 발달 원리와 한자의 육서, 《언어학》 71: 161-184, (사)한국언어학회.

2015   문자의 발달 원리와 한자의 육서, 《언어학》 71: 161-184, (사)한국언어학회.

활자본 『화어유초』의 서지학적 연구, 《국어사연구》 20: 227-251, 국어사학회.

2016   세계에서의 훈민정음 연구─21세기 초 연구를 중심으로, 《국어학》 77: 377-399, 국어학회.

조선시대 유해류 역학서의 어휘 배열 순서─친족 명칭 어휘를 중심으로, 《국제고려학》 16-1: 109-125, 국제고려학회.

유해류 역학서의 종합적 검토, 《국어사연구》 22: 7-45, 국어사학회.

문자 관련 어휘의 사전 기술(2)(공저), 《한국사전학》 27: 153-200, 한국사전학회.

2017   일반문자학에서 바라본 훈민정음, 《동방학지》 181: 223-257, 연세대학교 국학연구원.

조선왕조실록 여진 인명 표기의 교정(공저), 《언어학》 79: 105-134, (사)한국언어학회.

2018   훈민정음 확장 가능성에 대한 일반문자학적 검토, 《한국어학》 80: 125-150, 한국어학회.

2019   문자의 도상성과 훈민정음, 《한글》 80-1: 37-67, 한글학회.

A Study on Socio-Graphological Functions of Chinese Characters in South Korea, 《인문과학》 115: 37-66, 연세대학교 인문학연구원.

훈민정음 후음자 'ㅇ'의 기능과 파스파 문자(공저), 《국어학》 90: 83-109, 국어학회.

훈민정음의 음절 이론과 파스파 문자, 《국어국문학》 188: 5-32, 국어국문학회.

2021   '다짐'의 의미 변화, 《국어학》 97: 31-57, 국어학회.

한국 한자어 '편지(片紙/便紙)'의 형성 과정, 《국어국문학》 194: 73-96, 국어국문학회.

한글 맞춤법의 잉여성과 간결성, 《한글》 82-2: 429-453, 한글학회.

'사탕'의 의미 분화와 한국 한자어 '설탕'의 형성(공저), 《국학연구》 46: 455-486, 한국국학진흥원.

한일 한어 학습서에 나타난 친족 어휘 비교(공저),《언어학》91: 87-112,
㈜한국언어학회.

2022   조선시대 유해류 역학서의 질병 관련 어휘 연구(공저),《코기토》96: 63-
109, 부산대학교 인문학연구소.